PETRA PAULSEN

DEUTSCHLAND
außer Rand und Band

Zwischen Werteverfall, Political (In)Correctness
und illegaler Migration

Vorwort von Thorsten Schulte,
Autor des Bestsellers »Kontrollverlust«

MACHT STEUERT WISSEN

Hinweis

Alle Links in diesem Buch wurden zuletzt im Dezember 2017 geprüft.

Sollten Sie, liebe Leserin und lieber Leser, über einen Link stolpern, der nicht mehr funktioniert, würden wir uns freuen, wenn Sie uns dies unter info@macht-steuert-wissen.de mitteilen, damit wir dies in der nächsten Auflage beheben können.

Alle Rechte vorbehalten

© Macht-steuert-Wissen Verlag, Mühlenbecker Land, 2018

2. Auflage

ISBN: 978-3-945780-32-9

Weitere Informationen zum Buch finden Sie unter: www.macht-steuert-wissen.de

Coverfoto: Inga Sommer

Gestaltung & Satz: XPresentation, Güllesheim

Druck und Bindung: Finidr, s.r.o. Cesky Tesin

Besuchen Sie uns im Internet unter: www.macht-steuert-wissen.de

Bibliografische Informationen der Deutschen Nationalbibliothek

Die Deutsche Nationalbibliothek verzeichnet diese Publikation in der Deutschen Nationalbibliografie.

MSW – Macht steuert Wissen ist eine beim Deutschen Patent- und Markenamt eingetragene und geschützte Marke.

Man braucht nichts im Leben zu fürchten,
man muss nur alles verstehen.

Marie Curie, polnische Physikern (1867-1934)

Für Jana, Jannis und Jandrik,
deren Zukunft noch vor ihnen liegt,
und Opa Bobbie (†),
der sein ganzes Leben hart
für dieses Land gearbeitet hat.

Inhalt

Vorwort von Thorsten Schulte 11

    Mut zur Wahrheit 11

Einleitung 15

    Was ist hier bloß los? 15

    Es steht viel auf dem Spiel 17

    Sommermärchen Teil 2 20

    Brot und Spiele 22

Die Zeichen der Zeit richtig deuten 25

    Schweden, das Multikulti-PISA-Gewinner-Musterland 25

    Deutsche Nachkriegsgeschichte im Zeitraffer 30

    Muss nur noch kurz die Welt retten 33

    Grenzenlos offenes Land 39

    Mit dem Schlauchboot in Seenot 44

    Weiter so, immer weiter so 48

    Rette sich, wer kann! 52

Alles tanzt nach Merkels Pfeife 55

    Wer ist eigentlich Angela Merkel? 55

    Einerlei und Allerlei 59

    DDR 2.0 – wir kommen... 63

    Die neue AfD = die alte CDU 67

    Wir schaffen das 71

    Deutschland hat fertig 75

Überall nur Terroristen und Querulanten 79

(Meinungs-)Terror und Rudeljournalismus 79

Unter dem Mantel der Verschwiegenheit 82

Islam(ismus) – Kritik, die keiner hören will 87

Hexenjagd 92

Live dabei im Staatsfernsehen 94

Wir brauchen Feindbilder 97

Billigend in Kauf genommene Opfer 101

Die vielen Opfer der Political Correctness 101

Wahrnehmungsstörungen 105

Selbsternannte Elite 108

Die Sache mit der German Angst 111

Das schwache Geschlecht 114

Bildung wird völlig überbewertet 119

Schulen – Deutschlands Armenhäuser 119

Traumberuf Lehrer 121

Wasch laberscht du, Digga? 125

Alle Hände voll zu tun 130

Abi für alle 133

No chance 137

Sicherheit ist nicht so wichtig 139

Notrufe von der Polizei 139

Alles halb so wild 143

Bunter Haufen Bundeswehr 148

Die Truppe im Inneren 153

Das hätte man uns doch sagen können 155

    Der Fluch der bösen Tat 155

    Krisen über Krisen 160

    Der Wilde Westen 162

    Im Namen der Globalisierung 167

    Who´s Mr. Barnett? 169

    Alles läuft nach Plan 175

Der heilige Schein der Scheinheiligkeit 179

    Deutsche Doppelmoral 179

    Ein Ende der Fahnenstange ist nicht in Sicht 186

    Gefährliches Spiel1 190

Schlusswort 195

Anhang 203

    Ländervergleich 203

    Mein offener Brief an Angela Merkel vom 23.05.2017 204

Dank 217

Die Autorin 219

Anmerkungen 225

Vorwort von Thorsten Schulte

Mut zur Wahrheit

Zu diesem Buch bedarf es Mut, gerade weil die Verfasserin dieser Zeilen von Beruf Lehrerin ist. Dies dürften viele, zu viele in unserem Land für eine Übertreibung halten. Nur wer am eigenen Leib die Folgen zu spüren bekommt, erkennt die Bedrohung unserer Meinungsfreiheit. Wer heute die Komfortzone der Gutmenschen mit schonungsloser Analyse und Fakten stört, macht sich höchst unbeliebt. Die Fairness bleibt bei der dann folgenden öffentlichen Schelte mit an Sicherheit grenzender Wahrscheinlichkeit auf der Strecke. Petra Paulsen zeigt mit diesem Buch Mut, und dies ist insbesondere für eine Lehrerin alles andere als selbstverständlich. Sie wird gewiss ins Fadenkreuz der selbsternannten Moralapostel geraten. Aber schon meine Großmutter pflegte mir zu sagen: „Wer sich wehrt, wird geehrt, und wer sich duckt, wird angespuckt".

Nach dem Erfolg meines Buchs *Kontrollverlust*[1] in der Spiegel-Bestsellerliste bezeichnete mich Denis Scheck in der ARD als „durchgeknallten Verschwörungstheoretiker"[2], und der Tagesspiegel sprach von einer „verschwörungstheoretischen Schrift, die das Gruseln lehrt"[3]. Begründungen für diesen Vorwurf fehlten. Schimpfte die katholische Kirche Abweichler von der offiziellen Kirchenlehre Ketzer, so greift das Establishment heute zum Begriff des Verschwörungstheoretikers. Ende November trat Scheck in der ARD nach und forderte das Publikum in Bezug auf meine Person auf: „Glauben Sie diesem Mann kein Wort: Öffentliche Selbstverbrennung ist auch keine Lösung"[4]. Inhaltliche Fehler fand man in meinem Buch nicht. Also greifen die Vertreter unserer politischen Kaste zu Schmähungen und Ehrabscheidungen. Oftmals werden Menschen dabei ganz subtil beeinflusst. In einem Artikel in der Frankfurter Allgemeinen Zeitung am Sonntag, dem 5. November 2017, über mich mit dem Titel „Der Provokateur"[5] bekam auch Prof. Max Otte einen Seitenhieb ab. Ihm wurden nur „mittelmäßige Anlagetipps" unterstellt. Wertungen, Abwertungen von Menschen werden unterschwellig in die Artikel eingewoben. Wer aufmerksam und kritisch liest, erkennt dies. Die Mehrheit dürfte jedoch nicht aufhorchen. Im besagten Artikel unterstellt man mir beispielsweise, ich würde mich für einen besseren Redner als jemand sehr Bekanntes halten. Schulte ist also ein selbstverliebter und arroganter Schnösel. Genau so will mich der Mainstream negativ einfärben. Jeder, der aus der Reihe tanzt, wird mit dem Bannstrahl der regierungstreuen Meinungswächter belegt.

„Sage mir, wer dich lobt, und ich sage dir, worin dein Fehler liegt", soll Lenin einmal gesagt haben[6]. „Sage mir, wer dich kritisiert, und ich sage dir, was du richtig machst", formuliere ich lieber. Petra Paulsen wird sich mit diesem Buch Kritik einhandeln, aber dies spricht für sie und nicht gegen sie. Insbesondere die Aussagen zur Lage an unseren Schulen und zum „Traumberuf Lehrer" dürften den rot-grünen Bildungsideologen die Schamesröte ins Gesicht treiben. Petra Paulsen ist praktisch der Spiegel des Gewissens dieser Bildungs-Gutmenschen, die eine Bildungswüste zu verantworten haben. In Baden-Württemberg ist nach den Bildungsreformen der letzten Jahre ein dramatischer Niedergang der Schuldbildung feststellbar. Wir brauchen in allen gesellschaftlichen Bereichen eine schonungslose Bestandsaufnahme und Offenlegung der Fehler. Dies macht uns unbequem für die Herrschenden, aber ihre unerträgliche Arroganz der Macht gehört abgestraft.

Petra Paulsen spricht an, dass sich Politik und Volk mittlerweile weit voneinander entfernt haben. Ein Beispiel ist der G20-Gipfel 2017 in Hamburg, der von drei Viertel der Teilnehmer einer Umfrage des Hamburger Abendblattes abgelehnt worden war[7]. Für mich benötigen wir dringend direkte Demokratie auf Bundesebene. Natürlich wird diese von der politischen Kaste in Berlin vehement bekämpft. Aber das Primat der Politik ist längst abhandengekommen. Lobbyisten nehmen Einfluss, supranationale Konzerne treiben Regierungen vor sich her, Freihandelsabkommen sind in Wahrheit Konzernermächtigungsgesetze, EU-Zentralismus und der Geldsozialismus der EZB sind nicht demokratisch legitimiert, die Europäische Zentralbank steht außerhalb jeder Kontrolle.

Kein Wunder, dass in Deutschland nur noch 48 Prozent der nach 1980 Geborenen die Demokratie noch als essenziell bezeichnen. In den Niederlanden sind es mit 35 Prozent noch weniger und in den USA sogar nur noch 30 Prozent. Von den in den 1930er Jahren Geborenen sagen noch 72 Prozent der US-Bürger, Demokratie sei für sie essenziell. Hauchen wir unserer Demokratie wieder neues Leben ein mit Büchern wie diesem von Petra Paulsen und einem klaren JA zu direkter Demokratie. Das Volk muss wieder gefragt werden. Schwache Regierungen haben Angst vor Volksentscheiden. Wir brauchen wieder starke Regierungen und Mitsprache für unser Volk. Haben wir weder Angst vor der Wahrheit noch Sorge vor dem Volk.

Ihr Thorsten Schulte*

* Der Konjunktur- und Kapitalmarktexperte Thorsten Schulte war im Frankfurter Handel der Deutschen Bank tätig, beriet bei der DZ Bank deutschlandweit Vorstände der Genossenschaftsbanken und Sparkassendirektoren und dozierte an der Sparkassenakademie in den Fächern Wirtschaftspolitik und Wertpapiermanagement. Als Vorsitzender des Vereins „Pro Bargeld – Pro Freiheit e.V." kämpft er leidenschaftlich für das Bargeld. Sein Video *Merkels Rechtsbruch*[8], zu finden bei YouTube, erzielte binnen kurzer Zeit über 1,2 Millionen Aufrufe.

Im Juli 2017 erschien sein Buch *Kontrollverlust: Wer uns bedroht und wie wir uns schützen*, das innerhalb weniger Wochen auf Platz 1 der Spiegel-Bestsellerliste sowie auf Platz 1 der Bild-Bestsellerliste kletterte.

Einleitung

Was ist hier bloß los?

Für viele Menschen, Deutsche mit und ohne Migrationshintergrund wie auch Ausländer, ist Deutschland ein tolles Land, das Land ihrer Träume. Für viele ist es das Schlaraffenland, in dem Milch und Honig fließen, das gelobte Land. Für viele Einheimische und Menschen anderer Länder ist Deutschland mittlerweile weniger die Bundesrepublik, sondern vielmehr eine Bananenrepublik. Für andere wiederum ist Deutschland eine Art Villa Kunterbunt, in der es wie bei Pippi Langstrumpf drunter und drüber geht. Manch einer bezeichnet Deutschland bereits als Absurdistan, und für so manchen ist Deutschland schon gar kein Rechtsstaat mehr.

Und für mich? Was ist Deutschland für mich? Es ist mein Heimatland. Ich liebe dieses Land mit seinen unterschiedlichen Landschaften, Menschenschlägen und kulinarischen Spezialitäten. Hier bin ich geboren, habe ich den größten Teil meines Lebens verbracht und in diesem Land Kinder in die Welt gesetzt. Als Bürgerin, Mutter und Lehrerin zahle ich brav Lohn-, Mehrwert-, Versicherungs-, Schaumwein- und diverse andere Steuern sowie die GEZ-Gebühren. Mit nicht einmal zwei Krankheitstagen pro Schuljahr bin ich überdurchschnittlich selten krank und somit ein echter Glücksfall für Schüler und andere Steuerzahler.

Meine drei Kinder habe ich zu offenen, toleranten, anständigen und hilfsbereiten Menschen erzogen. Ich selbst unterstütze regelmäßig soziale Projekte, bin registrierte Knochenmarkspenderin, Inhaberin eines Organspenderausweises, und meine sterblichen Überreste werden eines hoffentlich noch fernen Tages der medizinischen Forschung zur Verfügung stehen. Mein persönlicher Traum wäre es, irgendwann ein Kinderhospiz zu eröffnen, und seit meiner Kindheit bete ich dafür, dass es endlich Frieden unter den Menschen geben möge. Dabei sind mir persönlich aufrichtige und friedliebende Menschen wichtig, die sich an die demokratischen Grundwerte sowie die Regeln und Gesetze unseres Landes halten.

Selbstverständlich trenne ich sorgfältig meinen Müll und benutze, wann immer es möglich ist, die „Pipisparspültaste". Ebenso vermeide ich unnötige Fahrten mit dem Auto, um einen möglichst kleinen ökologischen Fußabdruck auf dieser Erde zu hinterlassen. Über die Mogelpackungen bei Discountern, die beispielsweise bei gleicher Verpackungsgröße nur noch 400 statt 500 Gramm gemischtes Hack enthalten, wundere ich mich schon seit einiger Zeit.

Aus dem Staunen komme ich jedoch über das, was sonst noch so alles in Deutschland geschieht, gar nicht mehr heraus. Meine Heimat ist mir in der Vergangenheit aufgrund ganz unterschiedlicher Dinge zunehmend fremder geworden, und mittlerweile frage ich mich, ob ich nicht im falschen Film sitze? Dabei hätte ich gerne gewusst, wer das Drehbuch für diesen geschrieben hat, verantwortlich für die Regie ist und welche Rolle den Bürgern darin zukommt? Diese Fragen und ein mulmiges Gefühl im Bauch haben mich dazu veranlasst, dieses Buch zu schreiben, um Menschen zum Nachdenken zu bewegen und zu ermutigen, ihren Mund aufzumachen. Die friedliche und erfolgreiche Zukunft dieses Landes können wir nur gestalten, wenn wir in einem gemeinsamen Gespräch bleiben, auch wenn wir ganz unterschiedlicher Meinung sind.

Es steht viel auf dem Spiel

Völlig kalt erwischt hat mich im Herbst 2016 – wohlgemerkt nach einer Biologie- und nicht etwa nach einer Politikstunde – die Äußerung eines Oberstufenschülers, er befürchte, dass wir bald Bürgerkrieg in Deutschland haben werden. Das war der Tropfen, der das Fass zum Überlaufen brachte. Schließlich fühle ich mich selbst aufgrund der derzeitigen Situation in meinem Heimatland oft ohnmächtig, hilflos und befremdet. Dann wiederum bin ich wütend, verdammt wütend darüber, was in Deutschland schon seit einiger Zeit, aber erst recht seit der Migrationskrise 2015 passiert.

Zugegebenermaßen war ich bislang ein eher unpolitischer Mensch. So gehöre ich auch keiner Partei an und bin das, was man landläufig als Wechselwählerin bezeichnen würde. Die Entscheidungen der Politik des Herbstes 2015 und der darauffolgende Aktionismus haben jedoch für mich alles bislang Dagewesene in den Schatten gestellt. Seitdem haben mich politische Themen nicht mehr losgelassen. So wurde ich zu einer Leserin politischer Bücher und bin regelrecht zu einem Internet- und Newsjunkie mutiert, was aufgrund des immensen Zeitinvestments bei meiner Familie nicht immer auf Verständnis gestoßen ist. Im Jahr 2016 habe ich das getan, was ich nie zuvor gemacht hatte: Ich habe Briefe an Politiker, an den Deutschen Bundestag und an verschiedene Mainstreammedien geschrieben. Daneben habe ich eine Rundmail zu verschiedenen politischen Themen an diverse Personen geschickt, die auf Wunsch einiger Adressaten im Internet u. a. bei *Epoch Times* veröffentlicht wurde.[9] Als ich mir wieder einmal mehr das Hirn darüber zermarterte, was ich denn noch tun könnte, um mir und meinen Sorgen Gehör zu verschaffen, kam mir am 6. November 2016 – ich war gerade dabei, den Bügelwäscheberg einer fünfköpfigen Familie zu bewältigen – die Idee zu diesem Buch. Nein, es war keine Idee. Vielmehr war es eine Eingebung, wusste ich doch sofort, dass es den Titel „Deutschland außer Rand und Band" tragen würde.

So gibt es die Geschichte *Pippi außer Rand und Band* von Astrid Lindgren tatsächlich. Und wie passend: Der Grünen-Politiker Boris Palmer äußerte im Jahr 2016 hinsichtlich der Flüchtlingspolitik gegenüber dem *SPIEGEL*: *Es sind nicht die Zeiten für Pippi-Langstrumpf- oder Ponyhof-Politik*.[10] Und unglaublich, aber wahr: Schon im Jahr 2013 stimmte SPD-Arbeits-ministerin Andrea Nahles das Pippi-Langstrumpf-Lied vor der versammelten Mannschaft des Deutschen Bundestages an.[11] Wenngleich der Anlass zu diesem Buch weniger lustig ist, als es die Geschichten Astrid Lindgrens sind, so möchte ich mir von meinem Nachwuchs eines Tages nicht vorwerfen lassen müssen, so viel gewusst, aber einfach nur geschwiegen zu haben.

Ich kann nicht leugnen, dass ich mir als verbeamtete Lehrerin nicht auch Gedanken darüber gemacht habe, ob die Veröffentlichung eines solchen Buches möglicherweise berufliche Repressalien für mich bedeuten könnte. Diese Bedenken habe ich jedoch schnell über Bord geworfen, heißt es doch: Wer nicht wagt, der nicht gewinnt. Schließlich habe nicht nur ich viel zu verlieren. Wir alle könnten einen hohen Preis zu bezahlen haben. Auf der einen Seite steht zunehmend unsere freiheitlich-demokratische Grundordnung auf dem Spiel, andererseits sogar unser innen- wie auch außenpolitischer Frieden. Dabei ist die im Grundgesetz verbriefte Meinungsfreiheit das höchste Gut der Demokratie, und so machte ich mich an die Arbeit. Wer möchte schon in der Demokratie einschlafen und in einer Diktatur aufwachen?

Es lässt sich nicht wegreden, dass es in Deutschland – wie übrigens auch in vielen anderen Ländern Europas – in den letzten Jahren zunehmend Probleme durch bestimmte Personengruppen mit Migrationshintergrund gibt. Darüber wurde bislang jedoch nicht so gerne offen gesprochen, da dies eben als politisch nicht korrekt gilt. Wer so etwas äußert, ist aber per se nicht gleich fremdenfeindlich, wie auch nicht jeder Ausländer zweifelsohne ein guter Mensch ist. Das Leben und meine Erfahrungen im Umgang mit Menschen ganz unterschiedlicher sozialer, ethnischer und religiöser Herkunft haben mich jedoch für bestehende Probleme und Differenzen offen und sensibel gemacht. Privat wie auch von Berufs wegen habe ich es mit ganz unterschiedlichen Menschen zu tun, deren Sorgen und Nöte mich nicht unberührt lassen. Anders als viele Politiker, von denen mittlerweile viele in dem sprichwörtlichen Elfenbeinturm zu leben scheinen, wohne ich einerseits als Bürgerin und Mutter in einem kleinen Dorf in Norddeutschland, andererseits arbeite ich als Lehrerin in der Millionenmetropole Hamburg.

Natürlich ist vieles, was ich beschreibe, politisch nicht korrekt. Wenn Deutschland aber aus dem unruhigen Fahrwasser, in dem es sich momentan befindet, herausgelotst werden soll, ist es an der Zeit, die sprichwörtliche rosarote Brille abzunehmen, oder um es mit den oftmals scharfen und sehr deutlichen Worten des Publizisten und Buchautors Henryk M. Broder zu sagen: *Wir leben in einer Gesellschaft, der die Kraft abhandengekommen ist, der Wirklichkeit ins Auge zu schauen.*[12] Noch etwas drastischer fällt übrigens die Diagnose der beiden Ökonomen und Politiker Hans-Olaf Henkel und Joachim Starbatty mit ihrem Buch *Deutschland gehört auf die Couch*[13] aus, mit dem sie Deutschland ein schwaches Selbstwertgefühl und den deutschen Eliten ein Helfersyndrom attestieren. Vielleicht ist auch deswegen schon so manch einer der Meinung, wir leben mittlerweile in einem Irrenhaus?

Sommermärchen Teil 2

Viele Dinge haben sich in den letzten Jahrzehnten in unserem Land zum Positiven entwickelt. So steht Homosexualität nicht mehr unter Strafe, die Gleichberechtigung zwischen Mann und Frau wurde vorangetrieben, und für die Belange von Menschen mit Behinderungen wird sich verstärkt eingesetzt. In der EU übernahm Deutschland eine führende Rolle und wurde zu einer Art wirtschaftlichem und politischem Luxusliner. Die Großwetterlage in Deutschland ist bestens: Die Wirtschaft boomt gerade aufgrund des schwachen Euros, niedriger Zinsen, eines tiefen Ölpreises, einer vermeintlich guten Beschäftigungslage sowie der Kauflust der Deutschen.

Anders verhält es sich jedoch mit vielen politischen Entscheidungen wie beispielsweise der kaputtgesparten Polizei, der prekären Personalnot an oftmals maroden Schulen, dem Investitionsstau bei der Infrastruktur, den Veränderungen in der politischen Parteienlandschaft und natürlich auch bezüglich der nach wie vor stattfindenden illegalen Migration. Vielfach wurde sich über geltendes deutsches, aber auch europäisches Recht seitens der Politiker in einem noch nie dagewesenen Anfall von Selbstermächtigung hinweggesetzt. Zunehmend erscheinen viele politische Entscheidungen völlig irrational und mit halbwegs normalem Menschenverstand nicht mehr nachvollziehbar. Deren Folgen sind es aber, die den Alltag der Bevölkerung zunehmend bestimmen, die Gesellschaft und sogar ganze Familien spalten, zu steigender Unruhe in der Bevölkerung durch fehlende soziale Gerechtigkeit, dem evidenten Verlust an innerer Sicherheit, zunehmenden Werteverfall und wachsender Verrohung führen.

Die Migrationskrise wurde anfänglich als zweiter Teil des Sommermärchens der Fußballweltmeisterschaft 2006 zelebriert, wo die Welt zu Gast bei Freunden war und man dieser ein weltoffenes und freundliches Gesicht zeigen konnte. Die Euphorie der politisch und medial verordneten Willkommenskultur ist jedoch schon längst einer großen Skepsis gewichen, und aus einem *Wir schaffen das* der Bundeskanzlerin[14] ist in vielen Köpfen ein *Ist das überhaupt zu schaffen?* bzw. ein *Wollen wir das überhaupt schaffen?* geworden. Anders als die vielen Gäste aus aller Welt während der WM wird der Großteil der nach Deutschland gekommenen Migranten dieses Land entgegen aller Aussagen aufgrund bisheriger Erfahrungen der Vergangenheit nicht wieder verlassen, auch wenn man uns gerne solche Märchen erzählt.

Unabhängig von der nach wie vor stattfinden illegalen Migration hat in Deutschland schon jetzt gut jede fünfte Person einen Migrationshintergrund – in den alten Bundesländern fast jede vierte, in den neuen Bundesländern jede zwanzigste Person –, was ein neuer Rekord ist.[15] Von allen Personen mit Migrationshintergrund sind zwei Drittel selbst eingewandert, und ein Drittel ist in Deutschland geboren. Deutlich über die Hälfte der Personen mit Migrationshintergrund sind Deutsche (54,6 Prozent), d. h. sie haben einen deutschen Pass. Mittelfristig wird sich der Anteil der Personen mit Migrationshintergrund weiter erhöhen, denn 2016 hatten bundesweit 38 Prozent der unter Fünfjährigen einen Migrationshintergrund.[16] Zu den fünf Hauptherkunftsländern der ausländischen Bevölkerung zählen die Türkei, Polen, Syrien, Italien und Rumänien.[17] Die Geburtenrate stieg im Jahr 2015 erneut an und ist auf den höchsten Wert seit über 30 Jahren angewachsen, was vor allem an Familien mit ausländischem Pass lag.[18]

In diesem Zusammenhang sehr interessant: Nach dem *Rat für nachhaltige Entwicklung*, der die Bundesregierung mit Rat und Tat unterstützt, wird die Bevölkerung 2040 in Deutschland so gemischt sein, dass es Begriffe wie *Migrationshintergrund* und *Ausländer* aufgrund der Gründung eines Europäischen Staates nicht mehr geben wird.[19] Nebenbei sei hier angemerkt, dass es auch den *Normalbürger*, das *Bargeld*, die *traditionelle Familie* und selbst – sicherlich zum großen Bedauern vieler Fußballfans – den *FC Bayern München* nicht mehr geben soll. Ob es dann Deutschland überhaupt noch geben wird? George Orwells fiktiver Roman *1984* lässt jedenfalls ganz herzlich grüßen.[20] Henryk M. Broder spricht im Zusammenhang mit dem Buch *Dialoge Zukunft Vision 2050* des Nachhaltigkeitsrates übrigens vom Lieblingsbuch der Kanzlerin[21], und auch in der *Welt* konnte man bereits am 1. September 2011 lesen, dass dieses Buch von ihr überschwänglich gelobt wurde.[22]

Brot und Spiele

Apropos Bücher: Gerade in letzter Zeit wurde der deutsche Büchermarkt mit Buchtiteln wie *Deutschland schafft sich ab*, *Neukölln ist überall*, *Deutschland im Blaulicht*, *Deutschland in Gefahr* und *Kontrollverlust* u. v. a. regelrecht geflutet. Alles nur Zufall? Ich glaube nicht. Immer mehr Menschen spüren, dass in diesem Land etwas nicht stimmt, auch wenn versucht wird, alles, was nur ansatzweise kritisch klingt und nicht auf Linie der Regierungspolitik ist, zu tabuisieren, bagatellisieren und zu relativieren. Tja – man macht sich die Welt, wie sie einem gefällt.

Während deutsche Politiker mit erhobenem Zeigefinger auf andere Länder hinsichtlich Meinungs- und Pressefreiheit zeigen und osteuropäische Staaten wegen ihrer Verweigerung der Aufnahme von Flüchtlingen gerügt werden, werden wir in Deutschland mit Begriffen wie *Hate Speech*, *Fake News* und *Bashing* malträtiert. Ungefragt hat man der Bevölkerung in Deutschland die Aufgabe aufs Auge gedrückt, hunderttausende Menschen aus völlig fremden Kulturkreisen zu integrieren. Zugleich werden jedoch andersdenkende Einheimische gesellschaftlich stigmatisiert, diffamiert, denunziert und zunehmend ausgegrenzt. Gegenüber der Russischen Föderation unter Präsident Wladimir Putin wird in einem neuen Kalten Krieg samt verschärfter Sanktionen mit den Säbeln gerasselt. Undiplomatisch, regelrecht hetzerisch gehen Politiker und Journalisten mit dem demokratisch gewählten amerikanischen Präsidenten Donald Trump um. Was soll das alles? Und überhaupt: Was läuft da im Nahen und Mittleren Osten, wo ein Krisengebiet nach dem anderen entsteht? Sollte uns die Aufforderung der Bundesregierung vom August 2016, sich für den Fall einer Katastrophe oder eines Terroranschlags mit Lebensmitteln für zehn Tage einzudecken[23], nicht zu denken geben? Wohl nur die wenigsten haben etwas von der Empfehlung des Bundesinnenministeriums im Mai 2017 mitbekommen, die Regierungsgebäude in Deutschland besser gegen atomare, biologische und chemische Angriffe zu schützen, wie zum Beispiel durch eine Härtung der Außenfassade.[24] Kommt da möglicherweise etwas auf uns zu, von dem wir Bürger noch gar nichts ahnen?

Bereits im antiken Rom wurde nach dem Motto „panem et circenses" – Brot und Spiele für das Volk – regiert und Politik gemacht. Auch heute, gut 14 Jahrhunderte später, gibt es Parallelen zu diesem Prinzip und zwar in Form des heutigen Fernsehprogramms sowie der Konsum- und Eventgesellschaft. Während die einen schon seit Jahren von Sendungen wie *Deutschland sucht den Superstar* oder *Das Supertalent* auf der Couch sediert werden oder nicht minder menschenverachtende und entwürdigende Fremdschämsendungen wie *Das Dschungelcamp* oder *Big Brother* konsumieren, hängen andere bereits nachmittags am narkotischen Tropf des Assi-TVs, spielen stunden- oder auch nächtelang Computerballerspiele oder jagen blindlings mit dem Smartphone Pokémons. Derweil fragen sich wiederum andere, ob sie sich nicht noch ein drittes iPhone 8 – diesmal in Pink – oder lieber gleich den neuesten Porsche Cayenne samt kompletter Sonderausstattung zulegen sollten. Und während schon der nächste Urlaub in Richtung Karibik gebucht ist, geht so manch einer einem Zweit- oder gar Drittjob nach. So haben die einen ein echtes Luxusproblem, während die anderen ums nackte Überleben für sich (und ihre Familie) kämpfen. Eines ist aber vielen gemeinsam: Zeit, um sich politisch hinreichend zu informieren, fehlt vielen Menschen aufgrund ihrer Berufstätigkeit, des Konsumterrors oder des täglichen Überlebenskampfes.

Sowohl rechte als auch linke Ideologien sind für mich ein No-Go. Ein Leben in einem Land unter einem nationalsozialistischen Regime oder nach dem Vorbild der ehemaligen DDR wäre für mich undenkbar. Ich bin weder pro bzw. kontra Amerika bzw. Russland eingestellt, toleriere keinerlei Gewalt, Hetze, Hass, Rassismus und Terror gleich welchen Ursprungs. Als Kind des Geburtsjahres 1966 der Babyboomer-Generation, die bislang von dem Thema Krieg im eigenen Land verschont geblieben ist, kam ich während meiner Kindheit mit den Folgen des Zweiten Weltkrieges nahezu täglich in Berührung, da meine Mutter als Flüchtlingskind aus Ostpreußen sehr durch diese Zeit geprägt wurde. Mit dem RAF-Terror der 1970er Jahre wurde ich als kleines Mädchen durch meinen Vater persönlich konfrontiert, der am Tag des Anschlags auf den Axel Springer Verlag in Hamburg als Drucker Schicht hatte. Somit habe ich aufgrund meines Alters, meiner sozialen Herkunft als Arbeiter- und Scheidungskind, meiner eigenen Geschichte und meines Berufes schon so einiges in meinem Heimatland miterlebt.

Daraus resultierend ist dieses Buch in einer politisch sehr bewegten Zeit entstanden, in der mittlerweile sehr vieles aus den Fugen geraten ist und in der die Wellen der Deutschland-, Europa- und Weltpolitik immer höher schlagen. Es soll ein Weckruf sein an alle wenig politisch bzw. nicht mehr politisch interessierten Menschen sowie insbesondere an junge Menschen nach dem Motto „Wach´ auf, informiere dich in alle Richtungen, setze deinen gesunden Menschenverstand ein, sei kritisch und denke selber!" Und vor allem: „Redet miteinander statt übereinander! Es geht schließlich um unser aller Zukunft." Zu vieles ist in der Vergangenheit schon schiefgelaufen und dies nicht nur in Deutschland.

Die Zeichen der Zeit richtig deuten

Schweden, das Multikulti-PISA-Gewinner-Musterland

Werfen wir zunächst einmal einen Blick in die Heimat von Pippi Lang-strumpf. Das politisch äußerst liberale Königreich Schweden mit dem Wohnst-du-noch-oder-lebst-du-schon-Möbel-Giganten IKEA, der internatio-nal tätig ist und in Deutschland ganz legal keine Steuern zahlt, galt viele Jahre als Einwanderungsmusterland und Sehnsuchtsort vieler Menschen aus aller Herren Länder, nachdem es sich das Ziel gesetzt hatte, seinen Wohlstand zu teilen und zu einem multiethnischen Wohlfahrtsstaat zu werden. Ein bereits im Jahr 1975 verabschiedetes Einwanderungsgesetz und das ein Jahr später eingeführte kommunale und regionale Wahlrecht für Einwanderer, zu dem sich Schweden als erster Staat der Welt entschlossen hatte, sollte den Weg dahin ebnen. Kostenlose Schwedischkurse und das Etableringsersättning, eine Art Einführungsgeld, wurden als geeignet erachtet, die Integration der Zuwanderer zu erleichtern. Daneben gibt es umfassende Sozialhilfe- und kos-tenlose medizinische Versorgungsleistungen sowie zusätzliche finanzielle Un-terstützungen u. a. für Versicherungsprämien und Haushaltsgeräte.[25]

Doch damit nicht genug: Bezüglich der staatlichen Bildung machte Schwe-den stets eine gute Figur. Neben garantierten Vorschulplätzen, der neunjäh-rigen Schulpflicht an der „Grundskola", dem weiterführenden Gymnasium mitsamt beruflicher Bildung verfügen schwedische Schulen über eine im Ländervergleich herausragende technische und digitale Infrastruktur, da ein Großteil des Budgets der Gemeinden direkt in die Bildung investiert wird.[26] Nach Einführung der PISA-Schulleistungsstudie der OECD (Organisation for Economic Cooperation and Development = Organisation für wirtschaftliche

Zusammenarbeit und Entwicklung) im Jahr 2000 reisten insbesondere deutsche Bildungsexperten und Lehrer in Scharen nach Skandinavien, um dem Geheimnis des Bildungswunderlandes auf die Spur zu kommen. Schließlich schlugen schwedische Schüler die deutschen Schulbankdrücker in allen getesteten Disziplinen. Der Diversifizierung innerhalb der Schulen aufgrund kultureller Verschiedenheit trat das schwedische Schulsystem mit Förderung statt mit Auslese entgegen, um einer Chancenungleichheit aufgrund der kulturellen und sozialen Herkunft gezielt entgegenzuwirken.

Doch was ist geschehen? Schon seit vielen Jahren ist die Stimmung im Land der Mitternachtssonne gegenüber den Einwanderern gekippt. Viele der „Invandrare", also der Einwanderer, arbeiten im Niedriglohnsektor, wo gerade in den letzten Jahren zahlreiche Arbeitsplätze wegrationalisiert wurden, zählen mit 42 Prozent zu den (Langzeit-)Arbeitslosen und beanspruchen 58 Prozent der Sozialhilfeleistungen, wobei das schwedische System der sozialen Absicherung auf Vollbeschäftigung basiert.[27] Erstmals übertraf im November 2016 die Zahl der ausländischen Arbeitslosen mit 162.500 die der Einheimischen ohne Job mit 160.600. Dabei erreicht die Beschäftigungsquote der Migranten selbst nach 15 Jahren nur 60 Prozent.[28] Viele der Zuwanderer sind für den Arbeitsmarkt unterqualifiziert, da sie keinen Hochschulabschluss haben bzw. kein perfektes Schwedisch sprechen und der Niedriglohnsektor vergleichsweise klein ist.[29] Von den nach dem Jahr 2000 in Schweden eingewanderten Menschen verfügen nur rund 20 Prozent maximal über eine Grundschulbildung.[30] Aus humanitären Gründen wurde bei der Bewilligung einer Aufenthaltsgenehmigung bislang natürlich nicht auf die schulische Vorbildung geachtet, für den Arbeitsmarkt und das Sozialhilfesystem konnte das jedoch nicht ohne Folgen bleiben. Und so stiegen gerade in letzter Zeit parallel zur Zunahme der Asylbewerberzahl auch die Umfragewerte der Schwedendemokraten – dem schwedischen Pendant der AfD – auf 26,8 Prozent im Juli 2017, was mehr als einer Verdoppelung des Stimmenanteils gegenüber dem Jahr 2014 entspricht.[31] Gründe sind hierfür der Unmut über die Auflösung des Sozialstaates, die wachsende Arbeitslosigkeit – allein die Jugendarbeitslosigkeit liegt seit 2010 zwischen 22 und 25 Prozent – und die massive Zuwanderung.[32] Obgleich die Geburtenrate im Land von IKEA, Volvo und H&M deutlich höher als in Deutschland ist, wächst die schwedische Gesellschaft vor allem aufgrund der Zuwanderung.

In Sachen Bildung rutschte der einstige Klassenprimus schon im Jahr 2007 zum PISA-Verlierer ab.[33] Den Ergebnissen der Schulleistungsuntersuchungen zufolge ist das Schulniveau in den Jahren 2006 bis 2012 im einstigen Wunderland erfolgreicher Bildung so stark gesunken wie nirgendwo anders und lag z. B. bei den Lesekompetenzen unter dem OECD-Durchschnitt. Der Anteil von Schülern mit ausländischen Wurzeln stieg in diesem Zeitraum um 6 Prozent auf 22 Prozent und unter diesen vergrößerte sich der Anteil derjenigen, die in der Schule gescheitert sind, von 37 auf 50 Prozent. Die schwedischen Behörden stellten einen direkten Zusammenhang her zwischen dem sinkenden Schulniveauabfall bis zu 85 Prozent und dem steigenden Zuzug von Einwanderern, häufig jenseits des Einschulungsalters.[34] Eine weitere Schülerzunahme aus dem Nicht-EU-Ausland erfolgte 2015, wobei die zugewanderten Kinder überwiegend aus Ländern mit desaströsen Schulsystemen wie z. B. dem Irak kamen.[35]

Schon 2014 sprach die Nationalpolizei von nicht weniger als 55 Krisengebieten in 22 schwedischen Städten.[36] Diese zeichnen sich durch einen hohen Migrantenanteil, hohe Arbeitslosigkeit sowie geringe Einkommen aus. Für Schweden wurde deshalb sogar eine App entwickelt, um User vor den gefährlichsten Gegenden zu warnen.[37] Bandenkriege, brennende Autos, Tötungsdelikte auf offener Straße und Anschlagsserien mit Bomben und Handgranaten, Jagdszenen auf Flüchtlinge, brennende Flüchtlingsheime usw. sind keine Seltenheit und machen der Polizei das Leben schwer. Deswegen haben einer neueren Umfrage unter schwedischen Polizeibeamten zufolge ungefähr 80 Prozent von ihnen zumindest schon einmal darüber nachgedacht, ihren Dienst aufgrund der Gefährlichkeit und der schlechten Bezahlung zu quittieren.[38] (Gruppen-)Vergewaltigungen und sexuelle Übergriffe durch Migranten wurden oft über eine lange Zeit von der Polizei und den Medien verschwiegen.[39] [40] Die Zahl der Sexualdelikte soll von 4.208 im Jahr 2006 auf 6.560 Fälle im Jahr 2016 gestiegen sein.[41] 26 Prozent aller Gefängnisinsassen sind Ausländer und Migranten, von denen wiederum die Hälfte wegen schwerer Straftaten zu mehr als fünf Jahren Haft verurteilt wurde.[42] Im April

2017 ereignete sich in Stockholm ein islamistischer Terroranschlag mit einem gestohlenen Brauereilaster. Vier Menschen starben, 15 Personen wurden verletzt. Der Täter war ein 39jähriger abgelehnter Asylbewerber aus Usbekistan, der bereits im Juni 2016 hätte ausgewiesen werden sollen[43] Bereits 2010 ist Schweden, das Land, das seit über 200 Jahre keinen Krieg mehr geführt hat, nur knapp einem islamistischen Terroranschlag entgangen.[44] Dies ist umso trauriger, als dass Schweden als Weltmeister in Sachen Frieden gilt. Seit 203 Jahren hat sich dieses Land keinen Krieg mehr geführt und dann das.

Über Schweden, das im Vergleich zu anderen EU-Ländern im Jahr 2015 überproportional viele Migranten im Verhältnis zu seiner Einwohnerzahl aufgenommen hat, ist online im *BAYERNKURIER*, dem Politikmagazin der CSU mit Horst Seehofer als Herausgeber, Folgendes zu lesen: *Schweden leidet unter den Folgen einer jahrzehntelangen, ultra-liberalen Einwanderungspolitik: hohe Arbeitslosigkeit, mehr Kriminalität und steigende Sozialausgaben. Vielen Schweden wird klar: Das große Sozialexperiment hat einen unglücklichen Verlauf genommen. Jetzt sollen Zehntausende Migranten das Land verlassen.*[45] Und so hat das skandinavische Land, dem bereits 2013 für die nächsten Jahre keine sonderlich positive Entwicklung bezüglich des Wohlstandindikators HDI (Human Development Index = Index der menschlichen Entwicklung) durch die Vereinten Nationen prognostiziert wurde, die Notbremse gezogen, zumal vieles auf weitere soziale Brennpunkte hindeuten könnte.[46]

Das Märchen vom schwedischen Wohlfahrtsstaat begann mit den Worten *Es war einmal ein Land im Norden Europas, das alle Welt mit offenen Armen aufnahm und seinen Wohlstand teilen wollte.* Trotz vermeintlich bester Rahmenbedingungen endete die Einwanderungsgeschichte der schwedischen Supermacht der Mitmenschlichkeit leider nicht mit den Worten *Slutet gott, allting gott*, also *Ende gut, alles gut*, wie die vielen Geschichten von Astrid Lindgren, der berühmtesten Schriftstellerin des Landes. Vielmehr standen am Ende dieses Märchens die Wiedereinführung von Passkontrollen im November 2015[47], die Rückweisung von Migranten an der schwedischen Grenze und die geplante Abschiebung tausender Asylbewerber[48]. Das einstige Einwanderungs- und Bildungsmusterland ist in der EU zu einer der Nationen geworden, die nunmehr eine sehr restriktive Asylpolitik verfolgt, denn offene

Grenzen und ein ausgebauter Wohlfahrtsstaat vertragen sich auf Dauer nun einmal nicht.

Von Politikern und Medienvertretern ist zu hören, die Welt rücke immer näher zusammen. Dennoch erfährt man über die aktuelle gesellschaftliche und politische Situation des EU-Mitglieds Schweden durch die Mainstreampresse kaum etwas. Mag sein, dass es am Code 291 liegt, der schwedische Polizisten bei Straftaten im Zusammenhang mit Migranten zum Schweigen bringen soll.[49] Vielleicht blendet man die Realität in Deutschland aber lieber einfach auch nur aus, um dann irgendwann aus eigenem Schaden klug zu werden? Pippi Langstrumpf, offen, ehrlich und direkt, hätte hierzu bestimmt gesagt: *Was in aller Welt ist mit euch los? Ich will euch nur sagen, dass es gefährlich ist, zu lange zu schweigen. Die Zunge verwelkt, wenn man sie nicht gebraucht.*[50]

Wie aber sieht es eigentlich bei uns in Deutschland seit dem Ende des Zweiten Weltkrieges aus?

Deutsche Nachkriegsgeschichte im Zeitraffer

Weltweit zwischen 60 und 70 Millionen Tote.[51] Allein zwischen 5,6 und 6,3 Millionen europäische Juden als Opfer der Gräueltaten des Holocaust. 1,7 Millionen Menschen starben auf der Flucht oder überlebten die Vertreibung nicht.[52] Über 14 Millionen deutsche Flüchtlinge und Vertriebene sowie nahezu ebenso viele ehemalige Zwangsarbeiter und ausländische Insassen aus den Konzentrationslagern wurden heimatlos. Deutschland war ein Land, das in Schutt und Asche lag. Ein Land, das in die Bundesrepublik Deutschland und die Deutsche Demokratische Republik geteilt wurde. Das ist die bittere Bilanz der NS-Zeit und des Zweiten Weltkrieges, deren Folgen aus Sicht vieler Menschen noch immer nachwirken.

Mitte der 1950er Jahre herrschte aufgrund des Krieges ein Arbeitskräftemangel, weswegen die Bundesrepublik Deutschland vermehrt Arbeiter im Ausland anwarb. Hierzu zählten in den ersten Jahren Arbeitskräfte aus Italien, Spanien, Griechenland und der Türkei. Durch den Mauerbau im Jahr 1961 ebbte der Zustrom von ostdeutschen Arbeitskräften ab, und es wurden weitere Anwerbeabkommen mit Marokko, Portugal, Tunesien und Jugoslawien geschlossen.[53] In der ehemaligen DDR gab es Exil-Chilenen, und als sogenannte Vertragsarbeiter arbeiteten dort Menschen aus Vietnam, Mosambik, Kuba und Angola.[54]

Sowohl für die ausländischen Gastarbeiter, bei denen man davon ausging, dass sie das Land in ein paar Jahren wieder verlassen würden, als auch für die Bundesrepublik ergab sich eine Win-Win-Situation zu beiderseitigem Nutzen: Die einen fanden aufgrund ihrer oft geringen Bildung, die sie in ihrem Heimatland erworben hatten, in der BRD Beschäftigungen im Niedriglohnsektor des Baugewerbes, in der Industrie oder im Bergbau und konnten einen Teil des verdienten Geldes in ihre Heimat schicken. Den Westdeutschen blühte in den 1950ern ein Wirtschaftswunder. Dennoch: Ein Land, das den

Arbeitsmigranten kulturell völlig fremd war, bereitete diesen oftmals große Probleme. Dagegen konnten auch Maßnahmen wie Lehrfilme, die ihnen die deutsche Lebensweise und deutsche Gepflogenheiten näherbringen sollten, nicht helfen.[55] Wenngleich sich ein Teil der Gastarbeiter über die Jahre hinweg gut in die deutsche Gesellschaft integriert hatte, gab es einen anderen Teil, der aufgrund von Sprachproblemen und mit dem Aufeinandertreffen ganz unterschiedlicher Mentalitäten seine Probleme hatte.

1973 kam es aufgrund der Öl- und Wirtschaftskrise zu einem Anwerbestopp und zu Entlassungen, von denen in erster Linie die gering qualifizierten Gastarbeiter betroffen waren, die infolgedessen von Einzahlern in die Sozialkassen zu Arbeitslosen- und Sozialhilfeempfängern wurden. Viele von ihnen verließen Deutschland aber nicht, denn sie fürchteten, nicht wieder erneut einreisen zu dürfen. Stattdessen holten sie ihre Familien nach. Aus einem vorübergehenden Aufenthalt wurde somit ein dauerhafter. Die Migrantenkinder schickte man ohne deutsche Sprachkenntnisse direkt in die öffentlichen Schulen, welche nicht auf geeignete Fördermaßnahmen vorbereitet waren, und viele dieser Kinder verließen die Schule ohne Abschluss oder mit geringer Bildung, weswegen ein ähnlicher Weg wie der ihrer Eltern in schlecht bezahlte Jobs oder in die Arbeitslosigkeit vorgezeichnet war. Identitätsprobleme sowie große Orientierungslosigkeit zwischen der Kultur des Heimatlandes und der Deutschlands ließen viele Migrantenkinder nur schwer in der deutschen Gesellschaft Fuß fassen.[56]

In einer multikulturellen Gesellschaft, in der jeder völlig unbeeinflusst die Gepflogenheiten seines Heimatlandes ausleben konnte und eine Anpassung an Normen und Gesetze des gesellschaftlichen Zusammenlebens in Deutschland häufig nicht erfolgte, konnte in vielen Fällen keine echte Integration gelingen. Ganz im Gegenteil: Es wurde dadurch die Entstehung von Parallelgesellschaften und von Clanwirtschaft, die sich bis heute überwiegend in den Großstädten wie beispielsweise Berlin und Dortmund, aber auch in Duisburg, Essen und Gelsenkirchen konzentrieren, gefördert bzw. verstärkt.[57] Beispielsweise zogen sich viele Türken und deren Kinder aufgrund ihrer oftmals viel konservativeren Ansichten und Vorstellungen von der deutschen Gesellschaft in die Isolation zurück.[58]

Der gescheiterten Integration vieler Zuwanderer, die von Beginn an aufgrund falscher Annahmen und fehlender Maßnahmen, wie beispielsweise verbindlicher Sprachkurse, nicht forciert wurde, versuchte man zur Regierungszeit von Bundeskanzler Helmut Kohl (CDU) in den Jahren 1982 bis 1998 verstärkt durch das Rückkehrförderungsgesetz mit finanziellen Anreizen zu begegnen. Hierdurch sollten die Einwanderer, die teilweise schon jahrzehntelang in Deutschland lebten, zur Rückkehr in ihre Heimatländer bewegt werden. Diese Pläne wurden seitens der Bevölkerung unterstützt.[59] So hatte der damalige CDU-Frontmann die Bundestagswahl 1983 u. a. aufgrund dieses Versprechens gewonnen. Kohl sah eine gelungene Integration ausländischer Mitbürger als machbar bei einer nicht weiteren Zunahme von Zuwanderern in der Bundesrepublik.[60] Die Zahl der Ausländer sollte sogar bis zum Jahr 1993 um die Hälfte reduziert werden. Diese Maßnahme scheiterte jedoch, da sich viele Migranten mittlerweile ihren Lebensmittelpunkt in Deutschland aufgebaut hatten und keinen Grund sahen, dieses Land zu verlassen.

Diejenigen, die hier schon länger leben – wie es jetzt auf Neudeutsch laut Merkelsprech heißt – und die Zeit des Kalten Krieges zwischen den USA und der Sowjetunion noch miterlebt haben, waren froh, als diese endlich vorbei war, und für viele war die friedliche Wiedervereinigung beider deutscher Staaten ein fast unerfüllbarer Lebenswunsch. Endlich waren wieder Familien, darunter auch meine, vereint. Der friedlichen deutschen Revolution unter der Parole „Wir sind das Volk!" bei den legendären Montagsdemos in Leipzig gingen jedoch in 40 Jahren sozialistischer DDR-SED-Stasi-Diktatur nicht weniger als 327 Tote an der innerdeutschen Grenze voraus.[61] So mancher hatte jedoch an den von Wiedervereinigungskanzler Kohl geäußerten Visionen von blühenden Landschaften[62] in der ehemaligen DDR seine Zweifel, doch irgendwie ging bislang alles seinen Gang getreu dem Motto „Es wächst zusammen, was zusammen gehört". Mit diesen Worten kommentierte Altkanzler Willy Brandt (SPD) den Fall der Berliner Mauer.[63]

Doch dann kam das Jahr 2015, und nach 10 Jahren Kanzlerschaft unter Angela Merkel ist für viele Menschen seither nichts mehr, wie es einmal war.

Muss nur noch kurz die Welt retten

Wer kennt ihn nicht, diesen Song von Tim Bendzko aus dem Jahr 2011? Immer, wenn ich an die Grenzöffnung durch die Bundeskanzlerin vom 4. auf den 5. September 2015[64] denke, kommt mir dieses Lied in den Sinn, und manchmal denke ich, dass das Lieblingslied von Angela Merkel bestimmt *Macht hoch die Tür, die Tor macht weit* heißt. Oft habe ich mich gefragt, was letztendlich der Grund für diesen Schritt war oder ob es vielleicht mehrere Gründe dafür gab. Fakt ist: Man war in Deutschland gar nicht darauf vorbereitet, obwohl die Zahl der Asylsuchenden bereits von 2013 auf 2014 um 61 Prozent gestiegen war und sich zum fünften Mal in Folge erhöht hatte.[65] Hätte dies nicht den Verdacht nahegelegt, dass sich da etwas zusammenbraut?

Täglich kamen im August 2015 mehrere tausend Menschen über die Ägäis nach Griechenland, und ihr Weg führte sie weiter über die Balkanroute nach Ungarn, wo Zehntausende festsaßen und man mit dem Bau eines Grenzzaunes zu Serbien begann, um sich so gegen den immensen Migrationsstrom zu wappnen. Das erklärte Ziel hunderttausender Migranten, die auf dem Budapester Ostbahnhof „Merkel! Merkel!" und „Germany! Germany!" skandierten, war aber Deutschland. So wurde vom BAMF (Bundesamt für Migration und Flüchtlinge) die Dublin-Regel für Flüchtlinge aus Syrien außer Kraft gesetzt, weswegen diese nicht mehr nach Griechenland, also in das Land, wo sie erstmals den Boden Europas betreten hatten, zurückgeschickt wurden. Diese Nachricht wurde per Tweet am 25. August um 4 Uhr 30 morgens mit den Worten *#Dublin-Verfahren syrischer Staatsangehöriger werden zum gegenwärtigen Zeitpunkt von uns weitestgehend faktisch nicht weiter verfolgt*[66] verbreitet. 140 Zeichen reichten aus, um die Tore nach Deutschland für syrische Kriegsflüchtlinge zu öffnen – aber eben nicht nur für diese.

Menschenströme breiteten sich immer weiter in Richtung Österreich und Deutschland aus, und den damaligen österreichischen, im Mai 2016 zurückgetretenen, SPÖ-Bundeskanzler Werner Faymann plagten große Sorgen angesichts dessen, was sich anbahnte. Merkel und Faymann beschlossen, die Grenzen nach Österreich und Deutschland zu öffnen und dabei auf Kontrollen und Registrierungen erst einmal zu verzichten.[67] So war es vorrangiges Ziel dieser Entscheidung vom 4. September 2015, eine eventuelle humanitäre Katastrophe und die damit verbundenen schlimmen Bilder zu verhindern sowie Ungarn zu entlasten. Und dabei hätte es aus Sicht vieler auch bleiben sollen – bei einem einmaligen Hilfsakt. Ich denke, ich lehne mich nicht zu weit aus dem Fenster, wenn ich sage, dass eine überaus große Mehrheit der deutschen Bevölkerung diesen Schritt uneingeschränkt mitgegangen wäre, sofern dieser auf einen kurzen Zeitraum befristet gewesen wäre und der Rechtsstaat innerhalb weniger Tage die Durchsetzung geltenden Rechts wiederaufgenommen hätte.

Stattdessen verlief alles unkoordiniert und planlos, und Deutschland drohte vielerorts ohne die vielen ehrenamtlichen Helfer im Chaos zu versinken, als täglich bis zu 10.000 Migranten ins Land kamen. Es fehlte an Unterkünften und Personal. Zeitgerechte Registrierungen sowie erkennungsdienstliche Erfassungen wurden nicht vorgenommen. Die meisten Migranten reisten ohne Ausweispapiere in die Bundesrepublik ein, worüber das BAMF noch immer keine Statistik führt, da dies *nicht zielführend*[68] sei, weswegen man sich lieber auf Schätzungen beschränkt.[69] Soso, nicht zielführend – man denke nur mal an den Attentäter vom Weihnachtsmarkt in Berlin und an das Theater hinsichtlich seiner Papiere. Wer weiß, wie viele derartige Fälle sich noch im Land befinden? Rund 70 Prozent junge, allein reisende Männer! In Libyen warten schon geschätzte 600.000 überwiegend männliche Migranten auf ihre Einreise über das Mittelmeer nach Italien.[70] Man könnte aber auch, wenn man alle Teile zu einem Puzzle zusammenfügt, zu einem ganz anderen Schluss bezüglich der „Flüchtlingskrise 2015" kommen.

An einen humanitären Imperativ nebst christlicher Nächstenliebe mag ich nicht so recht glauben, denn das Sterben im Mittelmeer geht bis heute weiter, und Vorbereitungen an der deutsch-österreichischen Grenze im September 2015 zwecks Grenzschließung stehen dem entgegen.[71] Möglicherweise war die Aussicht auf den Friedensnobelpreis ein Motiv der Bundeskanzlerin? In Frage kommen aber auch ein Befehl der Hochfinanz oder ein Teil einer amerikanischen Militärstrategie. Könnte Deutschland möglicherweise gezielt Opfer eines Angriffs mittels Migrationswaffe geworden sein? Menschen als Waffen eingesetzt, um wirtschaftliche oder strategische Ziele zu erreichen? Das klingt schon sehr abenteuerlich, und die meisten hätten das vor 2015 sicherlich als Verschwörungstheorie abgetan. Fünf Jahre zuvor war von der US-amerikanischen Politikwissenschaftlerin Kelly M. Greenhill ein Buch erschienen, das sich aber mit genau diesem Phänomen beschäftigt. Dieses ist mittlerweile auch auf Deutsch zu haben[72] und war bereits 2011 der *FAZ* sogar einen Artikel wert.[73] Schon der frühere libysche Machthaber Muammar al-Gaddafi setzte mit dieser „menschlichen Superwaffe" Europa unter Druck. Oder anders ausgedrückt: Europa wurde von ihm erpresst. Der libysche Diktator ist bereits Geschichte, doch nun wird seitens des türkischen Präsidenten Recep Tayyip Erdogan, der aktuell im Besitz einer solchen Waffe durch die vielen in der Türkei lebenden Bürgerkriegsflüchtlinge ist, Europa erneut unter Druck gesetzt. Dieser ist bereit, diese gegen Europa und damit natürlich auch gegen Deutschland einzusetzen.[74]

Jedenfalls lässt sich über die politischen Beweggründe der nicht durch Gesetze legitimierten Masseneinwanderung nach Deutschland viel spekulieren, und vieles wird – wie schon so oft im Laufe der Geschichte – erst nach Jahren an die Öffentlichkeit gelangen. Einiges lässt sich aber auch schon heute aus einem ganz anderen Blickwinkel betrachten. Die Migrationskrise des Jahres 2015 unter Merkels Prämisse „Wir schaffen das" wird mit Sicherheit aber so oder so in die Annalen der deutschen Geschichte eingehen. Schließlich handelt es sich hierbei um die wohl zweifelsohne folgenschwerste Entscheidung der Nachkriegsgeschichte, die bislang von einer Person in diesem Amt getroffen wurde. Und so soll an dieser Stelle auch die Frage erlaubt sein, wie es sein kann, dass eine Bundeskanzlerin ihre eigene Moral über geltendes Recht stellen durfte und eigenmächtig die Grenze rechtswidrig öffnete?[75] Warum wurde zu dieser schwerwiegenden Entscheidung nicht einmal der Bundestag als Kontrollgremium angehört? Dafür stehen unsere Volksvertreter doch schließlich bei uns auf der Gehaltsliste.

Was viele in Deutschland vermutlich gar nicht wissen: Bereits Anfang 2014 wurde von der Hamburger Produktionsfirma *Miramedia* ein sehr werbewirksames Asylvideo in Sprachen wie Arabisch, Farsi, Dari, Paschtu, aber auch Albanisch, Russisch und Serbisch gedreht, welches auf die Internetseite des BAMF gestellt, mittlerweile jedoch dort gelöscht wurde.[76] Auf *YouTube* kann es aber noch immer im World Wide Web-Zeitalter auch im letzten Winkel der Erde angesehen werden.[77] Dabei ist Deutschland von sicheren Drittstaaten umgeben, und eine Möglichkeit, um in diesem Land Asyl zu erhalten, besteht unter Einhaltung der gesetzlichen Bestimmungen somit nur durch die Einreise per Flugzeug. In Betracht kommen auch noch die Nord- und Ostsee. Bittet ein Mensch an einem deutschen Flughafen um Asyl, wird dieser direkt einem Asylverfahren zugeführt. Für das Jahr 2016 hätte dies bedeutet, dass nach geltendem Recht nur knapp 1.000 Personen asylberechtigt gewesen wären, während aber weitere 280.000 Migranten über die besagten sicheren Drittstaaten nach Deutschland kamen.[78] Wer also hat diesen Film in Auftrag gegeben, und welchen Zweck sollte dieser erfüllen, denn unter Einhaltung der europäischen Gesetze hätte dieser keinen Sinn ergeben – es sei denn, Gesetze sollten bewusst außer Kraft gesetzt werden. Und während man vielerorts die Nachwehen und Folgen des Herbstes 2015 und des Jahres 2016 spürt, wurde im Frühjahr 2017 ein neuer Asyl-Animationsfilm mit dem Titel „Eurodame, help" auf Deutsch, Englisch, Französisch sowie Arabisch ins Netz gestellt.[79] Finanziert wurde dieser von der EU, der französischen Regierung und der *Fondation Hippocrène*.[80] Und das, obwohl man den europäischen Bürgerinnen und Bürgern weismachen möchte, die illegale Migration nach Europa reduzieren zu wollen.[81] Wie passt das bloß zusammen? Irgendwas ist doch faul an der Sache.

Nicht unerwähnt bleiben darf, dass die von der EU zugesagten Gelder für die Flüchtlingslager in der Türkei, in Jordanien und im Libanon gekürzt wurden, was laut dem Flüchtlingshilfswerk der Vereinten Nationen (UNHCR) zu den wesentlichen Gründen für den Anstieg der Flüchtlingszahlen führte.[82] Deutschland ist umgeben von neun sicheren Nachbarländern, und nur 3 Prozent der Migranten haben tatsächlich das Recht auf Asyl.[83] So regeln die Genfer Flüchtlingskonvention und insbesondere Artikel 16a des Grundgesetztes die Gründe für Asyl in Deutschland.[84] *Bei einer Einreise über einen sicheren Drittstaat ist eine Anerkennung der Asylberechtigung ausgeschlossen. Dies gilt auch, wenn eine Rückführung in diesen Drittstaat nicht möglich ist, etwa weil dieser mangels entsprechender Angaben der Asylantragstellenden nicht konkret bekannt ist. Als sichere Drittstaaten bestimmt das Asylgesetz die Mitgliedsstaaten der Europäischen Union sowie Norwegen und die Schweiz.*[85] Des Weiteren scheiden Notsituationen wie Armut, Bürgerkriege, Naturkatastrophen oder Perspektivlosigkeit für eine Asylgewährung gemäß Artikel 16a GG grundsätzlich aus. Doch nicht nur das: Auch begangene Kriegsverbrechen sowie schwere nichtpolitische Straftaten außerhalb des Gebietes der Bundesrepublik Deutschland scheiden als Asylgründe aus. Ebenso ist einer Person, die eine Gefahr für die Sicherheit Deutschlands oder für die Allgemeinheit darstellt, kein Asyl zu gewähren. Dabei ist das Asylrecht ein Individual- und kein Kollektivrecht, d. h. es bedarf in jedem Fall einer Einzelfallprüfung. So war es bisher. Doch neue Dublin-Regeln sind jetzt in Arbeit.[86] Drei der neuen Regeln, über die in der *Epoch Times* Ende Oktober 2017 berichtet wurde, lauten beispielsweise: (…) *2. Wünsche der Migranten hinsichtlich ihres bevorzugten Landes werden berücksichtigt. Dabei können sie unter vier Ländern wählen, die bisher die wenigsten Migranten aufgenommen haben. (…) 3. Haben Asylbewerber Angehörige oder „sonstige Beziehungen" zu einem Staat, dann sollen sie in dieses Land gebracht werden, um „Wanderbewegungen" zu vermeiden und eine bessere Integration zu ermöglichen. (…) 5. Asylanträge können zukünftig auch für ganze Gruppen von bis zu 30 Personen in Europa gestellt werden. Das bedeutet nicht, das Recht zu erhalten, in einem bestimmten Staat Asyl zu erhalten, sondern von Bekannten oder von Menschen seiner Heimatstadt umgeben zu sein, oder von jemandem, den man auf der Wanderung kennengelernt hat.*[87] Abstimmung dazu im November 2017 durch die EU in Straßburg. Warum hat man darüber nichts im Vorwege von den Leitmedien gehört? Einfach mal bei Google die drei Worte *neue dublin regeln* eingeben und nach Berichten auf den Onlineportalen der

Mainstreampresse suchen, die auf Ende Oktober 2017 datiert sind – Fehlanzeige! Es gab ja auch über wichtigere Dinge zu berichten. Ich sage nur: „Sondierungsgespräche über Jamaika." Der ungarische Präsident Viktor Orbán sah darin übrigens einen Angriff auf die Souveränität seines Landes.[88] Guter Herr, das haben Sie richtig erkannt. Doch jetzt erst einmal wieder zurück in den September 2015 nach Deutschland.

Grenzenlos offenes Land

Tatsächlich hat Deutschland Mitte September 2015 kurz vor einer völligen Grenzschließung gestanden. So waren bereits mehrere Hundertschaften der Bundespolizei zwecks Grenzeinsatz nach Bayern verlegt worden, und die *Bild* brachte am 09.12.2015 den ursprünglichen Befehl für diesen Einsatz unter Berufung auf interne Dokumente ans Licht, der lautete: *Nichteinreiseberechtigte Drittstaatsangehörige sind zurückzuweisen, auch im Falle eines Asylgesuchs.*[89] Dies hätte einen Rückstau an der deutsch-österreichischen Grenze bedeutet, und so wurde der Einsatz, der am 13. September 2015 um 18 Uhr beginnen sollte, kurzerhand auf Intervenieren durch Angela Merkel in letzter Minute abgesagt, indem sie den letzten Halbsatz des Einsatzbefehls streichen ließ.[90] Somit blieben weiterhin die deutschen Landesgrenzen für alle offen, die in Deutschland um Asyl ersuchen wollten.

Nach Wiedereinführung der Grenzkontrollen im Dezember 2016 an den Autobahnen A3, A8 und A93 an der deutsch-österreichischen Grenze kam es anfangs durch sogenannte Trichter, also Fahrbahnverengungen, zu Einwanderungs- und Einreiseverzögerungen. Mittlerweile wurden die Grenzkontrollen sogar bis Mai 2018 verlängert.[91] Jemand wie ich, der ja ganz oben im Norden der Republik lebt und nicht ständig auf diesen Autobahnen im Süden unterwegs ist, könnte ja nun den Eindruck haben, dass Einreisende nach Deutschland hier so richtig gefilzt werden. So ist es aber nicht! Dies konnte ich bei meiner Wiedereinreise nach Deutschland auf der A8 zwischen Salzburg und München im Oktober 2017 selbst erleben. Es werden nur stichprobenartige Kontrollen gemacht, in den Medien liest es sich aber wie Grenzkontrollen mit allem Drum und Dran. Trotz alledem: Die wenigsten Asylbegehrenden werden an der Grenze zurückgewiesen, wobei nach Informationen der Bundespolizei täglich noch immer zwischen 100 und 200 Personen aufgegriffen werden. Dies allein macht jeden Monat im Schnitt 4.500

neue Zuwanderer. Dabei ist die Dunkelziffer deutlich höher, denn wir haben ja nicht nur Österreich zum Nachbarn. Da wären ja auch noch die Schweiz, Polen und Tschechien. Insbesondere die Ostgrenze ist offen wie ein Scheunentor.[92] In diesem Sinne: Allen ein herzliches Willkommen.

Laut des zuvor erwähnten Artikels in der *Bild* sollen Angela Merkel und Sigmar Gabriel (SPD), der zum damaligen Zeitpunkt Merkels Vizekanzler war, übrigens vereinbart haben, dass das jährliche Ziel 400.000 Migranten pro Jahr für Deutschland sein soll, wobei diese Zahl schriftlich nicht fixiert wurde, da Frau Merkel keine Obergrenzen-Diskussion wollte. Und so ist es den Visegrád-Staaten Tschechien, Polen, Ungarn und der Slowakei zu verdanken, dass die Balkanroute für Flüchtlinge stärker abgeriegelt wurde, indem sie Mazedonien und Bulgarien ihre Unterstützung bei der Grenzsicherung zusagten. Viel Schelte von deutschen Politikern und Medien mussten deren Regierungen über sich ergehen lassen. Brisantes hierzu berichten drei österreichische Journalisten in ihrem Buch *Flucht: Wie der Staat die Kontrolle verlor.*[93] Demnach soll es eine stille Zustimmung zur Schließung der Balkanroute gegeben haben, die von deutschen Politikern gewünscht wurde, die sich vor der Öffentlichkeit aber ganz anders dazu geäußert haben.[94] So etwas nennt man wohl Doppelzüngigkeit und lässt ganz schön tief blicken. Könnte es auch sein, dass der eine oder andere Politiker eventuell ein wenig Muffensausen bekommen hat?

Nicht weniger prekär ist auch, dass wir bis heute nicht wissen, ob tatsächlich eine Anordnung zur Aussetzung des Paragraphen 18 Absatz 4 Nr. 2 des Asylgesetzes[95] bezüglich der zwingenden Zurückweisung in sichere Drittstaaten von syrischen und eventuell anderen Asylbewerbern aufgrund humanitärer Gründe erfolgt ist, was übrigens von Udo di Fabio, seines Zeichens ehemaliger Verfassungsrichter, gerügt wurde.[96] Bis heute werden die Bürger darüber im Unklaren gelassen. Ein solches Handeln durch die Bundesregierung als Volksvertretung ist höchst undemokratisch, von der Tragweite einer solchen Anordnung einmal ganz zu schweigen. Aber es kommt noch besser: *Auf Abgeordnete der Koalitionsfraktionen soll, wie aus der Unionsfraktion zu hören ist, massiver politischer Druck ausgeübt worden sein, damit sie es unterlassen, diesbezügliche Anfragen an die Bundesregierung zu richten; solche Anfragen, so wurde zudem signalisiert, würden in der*

Sache ohnehin nicht beantwortet.[97] Na, alle Achtung, die in Berlin sind ja regelrechte Quasselstrippen. Dr. Dieter Romann, Präsident des Bundespolizeipräsidiums, soll sich sogar die Weisung, in Sachen illegaler Grenzübertritte untätig zu bleiben, schriftlich gegeben lassen haben, um später nicht wegen Pflichtverletzung in dieser Angelegenheit belangt werden zu können.[98] Rechtsstaat und Demokratie – wo geht ihr hin?

Letztendlich stand also doch nicht das humanitäre Handeln im Vordergrund, sondern vielmehr ein desolates, unentschlossenes Taktieren neben der Informationsverweigerung gegenüber der Bevölkerung und der Unfähigkeit der Politiker, politische Verantwortung zu übernehmen und die Grenzen tatsächlich zu schließen, um der Unrechtsstaatlichkeit wieder Einhalt zu gebieten. Und ich dachte, dass gerade die Übernahme politischer Verantwortung in den Zuständigkeitsbereich einer Bundeskanzlerin gehören würde. Schweden hat doch gezeigt, dass es funktionieren kann. Die Situation im Spätsommer 2015 wurde jedoch mit Merkels Flüchtlings-Selfies und von den Medien noch zusätzlich angefeuert und mit Bildern unterstützt, auf denen vor allem geflüchtete Familien und Kinder gezeigt wurden. So hat allein die BBC mehrere Videos über die Willkommensszenen am Münchener Hauptbahnhof bei Facebook gepostet[99], welche von Millionen Menschen weltweit gesehen und mehrere hunderttausend Male geliked und geteilt wurden.

Dass Frau Merkel es nicht so mit der digitalen Welt hat, ist ja keine Neuigkeit. Nicht umsonst hinken wir bezüglich der Digitalisierung in Deutschland hinterher. Mag sein, dass es einfach daran liegt, dass die Bundeskanzlerin noch immer via SMS kommuniziert, statt andere Messenger-Dienste zu benutzen.[100] Hätte sie nur die *BILD*-Zeitung – Merkel ist wirklich *BILD*-Leserin[101] – im Juni 2011 gelesen, denn dann hätte sie etwas über die gewaltige Wirkung digitaler Medien erfahren können. Diese bekam die Hamburger Schülerin Thessa an ihrem 16. Geburtstag zu spüren.[102] Versehentlich hatte diese bei ihrer Geburtstagseinladung auf Facebook auf den Button „öffentlich" statt auf „privat" geklickt. Obwohl die Party abgesagt wurde, kamen dennoch rund 1.600 der, wenn auch versehentlich geladenen, Gäste und versetzten die Nachbarschaft von Thessa in Hamburg-Bramfeld für eine Nacht in einen Ausnahmezustand.[103] Sachbeschädigungen, Körperverletzungen und Widerstand gegen Polizeibeamte waren das Ergebnis einer „tollen Geburtstagsparty". Bei Thessa war es versehentlich ein falscher Klick. Und bei Frau Merkel? Hier ist die Party noch lange nicht zu Ende.

Und noch etwas: Während die Tore für Asylbewerber auch ohne Papiere nach Deutschland durch Angela Merkel bis heute geöffnet sind, blieb das Tor zur Einreise für Edward Snowden geschlossen. So wurde Sigmar Gabriel von dem Enthüllungsjournalisten Glenn Greenwald in Sachen des US-Geheimdienst-Abhörskandals – *Ausspähen unter Freunden, das geht gar nicht*, so Merkel[104] – gefragt, warum Deutschland dem amerikanischen Whistleblower und Ex-CIA-Mitarbeiter kein Asyl gewährt habe. Gabriel soll darauf erwidert haben, dass die USA Deutschland aggressiv gedroht habe und man unter Druck gesetzt worden sei. Greenwald zitierte Gabriel mit den Worten: *Sie haben uns gesagt, sie würden uns nicht mehr an ihren Erkenntnissen über Verschwörungen und anderen Einsichten der Geheimdienste teilhaben lassen.* Insbesondere soll es dabei um Meldungen zur Terrorabwehr aus den USA in Richtung Berlin gegangen sein. Diese wären eingestellt worden, hätte Deutschland Snowden Asyl gewährt.[105] Bestimmt hätten viele Menschen in diesem Land den Whistleblower mit offenen Armen aufgenommen. Mehr als 50 Prominente aus Kultur, Gesellschaft und Politik – hier sei der im September 2017 verstorbene ehemalige CDU-Generalsekretär Heiner Geißler genannt –, aber auch die Grünen und die Linken sprachen sich 2013 für dessen Aufnahme in Deutschland aus, während Union und SPD sich sehr zurückhaltend gaben.[106] Als Gründe nannte man eben die Beziehungen zu den USA, die nicht unbegrenzt belastbar wären oder forderte eine europäische Lösung. Das Ergebnis war, dass dem Ex-Geheimdienstler insgesamt 21 Staaten unter dem Druck der USA das Asyl verweigerten.[107] Und so kam es, wie es irgendwie kommen musste: Russland gewährte ihm Asyl und dies mittlerweile bis 2019.[108]

Eben vor dem Hintergrund, dass im Einwanderermusterland Schweden bezüglich der Integration von Migranten so einiges aus dem Ruder gelaufen ist, man dort aber die Reißleine gezogen hat, erschließt sich, wie man aus Gesprächen und Leserkommentaren immer wieder entnehmen kann, vielen Menschen in diesem Land nicht, dass man aus einer selbst verschuldeten Notsituation in Deutschland einen Dauerzustand machen konnte. Und so hat die Entscheidung Merkels weitreichende Folgen für Deutschland und das gesamte Europa, welches sich immer mehr in einem Zustand der inneren Mazeration befindet. Angeblich sollen sich die Bilder des Herbstes 2015 nicht wiederholen. In Wirklichkeit geht es in Europa aber munter weiter mit der illegalen Migration.

Mit dem Schlauchboot in Seenot

Um es gleich vorweg zu sagen: Ich kann jeden Menschen der Welt verstehen, der sich in der Hoffnung auf ein besseres Leben auf den Weg nach Europa machen möchte. Das Leben in so manchem Krisengebiet ist hundertprozentig kein Zuckerschlecken, weswegen beispielsweise ganze Dorfgemeinschaften das Geld für die Schleuser zusammenlegen und einer von ihnen das Risiko der gefährlichen Überfahrt über das Mittelmeer auf sich nimmt. Dass sich Menschen aus Marokko und Tunesien, wohin viele Deutsche in den Urlaub fliegen, auf die Flucht nach Deutschland begeben, leuchtet mir schon weniger ein. Gar nicht verstehe ich aber, dass Asylbewerber und anerkannte Asylanten in dem Land Urlaub machen, aus dem sie beispielsweise vor politischer Verfolgung geflohen sind. Solche Fälle gibt es nicht erst seit 2015 – schon 1998 berichtete der *FOCUS* darüber.[109]

Während sich das einst von Wencke Myrhe besungene knallrote Gummiboot als Schlagerhit entpuppte, entwickelte sich das Schlauchboot während der Migrationskrise zum echten Verkaufsschlager mit freundlicher Unterstützung der Schlepperorganisationen. Mit diesen luftgefüllten PVC-Schläuchen, aber auch mit völlig seeuntauglichen Nussschalen schicken geldgierige Schlepper die Menschen eng zusammengepfercht über das Mittelmeer von Libyen nach Europa. Da die EU selbst bislang für keine wirksamen Möglichkeiten gesorgt hat, um den anhaltenden Flüchtlingsstrom nach Italien, wo die meisten Migranten über das Mittelmeer ankommen, zu stoppen, hat man sich einer besonders geistreichen Idee bedient: Es wurden am 17. Juli 2017 durch die EU-Außenminister Ausfuhrbeschränkungen für Schlauchboote und Außenbordmotoren nach Libyen erlassen.[110] Nein, das ist kein Scherz! Wahrscheinlich lachen sich jetzt die Chinesen ins Fäustchen und machen das Geschäft ihres Lebens. Glauben EU-Politiker allen Ernstes, dass man auf diese Art und Weise Probleme – und das sind keine kleinen, sondern riesengroße Probleme – lösen kann?

2016 stellte Italien mit 181.000 Menschen, die lebend über das Mittelmeer kamen, einen neuen Flüchtlingsrekord auf. Gleichzeitig wurde aber auch ein neuer, ein sehr trauriger Rekord bezüglich 5.000 Toter und Vermisster erreicht.[111] Natürlich wird auch 2017, 2018, 2019 usw. das Sterben auf dieser hochfrequentierten Wasserroute zwischen Süditalien und dem nordafrikanischen Libyen weitergehen, handelt es sich hierbei doch um ein äußerst lukratives Geschäft für die Schlepperbanden. Allein im Jahr 2016 sollen nach EU-Angaben in Libyen mindestens 1,6 Milliarden US-Dollar mit der Schleuserkriminalität verdient worden sein.[112] Und schon deshalb ist auch kein Ende der illegalen Migration nach Europa in Sicht, und wir stolpern von einer Migrationskrise in die nächste. Italien geht für 2017 von mehr als 200.000 Migranten aus Afrika aus. Bis Ende Juli 2017 waren es bereits mehr als 93.300.[113] Da an manchen Tagen mehrere tausend Flüchtlinge in italienischen Hafenstädten anlanden, hat das Land, welches ähnlich überfordert ist wie Griechenland im Jahr 2015, durchaus ein Interesse daran, möglichst viele Migranten weiterziehen zu lassen.[114] Ein als vertraulich eingestuftes Papier der deutschen Sicherheitsbehörden geht von rund 6,6 Millionen Menschen aus, die nach Europa wollen.[115] Auf die 600.000 Migranten allein in Libyen hatte ich schon hingewiesen. Es sind also noch viel mehr. Wir dürfen gespannt sein, wie man mit diesen vertraulichen Informationen, die ja nun schon mal öffentlich geworden sind, zukünftig umgehen wird. Soll es deswegen etwa das neue Sammelasyl geben?

Im Kontext mit der Migration nach Italien bin ich zufällig auf eine sehr interessante und am 14.07.2017 veröffentlichte Video-Dokumentation der *Jungen Freiheit* gestoßen, die sich mit der illegalen Migration aus Afrika beschäftigt, deren Vorzeichen darauf hindeuten, dass es in Deutschland noch sehr turbulent werden dürfte.[116] Deshalb mein Tipp: Dieses Video, welches bereits vor der Bundestagswahl online war, einfach einmal ansehen. Die Migranten werden hinter der 12-Meilenzone an der libyschen Küste von NGOs, den sogenannten Nichtregierungsorganisationen, in Empfang genommen. Von beispielsweise den deutschen NGOs *Sea-Watch*, *Sea-Eye* und *Jugend Rettet* und ihren Schiffen lassen sich bequem für jeden über Internetseiten wie *vesselfinder.com* Bewegungsprofile im Mittelmeer erstellen. Mal sind sie vor Libyen, dann wieder vor den griechischen Inseln wie zum Beispiel Samos in der östlichen Ägäis, gar nicht weit weg von der Türkei. Diese NGOs stehen schon länger unter dem Verdacht, mit den Schlepperorganisationen gemeinsame Sache zu machen.[117] Damit sie nicht auffliegen, schwimmen die NGO-Schiffe sozusagen unter dem Radar hindurch, indem diese verbotenerweise ihre Transponder zur genauen Positionsortung abschalten. Nach eigenen Angaben bringen diese NGOs die Migranten nicht direkt nach Italien, sondern „verladen" diese überwiegend auf größere Schiffe im Mittelmeer. Ob unter Beteiligung von *Frontex* (Europäische Agentur für die Grenz- und Küstenwache), *Mare Nostrum* oder diversen anderen NGOs: Es ist ein Streit darüber entbrannt, ob es sich noch um Seenotrettung handelt oder aber um Beihilfe zur Schleuserkriminalität.[118]

Und noch etwas zu den NGOs: Ein großer Unterstützer dieser Unternehmen, die im Namen der Humanität und Menschenrechte unterwegs sind, ist George Soros, seines Zeichens Milliardär und Philanthrop.[119] Dieser ist einer der führenden Vertreter der Neuen *Weltordnung* und der milliardenschwere Hintermann eines weltweit operierenden Netzwerkes aus Stiftungen und regionalen Organisationen wie beispielsweise der *Open Society Foundations (OFS)* und *Human Rights Watch*. Wenn es um Demonstrationen und Protestmärsche beispielsweise für das Recht der Frau auf Abtreibung, Genderisierung oder die Aufnahme von Flüchtlingen geht, ist Soros nicht weit, der weltweit 60 NGOs unterstützt. Über Soros, auch bekannt als „der Mann, der die Bank von England knackte", gab es in der *Neuen Zürcher Zeitung* vom 12.05.2017 einen sehr lesenswerten und informativen Artikel.[120] Bei aller Liebe zu diesen Themen – damit lässt sich ganz viel Geld verdienen. Denken wir nur mal an die Asylindustrie. Beispielsweise zählen die Caritas und die Diakonie als eingetragene Vereine, denen besondere Steuervorteile und Zuwendungen durch den Staat – also genauer gesagt durch den Steuerzahler – im zweistellige Millionenbereich zukommen, zu den Gewinnern der Migrationswelle seit 2015.[121] Zwar dürfen diese keine Gewinnausschüttung vornehmen, doch bleibt es ihnen überlassen, was sie mit dem erwirtschafteten Gewinn anstellen. 1,2 Millionen ehrenamtliche Mitarbeiter bedürfen keiner Gehaltszahlung, und so kann es schon mal passieren, dass beispielsweise Geburtstagsfeiern als Dienstveranstaltung deklariert werden, Geschäftsführergehälter innerhalb kürzester Zeit überdurchschnittlich steigen oder mal eben ein Verwaltungsgebäude für 65 Millionen Euro errichtet wird. Bei der Wohlfahrt müsste man halt sein.

Freie Journalisten, die über die Situation vor Ort auf Lampedusa, Sizilien oder Malta berichten wollen, sind dort jedenfalls gar nicht gerne gesehen. So wurde der freie schwedische Journalist Peter Sweden von der sizilianischen Polizei an der Berichterstattung über die Flüchtlingsströme 2017 gehindert.[122] Er musste seine Filmaufnahmen an zwei verschiedenen Häfen auf Sizilien unterlassen bzw. unter Androhung von Haft löschen. Mit den Schiffen *Aquarius* und *Phönix* sollen an nur einem Tag mehrere hundert Migranten auf der italienischen Mittelmeerinsel angekommen sein, und es stellt sich im Zusammenhang mit der Behinderung der Berichterstattung der freien Journalisten folgende Frage: Was soll hier vor den Augen der Öffentlichkeit verborgen werden?[123]

Weiter so, immer weiter so

Wer mit offenen Augen durch deutsche Städte geht, wird feststellen, dass dort zunehmend Menschen aus Afrika zu sehen sind. Dies ist aber auch nicht weiter verwunderlich, da diese nach ihrer Ankunft zum Beispiel auf Sizilien im Inselinneren in Migrantencamps wie z. B. in Mineo oder Augusta untergebracht werden, abseits der Zivilisation, gesichert durch Soldaten mit Maschinengewehren und Panzerwagen. Hier wird nach dem Konzept der Dezentralisierung gearbeitet, um die Bevölkerung nicht aufgrund der großen Menschenmassen zu verunsichern. Da die Flüchtlingslager auf Sizilien überfüllt sind, werden die Migranten per Bus und Fähre dann auf das europäische Festland gebracht.[124] So kam es, wie es kommen musste: Italien verlangte Anfang Juli 2017 mehr Soforthilfe für Flüchtlinge, da die Aufnahme- und Hilfsbereitschaft der Italiener in Unmut gegenüber den Migranten umzuschlagen drohte.[125] Viele der Migranten wollen aber ohnehin nach Deutschland oder Österreich und machen sich auf in Richtung Norden. So bleibt das Thema Migration in Italien ein Dauerbrenner, und zwar nicht nur, aber auch am Brenner, weswegen Österreich bereit ist, diesen Alpenpass zur Not auch mit Soldaten zu sichern.[126] *Eine Situation wie die des Spätsommers 2015 kann, soll und darf sich nicht wiederholen*, klingt es noch in vielen in den Ohren, denn das waren die Worte Angela Merkels auf dem CDU-Parteitag im Dezember 2016.[127] Zwar sehen wir nicht mehr die Flüchtlingsströme wie auf der Balkanroute 2015, doch was kommt noch auf Europa, was kommt noch auf Deutschland zu? Zwar wird jetzt die libysche Küste verstärkt durch italienisches Militär kontrolliert[128], um ausländischen Flüchtlingshelfern das Handwerk zu legen, doch es tun sich bereits wieder neue Fluchtwege auf: So erfährt die Maghreb-Route gerade eine Wiederbelebung, und monetär gut gestellte Migranten aus Afghanistan, Pakistan und Syrien reisen immer häufiger per Schnellboot, Segelyacht oder sogar per Jetski von der Türkei oder Tunesien nach Europa ein.[129]

Darüber hinaus ist der Familiennachzug bereits in vollem Gange bzw. wird ab März 2018 womöglich so richtig Fahrt aufnehmen.[130] Allein für die 2015 eingereisten rund 500.000 Syrer könnten nochmal genauso viele durch den Familiennachzug nach Deutschland kommen[131], wobei ich der Meinung bin, da ich Flüchtlingsfamilien aus dem Nahen und Mittleren Osten kenne, dass diese Zahlen viel zu niedrig angesetzt sind. Interessant ist dabei, Folgendes zu wissen: Bei einer gemeinsam einreisenden Familie mit vier Personen werden alle als Asylbewerber in der Statistik des BAMF geführt. Anders verhält es sich jedoch in dem Fall, wo beispielsweise nur der Vater einer sechsköpfigen Familie nach Deutschland kommt. Wird sein Antrag auf Asyl in Deutschland anerkannt, kann der Rest der Familie innerhalb einer Frist von drei Monaten einen sogenannten Antrag auf privilegierten Familiennachzug bei der für den Familiennachzug zuständigen deutschen Auslandsvertretung stellen. Kommen diese fünf weiteren Personen dann in die Bundesrepublik, erscheinen sie jedoch nicht in der Statistik, da sie nicht als solche durch das Quotensystem *EASY* (Erstverteilung von Asylbegehrenden) erfasst werden, sondern ja über den Familiennachzug gekommen sind. Im Jahr 2016 wurden mehrere kleine Anfragen bei verschiedenen Länderparlamenten hinsichtlich des zu erwarteten Familiennachzugs gestellt. Allen gemeinsam ist die Antwort, dass anscheinend niemand in diesem Land gewillt ist, konkrete Zahlen bezüglich des Familiennachtzugs zu ermitteln.[132] Gerne erfolgt in den Medien auch der Verweis auf vorgenommene Schätzungen. Dass derartige Schätzungen auch nach hinten losgehen können, dürfte jedem Menschen, der einen gesunden Menschenverstand besitzt, klar sein. Erst Ende November 2017 sprach sich die Migrationsforscherin und Soziologin Necla Kelek gegen einen Familiennachzug für subsidiär Schutzbedürftige aus, da dieser ein Integrationshemmnis sei und Parallelgesellschaften fördere.[133] *Niemand braucht sich mehr anzupassen, man kann unter sich bleiben und Traditionen wie die Kinderehe, Frauenunterdrückung oder Gebärzwang weiterleben*, sagte sie der *Welt*.

Wenn beispielsweise das Herkunftsland Syrien, aus dem die Menschen wegen des Bürgerkrieges geflohen sind, weitestgehend wieder befriedet ist, sollte man da nicht annehmen, dass die von dort Geflohenen wieder zurückkehren, um das Land wiederaufzubauen?[134] Warum spielt der Familiennachzug, das große Streitthema unter den Parteien, überhaupt noch so eine große Rolle? Wie konnten Merkel und der niederländische Ministerpräsident Mark Rutte in einem Geheimdeal der Türkei die Zusage machen, jährlich 150.000 bis 250.000 syrische Flüchtlinge nach Europa zu holen? Wohin kommen diese Menschen, wenn andere Länder deren Aufnahme verweigern? Wieso darf die Türkei aussuchen, wer nach Europa weiterreisen darf? Hierbei soll es sich nämlich überwiegend um unqualifizierte, schwer verletzte und traumatisierte Flüchtlinge handeln.[135] Aber wir schaffen das, denn wir sind jetzt ja stolze Besitzer des „atmenden Deckels", wie die von Horst Seehofer, der ja so gerne mit seinem *BAYERNKURIER* über die Situation in Schweden berichtet, schon seit Herbst 2015 geforderte Obergrenze nun heißt.[136] Für mich ist das alles nichts weiter als ein Placebo für die Bevölkerung, um diese zu beruhigen. So manche bittere Pille hat diese doch unter Angela Merkel ohnehin schon geschluckt. Da kommt es auf eine mehr oder weniger doch schon gar nicht mehr an.

Weltweit waren 2016 rund 65,6 Millionen Menschen auf der Flucht oder wurden vertrieben, so viele wie nie, wobei neun von zehn Flüchtlingen aus Entwicklungsländern stammen.[137] Viele Menschen in Afrika sitzen bereits auf gepackten Koffern. Schenkt man der Meinung des Soziologen und Migrationsforschers Gunnar Heinsohn Glauben, werden einer mittelfristigen Prognose zufolge im Jahr 2050, bei unverändertem Fluchtwunsch, rund 800 Millionen Menschen aus Afrika bereit sein, sich nach Europa aufzumachen.[138] Für diese müssten dann etwa 450 Millionen Einheimische aufkommen, während Afrikas Bevölkerung immer noch um 400 Millionen innerhalb von anderthalb Jahrzehnten steigen würde. Dass diese Rechnung für die Sozialstaaten Europas nicht aufgehen kann, dürfte jedem Menschen klar sein, auch wenn er kein besonders guter Mathematiker oder Ökonom ist.

Und auch einer der renommiertesten Migrations- und Entwicklungsökonomen, Paul Collier, kritisierte Merkels Flüchtlingskritik scharf. Er selbst spricht wie Heinsohn ebenfalls von einer *Masse von mehreren hundert Millionen wanderungsbereiten Menschen* aus Afrika.[139] Würde sich diese Masse erst einmal in Bewegung setzen, sei diese aus Colliers Sicht kaum noch steuerbar. Afrika könne sich seiner Meinung nach nur aus eigener Kraft retten, wobei Europa unterstützend helfen sollte, aber anders als bisher. 600 Milliarden

US-Dollar sind seit den 1960er Jahren allein nach Schwarzafrika geflossen, doch am Lebensstandard habe sich laut William Easterly, einem der weltweit führenden Entwicklungsökonomen, *praktisch nichts verändert*.[140] Easterly spricht davon, dass die Gelder in Afrika versanden bzw. möglicherweise geschadet haben, indem sie zu einer Verfestigung autokratischer Herrscher beigetragen haben. Er fordert ein Umdenken hinsichtlich der Entwicklungspolitik, indem die Afrikaner selbst zu *spontanen Problemlösern* gemacht werden sollen. Diese Strategien und Konzepte dürften hinsichtlich ihrer Wirkung noch ein Weilchen dauern, weswegen auch weiterhin 99.000 Kinder täglich allein in Afrika zur Welt kommen.[141] Vielleicht erleben wir ja gerade erst auch nur die Vorhut. Dies käme dann wohl einem Exodus des südlich von Europa gelegenen Kontinents gleich. Immerhin hat die Bundesregierung jetzt Collier als Berater hinsichtlich einer neuen Afrikapolitik hinzugezogen.[142] Hauptsache, es wirkt!

Selbst der Microsoft-Gründer Bill Gates meldete sich im Sommer 2017 zu dieser Problematik zu Wort.[143] In einem Interview mit der *Welt am Sonntag* sprach dieser davon, dass der Druck aus Afrika auf Europa weiter zunehmen werde und Deutschland diese Menschenmassen aus Afrika unmöglich aufnehmen könne. Die Crux seiner Ansicht nach: Je großzügiger Deutschland sei, desto mehr würde sich dies herumsprechen, mit dem Ergebnis, dass sich immer mehr Menschen auf den Weg machen. Wen mag es da noch wundern, dass Gates mit Microsoft zu einem der erfolgreichsten und gleichzeitig reichsten Menschen der Welt wurde? Doch genau diesen Je-desto-Satz hatten schon viele Menschen aus der Bevölkerung vor Bill Gates ausgesprochen, allerdings ohne jegliche Wirkung. Und zu ähnlichen Erkenntnissen wie dieser ist auch Boris Palmer mit seinem Buch *Wir können nicht allen helfen*[144] gelangt. Ein Grünen-Politiker mit abgeschlossenem Mathematik- und Geschichtsstudium und Sinn für die Realität mit Blick auf gesellschaftliche Belastungsgrenzen. Dafür bekommt er von mir ein „Daumen hoch"!

Rette sich, wer kann!

Wo es Einwanderung in das Abendland gibt, gibt es natürlich auch den Auszug aus diesem. Allein in der Zeit zwischen 2009 und 2013 haben rund 710.000 Bundesbürger das Land verlassen, jedoch sind zur selben Zeit nur 580.000 Menschen mit deutschem Pass in die Bundesrepublik zurückgekehrt, was bedeutet, dass das Land jährlich ungefähr 25.000 Menschen durch Abwanderung verliert.[145] Dabei sind es vor allem gut gebildete Akademiker wie auch Führungskräfte, die Deutschland den Rücken zukehren. Von der auswandernden Bildungselite werden als Gründe hierfür zum Beispiel bessere Karrierechancen und ein besserer Lebensstandard neben besseren Lebensbedingungen im Ausland genannt.

Neben diesem Braindrain sollen aber auch immer mehr Millionäre Deutschland in den letzten Jahren verlassen haben bzw. auch weiterhin auf gepackten Koffern sitzen, um in Ländern wie Monaco, Kanada oder Australien ein neues Leben zu beginnen. Eine Studie der südafrikanischen Beratungsgesellschaft *New World Wealth* hat ergeben, dass die Zahl der aus Deutschland emigrierenden Millionäre in den Jahren 2015/2016 drastisch angestiegen ist.[146] 2015 waren es ungefähr 1.000 ausgewanderte Millionäre, und nur ein Jahr später stieg ihre Zahl auf 4.000 millionenschwere Personen. Die Emigration besonders reicher Menschen ist ein nicht zu unterschätzendes Warnsignal und somit alarmierend, zumal ähnliche Entwicklungen für die Zukunft in Großbritannien, Schweden, den Niederlanden und Belgien aufgrund zunehmender innergesellschaftlicher Spannungen erwartet werden. Bei größeren Migrationsbewegungen seien es vor allem wohlhabende Menschen, die aufgrund ihrer großen persönlichen monetären Flexibilität als erste gingen. Die Folgen einer Abwanderung reicher Menschen sind dabei durchaus vielfältig. So entfallen der bislang von ihnen getätigte Konsum – die wenigsten von ihnen leben wohl kaum nach dem früheren Media-Markt-Werbeslogan „Geiz ist geil" – und natürlich auch ihre Steuerleistungen an den Fiskus. Darüber hinaus sind diese Menschen oft unternehmerisch tätig und bieten Arbeitsplätze, die durch eine Verlegung des Unternehmens ins Ausland möglicherweise wegfallen. Noch dramatischer ist die Situation übrigens in Frankreich, welches weltweiter Spitzenreiter unter den ausgewanderten Millionären ist. Im Falle Frankreichs nennt die Studie – politisch unverblümt unkorrekt – religiöse Spannungen zwischen Christen und Muslimen, die in Frankreich besonders ausgeprägt seien, als Grund für die Abwanderung. Natürlich mögen auch hohe steuerliche Belastungen als weitere Gründe in Frage kommen. Dennoch können abwanderndes Vermögen, fehlende Steuereinnahmen und verlorengehende Arbeitsplätze keinem Land gleichgültig sein. Vielmehr sollte dieses Phänomen als gesellschaftlicher und wirtschaftlicher Stimmungsindikator betrachtet werden. Einem Sprichwort zufolge verlassen ja normalerweise zuerst die Ratten das sinkende Schiff, wobei es sich in diesem Fall wohl aber eher um Nerze und Zobel handeln dürfte, die aus Deutschland und anderen europäischen Ländern von dannen ziehen.

Aber auch innerhalb der jüdischen Glaubensgemeinschaft steigt das Gefühl der Bedrohung durch die Einwanderung überwiegend muslimischer Migranten.[147] Laut Salomon Korn, dem Vizepräsidenten des Zentralrats der Juden, seien diese *mit einer Propaganda wie zur NS-Zeit aufgewachsen*, weswegen Menschen jüdischen Glaubens Hass und Intoleranz durch die Flüchtlinge fürchten.[148] Laut Korn kämen viele der hier einreisenden Menschen aus Ländern, in denen der Antisemitismus zur Staatsdoktrin gehöre. Noch größere Sorgen treiben ihn hinsichtlich des zunehmenden Rechtsextremismus wie auch vor einer wieder zunehmenden Judenfeindlichkeit in der Mitte der Gesellschaft um. Einer Bielefelder Studie jüngeren Datums zufolge sei unter den Muslimen tatsächlich ein latenter Antisemitismus verbreitet.[149] 36 Prozent der Jugendlichen arabischer Abstammung und 21 Prozent der Jugendlichen türkischer Herkunft stimmten laut dieser Studie der Aussage zu, dass Juden in der Welt zu viel Einfluss hätten. Der Wert bei Schülern ohne Migrationshintergrund lag demgegenüber bei nur 2 Prozent. Einer *Bertelsmann*-Studie aus dem Jahr 2015 ist aber auch zu entnehmen, dass jeder vierte Bundesbürger der Aussage, Juden hätten in der Welt zu viel Einfluss, zustimmte.[150]

Und noch einmal ein kurzer Blick nach Frankreich: Allein 2016 sollen 5.000 Menschen jüdischen Glaubens aus Frankreich nach Israel ausgewandert sein. [151] Als Hauptgründe nannte die staatliche Jüdische Agentur die Unsicherheit aufgrund der islamistisch motivierten Terroranschläge, ebenso wie religiöse und wirtschaftliche Motive. Ist es nicht für Europa und insbesondere für Deutschland beschämend und eine unendlich große Schande, dass sich Juden gut 70 Jahre nach dem Holocaust wieder fürchten müssen, statt einer Kippa lieber eine Baseballkappe tragen oder Deutschland und Europa lieber ganz verlassen? Und während Millionäre, Akademiker, Führungskräfte und Juden Deutschland bereits verlassen haben bzw. dies zumindest in Erwägung ziehen, zieht es auch immer mehr deutsche Rentner, aber auch junge Deutsche, aufgrund der offenen deutschen Grenzen und der damit zunehmenden Probleme zum Beispiel in Länder wie Ungarn mit seiner restriktiven Migrationspolitik. [152] Weitere Gründe für die Flucht aus Deutschland von Menschen im Ruhestand sind aber auch die Sehnsucht nach einem milden Klima und besserem Wetter, doch auch wirtschaftliche Aspekte spielen eine immer größere Rolle. So können bereits schon heute viele Rentner ihren Lebensabend in Deutschland nur mit großen finanziellen Einschränkungen aufgrund immer weiter steigender Lebenshaltungskosten verbringen. [153] Dies ist ein Problem, welches sich in den nächsten Jahren weiter verschärfen wird.

Wie aber tickt die Frau, die die Grenzen nach Europa im Spätsommer 2015 für die halbe Welt öffnete und von einem Teil der deutschen Bevölkerung liebevoll Mutti genannt wird, während ein anderer Teil „Mutti muss weg" fordert?

Alles tanzt nach Merkels Pfeife

Wer ist eigentlich Angela Merkel?

Auf Mogelpackungen beim Discounterhackfleisch bin ich zu Beginn dieses Buches schon eingegangen. Diese sind zwar ärgerlich und unter ökonomisch-ökologischen Aspekten nicht zu akzeptieren. Die größte politische Mogelpackung hat sich Deutschland jedoch mit Angela Merkel eingehandelt, die für viele mittlerweile zur Persona non grata wurde, und zwar aus vielerlei Gründen. Doch erst einmal der Reihe nach.

Angela Merkel, geborene Kasner, erblickte 1954 in Hamburg als Tochter eines evangelischen Pastors das Licht der Welt. Dieser zog als überzeugter Sozialist, der sich im Laufe der Jahre immer mehr gegen den Westen gewandt haben soll, entgegen aller damaligen Wanderungsbewegungen mit dem nur wenige Wochen alten Töchterchen und seiner Frau von der Hansestadt an der Elbe in die DDR.[154] In dem totalitären sozialistischen Arbeiter- und Bauernstaat verbrachte Angela ihre ersten 35 Lebensjahre, ging dort zur Schule und studierte Physik an der Universität Leipzig, an der nur diejenigen studieren durften, deren Eltern ganz auf der Linie des politischen Systems waren. Daneben genoss sie das nur wenigen in der ehemaligen DDR zuteilgewordene Privileg, in Moskau studieren zu dürfen. Sie ist promovierte Physikerin, kinderlos und in zweiter Ehe mit Joachim Sauer, einem Professor für Chemie an der Humboldt-Universität Berlin, verheiratet.

Ziemlich wenig ist über das erste Leben der Angela Merkel, also dem vor der Wende, im Internet zu finden. Sicher ist: Sie war Sekretärin der Freien Deutschen Jugend (FDJ), dem kommunistischen Jugendverband der DDR. Gunther Walther nach, einem früheren Wegbegleiter von Angela Merkel und

Chef der FDJ-Gruppe an der Akademie der Wissenschaften, sei sie Sekretärin für Agitation und Propaganda gewesen, was von der Bundeskanzlerin stets bestritten oder aber mit den Worten *Ich kann mich da nur auf meine Erinnerung stützen* kommentiert wird.[155] Nach eigener Aussage ist sie für den Bereich Kultur zuständig gewesen. *Wenn sich jetzt etwas anderes ergebe, könne man damit auch leben* ist in diesem Zusammenhang in dem Artikel „Nichts verheimlicht – nicht alles erzählt" zu lesen.[156] Dies ist nur ein Beispiel dafür, wie Kommunikation und Transparenz à la Merkel funktionieren. Mir persönlich wäre durchaus daran gelegen, zu erfahren, ob sie früher als Kulturreferentin oder aber in Sachen Agitation und Propaganda tätig gewesen ist. Das ist für mich ein himmelweiter Unterschied. Hingegen interessiert es mich überhaupt nicht, dass sie für ihren Mann Streuselkuchen mit zu wenig Streuseln backt, wie sie nach der Stampf- und nicht nach der Püriermethode Kartoffelsuppe kocht und dass sie gerne Unkraut im heimischen Garten jätet.[157] Ihr politisch gefährlich werdende „Unionsunkräuter" wie Friedrich Merz, Robert Koch und Laurenz Meyer hat sie jedenfalls schon vor Jahren erfolgreich und ganz ohne Herbizideinsatz aus der politischen Landschaft entfernt.

Zu Zeiten der Wende und dem Mauerfall schloss sich Merkel dem Demokratischen Aufbruch (DA) an, nachdem sie sich zuvor ein kurzes Stelldichein bei den Sozialdemokraten gegeben hatte und anfänglich sogar gegen eine Wiedervereinigung von Ost- und Westdeutschland gewesen ist.[158] Vielmehr ist sie, selbst aufgewachsen und geprägt in einem sozialistischen System – allerdings auf der Seite der Privilegierten – für einen dritten Weg in Form einer eigenständigen neuen DDR gewesen, die sich durch einen demokratisch geprägten Sozialismus auszeichnen sollte.[159] Das Ergebnis von Wende und Mauerfall war jedoch der Anschluss der DDR an die BRD – zumindest für die ersten Jahre.

So sollen denn auch Freunde, Bekannte und Wegbegleiter von Angela Merkel aus den 1970er und 1980er Jahren irritiert darüber gewesen sein, dass diese letztendlich in der Partei der CDU gelandet ist. Viele aus früheren Zeiten hätten bei ihr aufgrund ihrer Weltanschauung viel eher eine Affinität zu den Grünen gesehen. So mag es zwar ein wenig verwunderlich, wenngleich auch aus heutiger Sicht gar nicht abwegig erscheinen, dass Angela Merkel im

Jahr 1990 den verbürgten Satz *Mit der CDU will ich nichts zu tun haben* gesagt hat.[160] Und laut Lothar de Maizière (CDU), dem letzten Ministerpräsidenten der DDR und Cousin von Bundesinnenminister Thomas de Maizière (CDU), sei Merkel nur zufällig in die CDU geraten, denn eigentlich passe sie dort gar nicht hin. Weiter wird Lothar de Maizière mit den Worten zitiert: *Für mich ist es erstaunlich, dass die Angela eine Konservative ist – vielleicht auch in Abgrenzung zum Vater, der eine sehr starke Persönlichkeit und immer sehr links war.* Möglicherweise ist sie aber ja auch nur scheinbar eine Konservative.

Die politische Karriere von Angela Merkel im geeinten Deutschland ist ganz schnell zusammengefasst. So war sie im Kabinett von Helmut Kohl Bundesministerin für Frauen und Jugend bzw. für Umwelt, Naturschutz und Reaktorsicherheit sowie CDU-Generalsekretärin. Im Jahr 2000 übernahm sie den CDU-Vorsitz, und seit Herbst 2005 ist sie die erste Frau im Amt des deutschen Bundeskanzlers. Während der im Juni 2017 verstorbene Altkanzler Kohl als Merkels politischer Ziehvater gilt und von Angela Merkel als „mein Mädchen" sprach, nabelte sich diese von ihm ab und stürzte ihn, indem sie 1999 in der *FAZ* einen Gastbeitrag schrieb, der Kohl im Zusammenhang mit der CDU-Spendengeldaffäre letztendlich im Jahr 2000 zum Rücktritt zwang und ihr den CDU-Parteivorsitz bescherte.[161] Die *taz* titelte in diesem Kontext einen Artikel sogar mit der Überschrift „Merkels Vatermord".[162] Bei dem Begriff Vatermord drängt sich möglicherweise dem einen oder anderen die Vorstellung auf, dass da jemand bereit ist, über Leichen zu gehen. Vielleicht hat Angela Merkel aber auch ihr Handwerkszeug in der Deutschen Denunzianten Republik einfach nur gut gelernt?[163]

Wie aber alles im Leben seine Zeit und vieles ein Verfallsdatum – hier sei nur nebenbei an das eingangs erwähnte Hack erinnert – hat: Eine Begrenzung auf zwei Legislaturperioden würde ich in Deutschland sehr begrüßen, damit rechtzeitig Führungskräfte in den Parteien aufgebaut werden müssen und wieder ein frischer Wind durchs Land weht. Ob Deutschland es unter Angela Merkel noch vier weitere Jahre macht – ich habe daran große Zweifel. Übrigens kritisierte Helmut Kohl die Migrationspolitik seiner einstigen CDU-Ziehtochter scharf. So müssten nationale Alleingänge der Vergangenheit angehören, und die Lösung der Migrationsbewegungen würde in den betroffenen Regionen zu suchen sein.[164] In dieser Angelegenheit war er ganz dicht bei Paul Collier. Doch was hat Kohls politische Tochter aus der CDU und der deutschen Parteienlandschaft innerhalb nur weniger Jahre gemacht? Sie, die Bundeskanzlerin der Bundesrepublik Deutschland, die schon mal genervt die Deutschlandfahne in die Ecke wirft, wie nach der Bundestagswahl 2013 geschehen.[165] Auch so etwas hat es bestimmt noch nicht in einem anderen Land der Welt gegeben.

Einerlei und Allerlei

Ich selbst habe es damals zunächst sehr begrüßt, dass das Amt des Bundeskanzlers endlich einmal von einer Frau bekleidet wurde, hatte doch auch ich ihr meine Stimme gegeben, wenn auch nur dieses eine Mal. Nach drei Legislaturperioden hat die Parteivorsitzende einschließlich der Gefolgschaft in der CDU jedoch eine Art politische Metamorphose vollzogen, die ihresgleichen sucht, und der Wähler musste unter ihrer Regierung schon so manche Kröte schlucken. Ob das alles zufällig geschehen ist oder von langer Hand durch Merkels Prägung in der DDR-Diktatur geplant wurde, vermag ich nicht zu beurteilen. Licht ins Dunkel könnte aber das Interview mit Vera Lengsfeld aus der Reihe *Heimatlos im eigenen Land* bringen.[166] Diese ist eine ehemalige Bürgerrechtlerin der DDR, Publizistin und seit 1996 CDU-Bundestagsmitglied. In diesem Interview spricht sie davon, wie Bundestagsmitglieder von der CDU-Fraktion zu bestimmten Themen massiv unter Druck gesetzt und gelegentlich auch von Frau Merkel persönlich angerufen werden, um ein bestimmtes Abstimmungsergebnis zu erzielen. Geht´s noch?

Fakt ist: Die Christdemokraten, einst eine Partei der politischen Mitte mit christlich-sozialen, liberalen und wertkonservativen Wurzeln, ist unter Merkels Regentschaft politisch immer weiter nach links gedriftet. Deswegen kann die SPD meines Erachtens durchaus als Opfer von Angela Merkels Politik gesehen werden, doch auch Positionen der Grünen wurden durch Merkel regelrecht phagozytiert, bzw. hat es hinsichtlich vieler Themen plötzliche politische Wendemanöver gegeben. Abschaffung der Wehrpflicht, Atomausstieg, Mietpreisbremse, Frauenquote, Mindestlohn, Griechenlandrettung sowie Pkw-Maut, sind nur einige Themen, die man anderen Parteien geklaut oder zu denen man zuvor ganz andere Aussagen getroffen hatte.

Viele dieser Entscheidungen wirken bis heute nach. Nehmen wir nur einmal den überstürzten Ausstieg aus der Atomkraft. Hatte man die Laufzeitverträge gerade erst verlängert, da passierte die Nuklearkatastrophe von Fukushima, und das Aus für acht deutsche Atommeiler kam quasi über Nacht, obwohl die deutschen Reaktoren zu den sichersten der Welt gehören. Im Jahr 2022 soll nunmehr der letzte Meiler auf deutschem Boden vom Netz genommen werden. Das Problem ist nur: Um uns herum stehen in Frankreich, Belgien und Tschechien weit weniger vertrauenserweckende Exemplare, und in der EU, aber auch weltweit wird der Ausbau der Atomenergie vorangetrieben.[167] Und der Strompreis für Verbraucher in Deutschland? Er steigt und steigt und steigt und zwar schon seit Jahren. Von wegen, die Förderung der Erneuerbaren Energien kostet uns Verbraucher jeden Monat nur einen Euro, so viel wie eine Kugel Eis. Das hatte zumindest Jürgen Trittin von den Grünen behauptet. Dass daraus eine Kugel zum Preis von 355 Euro im Jahr wurde, konnte man ja auch nicht wissen.[168]

Ein letztes und ganz besonderes Beispiel: Die Homoehe, auch Ehe für alle genannt. Wieso für alle? Hierbei wurde die Union wieder einmal mehr von ihrer Chefin vor der politischen Sommerpause 2017 in einem Hauruckverfahren überfahren, sodass die frühere CDU-Politikerin Erika Steinbach in diesem Zusammenhang von einer regelrechten Sturzgeburt sprach. In Deutschland nennt man so etwas wohl gelebte Demokratie, manch einer bezeichnet dies aber auch als Kanzlerdemokratie, andere hingegen sprechen bereits von einer Kanzlerdiktatur. Bislang sah man die Ehe als Gemeinschaft zwischen Mann und Frau und diese mit dem möglicherweise daraus erwachsenden Nachwuchs als Keimzelle der Gesellschaft an.[169] An dieser Stelle sei noch einmal daran erinnert, dass die traditionelle Familie in den nächsten Jahren ein Auslaufmodell sein soll. Dass Männer Männer und Frauen Frauen lieben dürfen, ist gesellschaftlich mittlerweile weitestgehend anerkannt und auch gut so, weswegen hierfür die eingetragene Lebenspartnerschaft konzipiert wurde. Doch spinnen wir die Geschichte nun einmal weiter: Zwei Männer bzw. zwei Frauen dürfen demnächst heiraten, sollte das Bundesverfassungsgericht die Ehe für alle nicht doch noch kippen. In einer modernen, offenen Gesellschaft wird zunehmend alles möglich, da jeder nach seiner Façon und seinen Vorlieben leben kann. Und dann, was kommt dann? Noch supermoderner – oder aber eben mittelalterlicher – wird es dann bei aller gelebten

Diversität, wenn beispielsweise ein Mann und zwei Frauen heiraten wollen. Schwupps, und schon hätten wir die Vielweiberei in Deutschland etabliert. Man muss halt mit der Zeit gehen, oder? Diese Form der Ehe wird, wenn auch rechtlich nicht legitimiert, bereits in Deutschland praktiziert, allerdings eher in Wohngegenden wie Berlin-Neukölln.[170] In den Niederlanden konnte sich die Polygamie bereits etablieren, wenn auch nicht in Form der Ehe, sondern als eingetragene Partnerschaft.[171] Und wie weit ist es dann noch bis zur Kinderehe? Die SPD-Integrationsbeauftragte Aydan Özoguz sprach sich im November 2016 jedenfalls gegen ein generelles Verbot von Kinderehen in diesem Land aus.[172] Aus ihrer Sicht würde eine Verschärfung des Rechts und die Aufhebung der Ehe mit einer Minderjährigen diese möglicherweise ins soziale Abseits stellen, da Unterhalts- und Erbschaftsansprüche entfielen, die gemeinsamen Kinder unehelich wären und damit oftmals auch ein Zurückkehren in die Heimat unmöglich wäre. Immerhin verstehe ich jetzt, warum man von der Ehe für alle spricht. Was würden wohl die Grünen dazu sagen, die vor Jahren schon Sex mit Minderjährigen legalisieren wollten?[173]

Wo ich nun schon mal bei Frau Özoguz, die jenseits der Sprache keine spezifische deutsche Kultur sieht,[174] bin: Diese ist mit ihrem *Impulspapier der Migrant*innenorganisationen*, in dem es im Grunde um die Abschaffung des Deutschlands geht, wie wir, die wir hier schon länger leben, es kennen, eine ausgesprochene Befürworterin des Wahlrechts für Ausländer.[175] Dabei geht es aber nicht um EU-Ausländer, denn diese dürfen schon seit Mitte der 1990er Jahre an Kommunalwahlen ihres Hauptwohnsitzes teilnehmen. Vielmehr handelt es sich hierbei um viele Millionen Menschen aus dem Nicht-EU-Ausland ohne deutschen Pass. Leider war ihr Vorschlag verfassungswidrig, aber warten wir mal ab, wann dieses Thema wieder auf den Tisch kommt.[176]

Zur Not kann man ja eine Turbo-Einbürgerung einführen, um neue Wähler zu gewinnen. Besagte Integrationsbeauftragte war es auch, die sich bereits im September 2015 hinsichtlich der integrativen Flüchtlingspolitik mit folgenden Worten in einem Strategiepapier äußerte: *(…) Auch mit Blick auf die hohen Flüchtlingszahlen ist klar: Wir stehen vor einem fundamentalen Wandel. Unsere Gesellschaft wird weiter vielfältiger werden, das wird auch anstrengend, mitunter schmerzhaft sein. Unser Zusammenleben muss täglich neu ausgehandelt werden. (…)*[177] Nein, Frau Özoguz, ich möchte selbst beim besten Willen nicht täglich das Zusammenleben neu aushandeln – schließlich haben wir ein Grundgesetz! In einem hat Frau Özoguz allerdings recht: Der Slogan „Deutschland bleibt Deutschland – mit allem was uns lieb und teuer ist", der von Angela Merkel ein ganzes Jahr später ausgegeben wurde, war schon zum Zeitpunkt, als dieser die Lippen der Kanzlerin verließ, Makulatur.[178] Deutschland hat sich verändert – und zwar durch die anhaltende illegale Migration, aber insbesondere auch politisch.

DDR 2.0 – wir kommen

Ganz zufälligerweise wurde am selben Tag, als für die Homoehe im Bundestag abgestimmt wurde, auch das Prestigeobjekt des SPD-Bundesjustizministers Heiko Maas in Form des Netzwerkdurchsetzungsgesetzes zur Unterbindung von rechtsextremen Hasstiraden und Falschnachrichten im Internet beschlossen.[179] Aus Sicht vieler Experten beschränkt das NetzDG die Meinungsfreiheit in einem nicht unerheblichen Maß, bedeutet also nichts anderes als Zensur, verpflichtet es doch Privatunternehmen wie Facebook, Google & Co. dazu, Fake News und Hassbotschaften schnell zu löschen. Privatfirmen entscheiden also im eigenen Ermessen darüber, was Falschmeldungen und Hate Speech sind. Wer eins und eins zusammenzählen kann, dem müsste klar sein, dass ein Unternehmen, dem 50 Millionen Euro Strafe drohen, lieber einen Inhalt zu viel als zu wenig löscht.[180] Fast hätte ich vergessen zu erwähnen, dass nur rund 60 Abgeordnete über dieses Gesetz abgestimmt haben. Dabei heißt es in der Geschäftsordnung des Bundestages unter Paragraph 45, Absatz 1: *Der Bundestag ist beschlussfähig, wenn mehr als die Hälfte seiner Mitglieder im Sitzungssaal anwesend sind.*[181] Ich wusste ja gar nicht, dass wir so einen kleinen und dazu noch beschlussfähigen Bundestag haben, aber egal.

Ebenfalls nicht bei jedermann dürfte der vom Bundestag beschlossene Einsatz von Staatstrojanern auf Gegenliebe stoßen, zumal dieser selbst nicht einmal im entsprechenden Gesetzesentwurf stand.[182] Dieser wurde vielmehr durch eine sogenannte Formulierungshilfe durch einen Änderungsantrag – sozusagen von hinten durch die kalte Küche – eingebracht. Damit konnte eine breite und öffentliche Debatte nahezu umgangen werden, und selbst die Bundesdatenschutzbeauftragte erfuhr erst über die Internetseite *netzpolitik.org* davon und war darüber natürlich not amused. So dürfen jetzt für das Hacken von Computern durch Deutschlands Strafverfolgungsbehörden, für das Verwanzen von Smartphones und für das heimliche Mitlesen von WhatsApp-Nachrichten Staatstrojaner eingesetzt werden. In der *Welt* waren zu dieser staatlichen Überwachungsmethode am 22.06.2017 lediglich drei Kommentare online zu lesen.[183] Darin war u. a. die Rede von *einer großen Sauerei, Stasi-DDR-Methoden, einem weiteren schweren Angriff auf die Demokratie und unsere Freiheit* und sogar vom *Beginn der Staatskriminalität.* Immerhin gibt es Bürger, die durchschauen, was hier gespielt wird. In diesem Sinne: Volle Kraft voraus in den Überwachungsstaat.

Ich habe in diesem Zusammenhang aber noch ein paar Fragen: Sitzen in der Bundesregierung eventuell einfach nur Unwissende oder aber möglicherweise Verfassungsgegner oder gar -feinde? Warum werden solche Gesetze einfach nur noch abgenickt und durchgewunken? Warum gibt es keinerlei Debattenkultur mehr wie früher im Bundestag, wo sich die Abgeordneten in strittigen Fragen so richtig gefetzt haben? Die Datenschützer des Vereins Digitalcourage haben jedenfalls eine Verfassungsklage in Karlsruhe gegen dieses Überwachungsinstrument angekündigt.[184] Doch damit nicht genug: Wer aus der Bevölkerung hat überhaupt etwas davon mitbekommen, dass das Bankgeheimnis komplett abgeschafft wurde und seither immer häufiger die Konten von Privatpersonen überprüft werden?[185] Dies geschieht natürlich alles nur im Namen der Terrorismusbekämpfung, der Vermeidung von Geldwäsche und der Bekämpfung illegaler Steueroasen – lauter Dinge, mit denen sich „der kleine Mann" täglich herumschlägt. Und wo wir gerade beim Thema Konten und damit beim Geld sind: Schon längst gibt es einen Kampf ums Bargeld, wie um den 500-Euro-Schein, und um Bargeldobergrenzen.[186] Den anonymen Tafelgeschäften mit dem Edelmetall Gold werden zunehmend Grenzen gesetzt.[187] So werden dem Erwerb der Krisenwährung Gold und dem bei den Deutschen besonders beliebten Krügerrand immer mehr Steine in den Weg gelegt.

Nun mag sich so manch einer sagen: „Das alles interessiert mich nicht. Ich habe schließlich nichts zu verbergen." Zu einer solchen Aussage gab jedoch Edward Snowden, der aus meiner Sicht ein echter Freiheitskämpfer ist, ein ganz klares Statement ab: *Zu behaupten, das Recht auf Privatsphäre sei nicht so wichtig, weil man nichts zu verbergen hat, ist wie zu sagen, das Recht auf freie Meinungsäußerung sei nicht so wichtig, weil man nichts zu sagen hat.*[188]

Für seine mutigen Enthüllungen über die illegale Überwachung- und Spionagepraxis der USA und seinen Einsatz für die Meinungsfreiheit wurde er in Norwegen mit dem Ossietzky-Preis ausgezeichnet.[189] Die Uni Rostock wollte Snowden die Ehrendoktorwürde verleihen, was vom Schweriner Verwaltungsgericht jedoch untersagt wurde.[190]

Dass die Meinungsfreiheit in der ehemaligen DDR von der Stasi vehement bekämpft wurde und Radio, TV und Printmedien zu den Herrschaftsinstrumenten des SED-Regimes zählten, ist kein Geheimnis. Doch wie sieht es im dritten Jahrzehnt nach der Wiedervereinigung aus? Laut IMAS-Report vom September 2017 gibt es sie tatsächlich, die schweigende Mehrheit.[191] Diese ist also kein Trugbild, sondern vielmehr statistische Realität, denn 48 Prozent der Befragten einer repräsentativen Umfrage sind der Meinung, es sei *bei manchen Problemen besser, den Mund zu halten, um nicht in ein schiefes Licht zu geraten.* So beschrieb bereits Elisabeth Noelle-Neumann in den 1970er Jahre die Theorie der sogenannten Schweigespirale.[192] Danach fürchten viele Menschen beispielsweise die soziale Isolation, weswegen sie gesellschaftlich immer wieder abchecken, wie die vorherrschende Meinung ist und oftmals mit ihrer persönlichen Meinung hinter dem Berg halten. Dieses Verhalten machen sich Massenmedien und Fernsehen zunutze, indem sie eine bestimmte Meinung als mehrheitskonform präsentieren. Interessant in diesem Zusammenhang ist auch ein Vortrag des Kieler Psychologieprofessors Dr. Rainer Mausfeld mit dem vielsagenden Titel *Warum schweigen die Lämmer?*[193] Dieser beschäftigt sich mit den Techniken des Meinungs- und Empörungsmanagements, und wer noch nicht verstanden hat, wie der Mensch als soziales Wesen und dessen Manipulation durch die Medien funktioniert, sollte sich diesen Vortrag unbedingt auf *YouTube* ansehen. Wer weiß, wie lange das Video dort überhaupt noch angesehen werden kann?

Spreche ich mit Menschen aus der ehemaligen DDR, die die letzten Jahre unter der Führung von Erich Honecker noch bewusst miterlebt haben, so höre ich ganz häufig, wir würden auf dem besten Wege in die DDR 2.0 sein, wofür man 1989 aber nicht auf die Straße gegangen sei. Vielleicht ist der Wahlerfolg der AfD in den östlichen Bundesländern und in Ost-Berlin ja damit zu erklären, dass viele Menschen dort ein, wenn nicht sogar zwei, totalitäre Systeme miterlebt haben. Die *Aktuelle Kamera* und *Der schwarze Kanal*, die Nachrichten- und Propagandasendungen des DDR-Fernsehens gibt es aus Sicht vieler ehemaliger DDR-Bürger, aber zum Glück nicht nur dieser, bereits in Form von *Tagesschau* und *Tagesthemen* in der ARD[194] sowie dem *ZDF-heute-journal*. Allerdings gibt es einen entscheidenden Unterschied: In der DDR wusste man, dass die übermittelten Nachrichten nichts mit der Realität zu tun hatten, während heute noch täglich fast 10 Millionen Zuschauer die 20-Uhr-Nachrichten der *Tagesschau* konsumieren und sich dadurch gut informiert fühlen.[195] Mein Rat: Lieber einfach mal im wahrsten Sinne des Wortes die Glotze abschalten. Denn schon im Herbst 2010 titelte der Autor und Essayist Michael Klonovsky im *FOCUS* seinen Kommentar mit der Schlagzeile „Auf dem Weg in die DDR 2.0".[196] Hierin beklagte er u. a. die fehlenden Unterschiede zwischen den Parteien, prangerte die als alternativlos deklarierte und niemals als falsch bezeichnete Politik an und rügte, dass Volksabstimmungen zu fundamentalen Fragen als *ein bisschen zuviel gewagte Demokratie* betrachtet werden. Mehr Demokratie wagen – das wollte doch 1969 schon Willy Brandt.[197] Naja, das ist schon ein paar Tage her.

Über viele Jahre hinweg konnte sich bis zum Flüchtlingsjahr 2015 politischer Mehltau über Deutschland ausbreiten, unter dem es sich so manch einer in einer Art Merkel-Trance gemütlich machte, denn die „Mutti der Nation", die weniger für Werte als für deren Relativierung und Flexibilisierung steht, schien zumindest oberflächlich alles gut im Griff zu haben. Mit parteipolitischem Einheitsbrei nach Hausfrauenart wurde das Land über Jahre hinweg abgespeist, und noch immer wollen viele Wähler auch nach der Bundestagswahl 2017 scheinbar so abgespeist werden. Das mag u. a. daran liegen, dass die Medien wirklich ganze Arbeit geleistet haben und vieles in diesem Land alternativlos erscheint. Dabei gibt es eine ganz einfache Gleichung.

Die neue AfD = die alte CDU

Manche unserer Gegner können es sich nicht verkneifen, uns in der Zuwande-rungsdiskussion in die rechtsextreme Ecke zu rücken, nur weil wir im Zusammen-hang mit der Zuwanderung auf die Gefahr von Parallelgesellschaften aufmerk-sam machen.[198] *Deshalb werden wir auch weiter eine geregelte Steuerung und Begrenzung von Zuwanderung fordern* und*: Bevor wir über neue Zuwanderung reden, müssen wir erst einmal die Integration der bei uns lebenden ausländischen Kinder verbessern.* Das waren Angela Merkels Worte vor 14 Jahren, und noch 2010 sagte sie, Multikulti sei gescheitert, und zwar absolut gescheitert.[199] Wer heute solche Aussagen tätigt, wird jedoch als Hetzer, rechtsradikal oder gleich als Nazi diffamiert und dafür ab sofort kurz- oder auch längerfristig bei Facebook oder Twitter gesperrt.

Doch es kommt noch besser: *Zuwanderung kann kein Ausweg aus den demografischen Ver*änderungen in Deutschland sein. *Wir erteilen einer Aus-weitung der Zuwanderung aus Drittstaaten eine klare Absage, denn sie würde die Integrationsfähigkeit unserer Gesellschaft überfordern. Verstärkte Zuwan-derung würde den inneren Frieden gefährden und radikalen Kräften Vorschub leisten.* So stand es im gemeinsamen, äußerst lesenswerten Bundestags-wahlprogramm von CDU und CSU aus dem Jahre 2002.[200] Schon 1986 sagte der damalige bayerische CSU-Ministerpräsident Franz Josef Strauß, dass es rechts neben der Union keine demokratisch legitimierte Partei geben dür-fe.[201] Vor einigen Jahren hat sich aber ein Vakuum an deren rechter Seite auf-getan, welches nun die AfD, die Alternative für Deutschland, füllt. Diese ist damit kein Naturereignis, sondern vielmehr die logische Folge von Merkels Politik. Merkel, die Naturwissenschaftlerin, die angeblich alles immer vom Ende her denkt, anstatt in alle Richtungen und Alternativen zu denken, hat diesbezüglich wohl nicht bis zum Ende gedacht. Die Folge einer politisch weit nach links gerückten CDU/CSU-Politik und der ungeregelten Migration ist ein Erstarken der AfD, die viele ehemalige Unionspositionen vertritt und einen Zulauf von früheren CDU-Wählern verzeichnen konnte.[202] Wurde die Union damals aufgrund vorgenannter Forderungen vom Verfassungsschutz beobachtet? Mitnichten, denn diese Programmpunkte der CDU/CSU waren damals verfassungskonform mit dem Grundgesetz und sind es auch heute noch. Völlig zu Recht stellte der freie Journalist Axel Retz im April 2017 die Frage: *Wenn die CDU 2002 nicht rassistisch, rechtspopulistisch, fremdenfeindlich etc. galt und ihre Wähler auch nicht, wieso sind es dann heute die AfD und ihre Anhänger?*[203] Ich jedenfalls fühle mich von Frau Merkel und ihren Genossen und Genossinnen der CDU/CSU regelrecht hinter die Fichte geführt, und ich weiß, dass ich mit diesem Gefühl nicht allein bin.

Jedenfalls setzt sich die Wählerschaft der AfD eben nicht nur aus verängstigten Nichtwählern, Armen und Ungebildeten, bereits von der Gesellschaft Abgehängten sowie älteren Wahlberechtigten zusammen, wie es oftmals von den Medien kundgetan wurde.[204] 55 Prozent ihrer Wähler haben einen Realschulabschluss, 25 Prozent das Abitur.[205] Darüber hinaus zählen 34 Prozent zu den Topverdienern und gehören zum reichsten Fünftel des Landes.[206] Aber auch Menschen mit ausländischen Wurzeln wählen die AfD. So beispielsweise bei der Landtagswahl in Baden-Württemberg 2016 in der Stadt Freiburg, wo 34 Prozent der AfD-Wähler einen Migrationshintergrund hatten.[207] Und auch das gibt es: Jüdische Mitglieder in der AfD.[208] Typische Kennzeichen der AfD-Wählerschaft: Zunehmende Sorgen hinsichtlich Kriminalität, des sozialen Zusammenhalts der Gesellschaft und der Zuwanderung.[209] Themen, die sich nicht von der Hand weisen lassen, aber Moment einmal, da war doch was: Hatten CDU/CSU nicht schon 2002 von der Überforderung der Integrationsfähigkeit bei weiterer Zuwanderung, der Gefährdung des inneren Friedens und dem Erstarken radikaler Kräfte gesprochen?[210]

Der Fernsehjournalist Claus Strunz sprach von der AfD als eine Art Viagra für die erschlaffte Demokratie. Die etablierten Parteien würden dadurch endlich beginnen, ihre eigenen Konturen wieder zu schärfen und sich gegenüber ihren Gegnern abzugrenzen.[211] Das wäre doch zu schön, um wahr zu sein. Und doch: In Sachen Migration macht Angela Merkel mittlerweile AfD-Politik, aber sie würde diese niemals als solche verkaufen.[212] Merkel halt in ihrer bekannten flexiblen Art und Weise. Auf jeden Fall dürfen wir nach der Bundestagswahl 2017, bei der 12,6 Prozent der Wähler ihre Stimme der AfD gaben, die FDP mit 10,7 Prozent wieder im Deutschen Bundestag sitzt, die Union aus CDU/CSU mit 33 Prozent ihr schlechtestes Ergebnis seit 1949 eingefahren hat und die SPD mit nur 20,5 Prozent der Stimmen lieber in die Opposition geht, gespannt sein, wie die Regierung Merkel IV agieren oder ob es sogar Neuwahlen geben wird.[213] Ergänzt muss in diesem Zusammenhang noch Folgendes werden: 60 Prozent der AfD-Wähler gaben an, dass sie diese Partei aus Prostest gewählt hätten. Interessanterweise war schon in einer Dokumentation des *Allensbach Institutes* für die *FAZ* Nr. 245 vom 20.10.2016 zu lesen: *Die Genugtuung, die fast die Hälfte der Bevölkerung über die Erfolge der AfD empfindet, gründet in einer Entfremdung zwischen den etablierten Parteien und der Bevölkerung, die viel, aber keineswegs nur mit der Handhabung der Flüchtlingskrise zu tun hat. Im Kern geht es um den Stellenwert und die Interpretation nationaler Interessen. Die politische Klasse in Deutschland spricht kaum noch in Termini wie „unser nationales Interesse" oder „im Interesse Deutschlands". Die Politik in Deutschland definiert Interessen heute mehr als Politiker anderer Länder im europäischen und internationalen Kontext.*[214]

Eine funktionierende Demokratie und eine pluralistische Gesellschaft sollten auf jeden Fall in der Lage sein, Meinungen aller Couleur zuzulassen, ganz gleich, ob man diese Ansichten nun teilt oder nicht. Und auch das muss erwähnt werden: Ja, es gibt in der AfD Personen, die am ganz rechten Rand auf Stimmenfang gehen und die gegebenenfalls im Blick behalten werden müssen. Ebenso gibt es aber auch Politiker der etablierten Parteien wie Stegner, Schwesig, Göring-Eckardt & Co., die das Bündnis *Aufstehen gegen Rassismus* unterstützen, welches im aktuellen Verfassungsschutzbericht aufgrund linksextremistischer Bestrebungen auftaucht.[215] Egal, was man von der AfD halten mag, ihren bisherigen Aufstieg verdankt sie zu einem großen Teil der Bundeskanzlerin und ihrer grün-sozialdemokratischen CDU-Politik. Einen äußerst hörenswerten Beitrag in diesem Kontext liefert Thorsten Schulte, der 2015 nach 26 Jahren aus der CDU ausgetreten ist. Er ist Kapitalmarktexperte, Befürworter der AfD und nunmehr auch Bestsellerautor. Auf *YouTube* gibt er Insiderwissen bezüglich Angela Merkel aus seinem im Sommer 2017

erschienenen Buch *Kontrollverlust*[216] preis: Daumen hoch.[217] Einfach mal rein-
gucken, denn es gibt einigen Aufschluss über die Kanzlerin. Ebenfalls bei
YouTube gibt es ein Interview von Prof. Max Otte gegenüber *money.de*. Otte
ist ein deutsch-amerikanischer Ökonom, der die globale Banken- und Finanz-
krise von 2008 vorhergesehen hatte und als Mitglied der CDU seit 1991 bei
der Bundestagswahl nach eigener Aussage aus Gewissensgründen die AfD
gewählt hat.[218] Das muss man sich mal durch den Kopf gehen lassen: Zwei
langjährige (Ex-)CDU-Mitglieder wählen die AfD und machen das auch noch
öffentlich.

Und wo wir gerade schon bei medizinischen Mittelchen in Form der AfD
als Potenzmittel für die Demokratie waren: Für diejenigen, die Gegner der
derzeitigen ungeregelten Migrationspolitik sind, gibt es jetzt Abhilfe auf
Rezept. Tatsächlich wollen Wissenschaftler der Klinik für Psychiatrie und Psy-
chotherapie des Bonner Universitätsklinikums herausgefunden haben, dass
Nasenspray, welches das Schwangerschafts- und Bindungshormon Oxytocin
enthält, gegen vermeintliche Fremdenfeindlichkeit helfen soll.[219] Ebenfalls
ein toller Nebeneffekt ist dessen Wirkung gegen Geiz, der ja laut Elektro-Sa-
turn eigentlich geil sein soll. Hier und da ein wenig Oxytocin in Lebensmittel
und Trinkwasser, und man hätte gleich zwei Fliegen mit einer Klappe ge-
schlagen. Aber nein, dies ist ja gar nicht nötig. Schließlich wurde ein ganz
anderes Motto bundesweit ausgegeben.

Wir schaffen das

Gebetsmühlenartig wurde dieser Satz während der akuten Migrationskrise 2015 von Angela Merkel wiederholt. Vielleicht ja in Anlehnung an Barack Obamas „Yes we can!" oder dem Slogan „Yo, wir schaffen das!" von Bob, dem Baumeister? Das wäre dann ja aber Mottoklau, doch die Sache mit dem Themendiebstahl hatten wir ja schon. Laut Aussage Angela Merkels sei dies ein Satz des Anpackens gewesen, doch schon Jahre zuvor hätten so viele Dinge angepackt werden müssen. Stattdessen hat man vielmehr den politischen Schönheitsschlaf genossen und vieles verpennt.

Fakt ist: Die Pro-Kopf-Verschuldung liegt derzeit bei rund 27.000 Euro und hat sich seit 1990 verdreifacht. Wir sitzen auf einem Schuldenberg von rund 2 Billionen Euro, der pro Sekunde dank der schwarzen Null von Bundesfinanzminister Wolfgang Schäuble (CDU) „nur noch" um 68 Euro wächst.[220] Laut Prof. Dr. Bernd Raffelhüschen kommt zu dieser ohnehin schon schwindelerregenden Schuldensumme mit zwölf Nullen nochmal die zweieinhalbfache Summe dazu, die statistisch unentdeckt in Deutschlands Sozialkassen schlummert. Allein die gesetzliche Rentenkasse steht mit 2,2 Milliarden in der Kreide.[221] Wir sprechen dann also von einer Gesamtschuldenlast in Höhe von läppischen 6,2 Billionen Euro zuzüglich geschätzter langfristiger Kosten für die Migrationswelle 2015 von bis zu 1,5 Billionen Euro.[222] Was bedeutet das für unsere Kinder? Auf die käme eine 7,7-Billionen-Euro-Lücke zu. Ob es da reichen wird, den Gürtel enger zu schnallen? Mir schwant Schlimmes, denn der Ökonom Hans-Werner Sinn geht sogar von noch höheren Ausgaben für die Zuwanderung und den damit verbundenen gigantischen Kosten für den Staat aus, der das kollektive Eigentum der Deutschen im Zweifelsfall auch mit Zäunen an den Grenzen zu schützen habe.[223]

Zunehmend erschwert wird die Situation in den Kommunen durch viele junge Flüchtlinge. Da der überwiegende Teil von ihnen ohne Papiere nach

Deutschland gekommen ist, wurde ihnen pro forma der 1. Januar 1999 als fiktives Geburtsdatum zugeschrieben. Also „feierten" am 1. Januar 2017 allein in Bayern 65 Prozent aller unbegleiteten minderjährigen Flüchtlinge „ihren 18. Geburtstag".[224] Für die Kommunen allein des Freistaates bedeutet dieser Umstand Mehrausgaben in Höhe von 60 Millionen Euro für das Kalenderjahr 2017. Während ein Kind seine Eltern ab dem zwölften Lebensjahr bis zur Volljährigkeit 8.500 Euro pro Jahr, also 23,29 Euro pro Tag kostet, gibt der Staat nach einer Berechnung des Bundesverwaltungsamtes täglich 175 Euro für einen unbegleiteten minderjährigen Flüchtling aus.[225] [226]

So steigen die Sozialausgaben durch die hohe Zahl an Asylbewerbern, deren Zahl sich innerhalb von fünf Jahren versiebenfacht hat, unaufhaltsam und vor allem viel stärker als die Wirtschaftsleistung.[227] Schon jetzt wird ein Drittel der Wirtschaftsleistung für Soziales ausgegeben und zwar in Höhe von 918 Milliarden Euro für das Jahr 2016.[228] Für das Jahr 2021 liegen die Prognosen bei über einer Billion Euro.[229] Auf Asylbetrug und Scheinidentitäten sei an dieser Stelle nur hingewiesen, denn in Deutschland werden sogar Mitarbeiter, die Asylbetrug aufdecken, entlassen, wie im Januar 2017 in Braunschweig geschehen.[230] Durch die Volljährigkeit, die bereits bei vielen Asylbewerbern schon viel länger bestehen mag, da man mittlerweile davon ausgeht, dass jeder dritte minderjährige Flüchtling älter als 18 ist,[231] sind diese aus der von den Bundesländern finanzierten Jugendhilfe herausgefallen, und die Kosten für deren Unterbringung, Verpflegung und z. B. Sozialstunden für traumatisierte Flüchtlinge müssen nun von den Städten und Landkreisen übernommen werden. Schweden, Schweden, da war doch was – *das große Sozialexperiment hat einen unglücklichen Verlauf genommen.* Wir Deutschen aber, wir schaffen das. Zur Not wird mal eben der durch die Beitragszahler gespeiste Gesundheitsfond der gesetzlichen Krankenkassen angezapft und diesem 2017 eine Milliarde Euro für die medizinische Versorgung von anerkannten Asylanten entnommen.[232]

„Keine Experimente CDU" – diese Aufschrift trug übrigens ein Plakat des Chemieprofessors und CDU-Mitgliedes Thomas Rödel bei der Eröffnung des Fraunhofer-Institutes in Halle Anfang 2016, welches von der Kanzlerin feierlich eröffnet wurde. Mit diesem Plakat und einem Zwischenruf bekundete der

Naturwissenschaftler, dass er um die Zukunft seiner Kinder Angst habe und er sich von Frau Merkel als Physikerin verantwortungsvollere Entscheidungen erwarte.[233] Chapeau, Herr Rödel! Ein wirklich mutiger Mann! Im Internet bekam der dreifache Vater jedenfalls viel Zustimmung für seine, wenngleich auch nur sehr kurze Ein-Mann-Demo, da er sofort durch den Sicherheitsdienst aus dem Saal geführt wurde. Doch die deutsche Regierung ist äußerst experimentierfreudig und wirft das Geld der deutschen Steuerzahler nur so zum Fenster hinaus, wenn es darum geht, die Welt zu retten.

Laut *FAZ* im April 2015 soll der deutsche Steuerzahler die vorangegangenen GriechenlandHilfszahlungen kaum realisiert haben.[234] Dabei wurden allein durch das erste Hilfspaket Zusagen bezüglich der Haftung in Höhe von mehr als 15 Milliarden Euro gemacht. Hinzu kamen weitere 41,3 Milliarden durch das zweite Rettungspaket und den Europäischen Finanzstabilisierungsfazilität-Schutzschirm (EFSF). Sollte Griechenland die Kredite des EFSF nicht zurückzahlen, bürgt allein Deutschland und somit der deutsche Steuerzahler mit einer zweistelligen Milliardensumme. Das ist natürlich ärgerlich und könnte den einen oder anderen mit etwas mehr Hintergrundwissen vielleicht sogar auf die Palme bringen. Während in Griechenland deutsche Steuergelder wohl weniger Land und Leute retten, sondern in erster Linie marode Banken und faule Kredite, sitzt Griechenland auf Unmengen an Erdöl und Erdgas, worüber der *SPIEGEL* schon im Jahr 1974 während der damaligen Ölkrise berichtete.[235] Laut der Nachrichtenagentur Reuters aus dem Jahr 2012 könnten sowohl die Öl- als auch vor allem das Gasvorkommen den Hellenen über einen Zeitraum von 25 Jahren 465 Milliarden Euro einbringen, wie der *FOCUS* am 17.11.2012 berichtete.[236] Diese Summe würde die Staatsschulden Griechenlands aus dem Jahr 2012 schon fast um die Hälfte übersteigen.

Dass man über diese wertvollen Kohlenwasserstoffvorkommen als flüssige und gasförmige Energieträger im Ionischen Meer und südlich der Insel Kreta in der Berichterstattung der Medien kaum etwas erfährt, mag an fehlender Information darüber liegen. Dirk Müller, seines Zeichens Börsenmakler und Fondsmanager, der gerne auch als „Mr. Dax" betitelt wird, schreibt in seinem Buch *Showdown*[237], dass zahlreiche Politiker, die von ihm auf dieses Thema angesprochen worden wären, durch ihn davon zum ersten Male gehört hätten. Also wollen wir das mal so glauben und nicht schon wieder an Politikeräußerungen zweifeln. Trotzdem empfehle ich, sich das Video der Sendung *Markus Lanz* vom 11.07.2013 anzusehen, wo Dirk Müller zu Gast war und über den Inhalt seines Buches mit Moderator Lanz sprach.[238]

Jedenfalls berichtete der *FOCUS* im zuvor erwähnten Artikel, dass die unterschiedlichen griechischen Regierungen dieses Thema schon seit Jahren auf kleiner Flamme kochen würden und dass dies eine Ohrfeige für jeden deutschen Steuerzahler sei, *der Tag für Tag arbeiten geht, erst mit 67 in Rente darf, sich Sorgen um die Altersvorsorge macht. Und um die Zukunft seiner Kinder. Viele haben sich mehr oder weniger damit abgefunden, dass sie für den jahrzehntelangen Schlendrian griechischer Politiker, für die eigenwillige Interpretation von Steuergesetzen vieler Hellenen, für den Traum einer Gemeinschaftswährung von Europas Politikern geradestehen müssen.* Und wie es mit den Finanzen der EU unter dem französischen Präsidenten Macron weitergehen wird, lässt wenig Gutes erahnen, wird von diesem doch eine Weiterentwicklung des Vertrages des Europäischen Stabilitätsmechanismus (ESM) präferiert. So soll laut *FOCUS* vom 11.05.2017 die Euro-Zone mit 19 Ländern einen eigenen Haushalt, ein eigenes Parlament und einen eigenen Finanzminister bekommen.[239] Dann darf Deutschland als größtes Clubmitglied der EU 30 Prozent in den gemeinsamen Topf einzahlen.

Der Freundschaftsdienst der deutschen Steuerzahler hat sich gegenüber anderen EU-Ländern bislang als äußerst großzügig erwiesen, doch welcher Häuslebesitzer, dessen Darlehen für den Hausbau so gut wie abbezahlt ist, würde auf die Idee kommen, seinem Nachbarn, der gerade erst einen großen Kredit zwecks Hausbau aufgenommen hat, vorzuschlagen, die Schulden zu vergemeinschaften? Als Kind schon habe ich den Spruch „Beim Geld hört die Freundschaft auf" zu hören bekommen, was natürlich nicht heißt, dass man jemandem, von dem man weiß, dass er einen nicht über den Tisch zieht, grundsätzlich finanziell nicht unter die Arme greifen sollte, doch das muss jeder persönlich für sich entscheiden. Deutschland sitzt zudem auf einem riesigen Schuldenberg, und im Falle des Euros wird die Zeche auf jeden Fall mal wieder der deutsche Steuerzahler löhnen, der auf sein Sparguthaben dazu noch null Prozent Zinsen erhält.

Deutschland hat fertig

Wir leben in der viertstärksten Industrienation der Welt.[240] Das bedeutet natürlich nicht, dass Deutschlands öffentliche Gebäude goldene Wasserhähne benötigen und in den Schulen die Möbel aus Vogelaugenahorn und die Straßen mit Granitmosaik gepflastert sein sollten. In vielen Bereichen des öffentlichen Lebens handelt es sich aber weder in den alten noch in den neuen Bundesländern um blühende Landschaften. Hinsichtlich Straßen- und Brückenbau bzw. deren Sanierung fährt Deutschland bereits auf der Felge. Öffentliche Einrichtungen wie Schulen, Kindergärten, Sportanlagen, Schwimmbäder usw. bedürfen vielerorts dringend der Sanierung. Park- und Grünanlagen werden von vielen Kommunen stiefmütterlich behandelt und verwahrlosen. Gehwege sind mit Unkraut überwuchert, und für Kinderspielplätze ist kein Geld da. Personell sieht es für die Zukunft auch nicht gerade rosig aus, denn schon jetzt sind Lehrer und Erzieher Mangelware. Allein an den Grundschulen fehlen bis 2025 fast 25.000 zusätzliche Lehrer, an den weiterführenden Schulen ab 2030 ebenfalls weitere 27.000 Pädagogen.[241] Bereits 2014 wurden 120.000 fehlende Erzieher beklagt.[242] Es herrscht Ärztemangel in ländlichen Regionen, wo eine dramatische Unterversorgung droht. Bis 2020 gehen 50.000 niedergelassene Ärzte in den Ruhestand, und der medizinische Nachwuchs ist nicht bereit, aufs Land zu gehen, wo Allgemeinmediziner fehlen und schon heute mancherorts medizinischer Notstand herrscht.[243] Daneben gibt es Pflegekräfte-, Impfstoff- und Medikamentenmangel.[244] [245]

Selbst eine schnöde Grippewelle kann deutsche Krankenhäuser durch ein erhöhtes Patientenaufkommen und erkranktes Personal in Bedrängnis bringen.[246] Deshalb schrieb eine Krankenschwester einen bewegenden Hilferuf an Bundeskanzlerin Merkel im Januar 2017.[247] In diesem klagt sie die Kanzlerin an: Über eine Million Pflegekräfte leiden in Ihrem Land, das Sie regieren. Und mittlerweile hat auch der Notstand so manchen deutschen

Kreißsaal erreicht.[248] Oft muss eine Hebamme drei Gebärende gleichzeitig betreuen, und in der Bundeshauptstadt sollte man sich aufgrund des neuen Babybooms schon mal um einen Klinikplatz zur Entbindung bemühen, bevor sich das Bäuchlein zu runden beginnt. Da bleibt wohl nur noch, gute Besserung zu wünschen!

Allein rund 430.000 Stellen sind in technischen Berufen unbesetzt.[249] Mehr als 40 Prozent der Handwerksunternehmen klagen darüber, dass freie Stellen nur schwer zu besetzen seien.[250] Im Bereich der Digitalisierung ist Deutschland ein Entwicklungsland. Was die digitale Wettbewerbsfähigkeit betrifft, ist es sogar um weitere zwei Plätze auf Platz 17 gefallen und liegt den Breitbandausbau betreffend im OECD-Vergleich auf Platz 28 von 32 Plätzen.[251]

Eine Million bezahlbare Wohnungen fehlen.[252] Schon jetzt leben 860.000 Wohnungs- und Obdachlose auf der Straße bzw. in Sammelunterkünften, darunter etwa 32.000 Kinder und Jugendliche. Die Tendenz ist steigend, wenn beim Wohnungsbau und Mieten nicht umgesteuert wird.[253] In Schleswig-Holstein wurden im Jahr 2015 zur Flüchtlingsunterbringung genau 4.214 Wohncontainer für gut 49 Millionen Euro angeschafft.[254] Nunmehr werden 1.720 Container verschenkt, ja genau, verschenkt. In den Genuss kommen Schulen, Landesbetriebe, gemeinnützige Vereine und eventuell auch Privatleute aus Schleswig-Holstein, sollte das Bundesland zwischen den Meeren noch mehr dieser kleinen mobilen Wohnungen loswerden wollen. Irre, oder? Auf der einen Seite hunderttausende Menschen ohne Obdach, auf der anderen Seite verschenkt das nördlichste Bundesland einfach mal von Steuergeldern angeschaffte Wohncontainer mit einem Anschaffungswert von je 11.500 Euro. Und wenn dann 2018 der Familiennachzug einsetzen sollte: Kauft man dann wieder neue Containerunterkünfte, falls nicht ausreichend Wohnraum zur Verfügung steht? Die Armut ist mit 13 Millionen gefährdeten Menschen auf neuem Höchststand. Im Dezember 2015 waren bereits 536.000 Rentner auf Grundsicherung angewiesen[255], und 21 Prozent der Kinder leben länger als fünf Jahre in ärmlichen Verhältnissen[256], wobei Hartz-IV zu einer gesellschaftlichen „Erbkrankheit" wird. Es heißt, die Arbeitslosigkeit liege erstmals seit der Wiedervereinigung unter 2,4 Millionen[257], doch das ist nur die halbe Wahrheit: 2,389 Millionen Frauen und Männer hatten im Oktober 2017 keinen Job, waren also als arbeitslos registriert, doch es kommt noch eine weitere Million hinzu, die nicht in der Arbeitslosenstatistik auftaucht.[258]

22.600 Personen galten 2015 als Rechtsextremisten, 28.500 Personen im Jahr 2016 als Linksextremisten.[259] [260] Die Zahl der Salafisten ist auf über 10.000 gestiegen, und bereits über 700 Gefährder leben unter uns[261], denen die Sicherheitsbehörden eine schwere Straftat zutrauen. Seit Beginn 2016 wurden 530.000 negative Asylbescheide erstellt, doch bis Ende August 2017 verließen nur 120.000 Menschen durch geförderte freiwillige Ausreise oder Abschiebung das Land.[262] In den nächsten vier Jahren scheiden 44.000 Polizeibeamte bei fehlendem geeigneten Nachwuchs aus dem Dienst aus.[263] Bundesweit waren Ende Juni 2017 322.000 Asylklagen anhängig.[264] 150.000 Haftbefehle sind derzeit nicht vollstreckt.[265] Es fehlen mindestens 2.000 Richter und Staatsanwälte.[266] Viele Haftanstalten sind überfüllt, und immer häufiger müssen Straftäter wegen zu langer Untersuchungshaft wieder auf freien Fuß gesetzt werden, darunter auch Schwerverbrecher und Mörder.[267] So, ich denke, das dürfte an Fakten reichen. Wer noch ein bisschen mehr mag, dem lege ich als Lektüre die Kriminalstatistik 2016 ans Herz.

Und endlich soll nun auch in wirklich wichtige Dinge investiert werden: In Berlin ließ der neue Justizsenator Dirk Behrendt (Grüne) prüfen, inwieweit in öffentlichen Gebäuden Unisex-Toiletten eingerichtet werden können.[268] Ging man früher in der Biologie beim Menschen lediglich von zwei Geschlechtern neben Intersexuellen, deren biologisches Geschlecht nicht eindeutig typisch männlich oder weiblich zuzuordnen ist, aus, gibt es bei Facebook mittlerweile über 60 Geschlechter.[269] Dennoch: Unisex-Toiletten sind auf jeden Fall die günstigere Variante gegenüber 60 und mehr verschiedenen Toiletten für eine hoch verschuldete Stadt wie Berlin.

Ja, ja, Deutschland wird Deutschland bleiben, mit allem, was uns lieb und teuer ist.[270] Wer hat's gesagt? Frau Merkel hat's gesagt. Ein aus all diesen Mosaiken zusammengesetztes Bild lässt mich persönlich auch beim besten Willen nicht gerade optimistisch in die Zukunft dieses Landes blicken. Mangelverwaltung und Personalnot, wo man hinsieht, und keine wirkliche Abhilfe z. B. in Form von tatsächlich qualifizierten Einwanderern in Sicht. Daneben Politiker, die regelrecht an den Futtertrögen zu hängen scheinen. Die Rechnerei mit spitzem Bleistift nach Pippi Langstrumpfs Rechenart „2 x 3 macht 4 – widdewiddewitt und 3 macht 9e" dürfte auf Dauer wohl kaum auf-, sondern vielmehr nach hinten losgehen. Auslöffeln muss die Zahlensuppe jedoch der steuerzahlende Bürger, der mit weiteren finanziellen Einschränkungen und Einschnitten des öffentlichen Lebens zu rechnen hat und nicht ewig die Füße stillhalten wird. Ist es dabei nicht ganz egal, wer an der Regierung ist? Ob Rot-Grün oder Schwarz-Gelb bzw. die große Koalition regiert – die kittende Mittelschicht bricht schon seit Jahren zunehmend weg,[271] und die Schere zwischen Arm und Reich geht immer weiter auseinander.[272] So treibt der Supertanker Deutschland in politisch bewegten Zeiten auf rauer See in eine ungewisse Zukunft. Das ist für manch einen beunruhigend, doch es gibt noch ganz andere Gründe zur Sorge.

Überall nur Terroristen und Querulanten

(Meinungs-)Terror und Rudeljournalismus

Solange ich denken kann, gab es in meiner Familie immer druckfrische Medien. Dies ist aber auch nicht weiter verwunderlich gewesen, denn sowohl mein Vater, zwei meiner Onkel und ein Großonkel waren Drucker im Axel Springer Verlag Hamburg. Ich bin sozusagen am Busen dieses Verlages groß geworden. Und nur zu gut erinnere ich mich an den Tag, als die Rote Armee Fraktion (RAF) im Mai 1972 in Hamburg mehrere Sprengsätze im Verlagshaus zündete[273], wo mein Vater an diesem Tag Schicht hatte. Stundenlang warteten wir auf ein Lebenszeichen meines Vaters – ein einziger Horror. Mobiltelefone waren zur damaligen Zeit – wenn überhaupt – allenfalls Zukunftsfantasien. Obwohl ich damals erst fünf Jahre alt war, hat sich die Situation – meine völlig aufgelöste Mutter mit meinem nur wenige Monate alten Bruder auf dem Arm – total in mein Gedächtnis eingebrannt.

Seit vielen Jahren hält nunmehr der islamistische Terror die Welt in Atem, der auch in Deutschland 2016 mit den Anschlägen in Würzburg, Ansbach und Berlin[274] Einzug hielt. 2017 bekam Hamburg seinen ersten islamistischen Anschlag mittels einer Messerattacke.[275] Anders als die RAF, die in erster Linie Repräsentanten des politischen Systems und Wirtschaftsvertreter im Visier hatte, kann jetzt jedermann als sogenanntes weiches Ziel überall und zu jeder Zeit Opfer des IS-Terrors werden, sei es durch einen Messerangriff, den Einsatz von Pkw oder Lkw als Waffe oder durch einen Selbstmordattentäter, dessen in Kauf genommener eigener Tod Teil der Ideologie ist. Deutlich geringer dürfte die Gefahr jedoch für unsere Politiker mit Personen- und Polizeischutz sein. Generalbundesanwalt Peter Frank wies darauf hin, dass Attentäter des Islamischen Staates gezielt nach Europa geschickt worden seien, um dort Anschläge vorzubereiten und durchzuführen.[276] Viele Bürger hatten diese Befürchtungen schon während der Migrationskrise 2015 geäußert. Aber nein, Medien und Politiker wussten es einfach besser – „Ich mach´ mir die Welt, widdewidde, wie sie mir gefällt."

Journalisten der Mainstreammedien wie *BILD, DER SPIEGEL, Die Süddeutsche Zeitung, Die Welt, die FAZ, DIE ZEIT* u. a. schrieben sich die Finger wund und trugen durch Wort und Bild zu einer politisch wie medial verordneten Willkommenskultur bei. Wer damit nicht einverstanden war, bekam Titel wie „besorgter Bürger", „Wutbürger" oder „Nazi" verpasst. Schließlich ließ die Bundesregierung doch verkünden, dass IS-Kämpfer nicht als Flüchtlinge getarnt nach Deutschland und Europa kommen würden – und nun das.[277]

Der Journalist Ronnie Grob, der sich ausführlich mit Studien über Journalisten beschäftigt hat, ist der Meinung, dass mehr als ein Drittel aller deutschen Schreiberlinge dem Politlager der Grünen zuzuordnen ist, und 54,6 Prozent von ihnen würden klar eine rot-grüne Koalition vor allen anderen denkbaren Möglichkeiten präferieren.[278] Da Angela Merkel mit der CDU auf der Überholspur mit gesetztem Dauerblinker schon fast die SPD links zu überholen scheint und sich auch grünpolitische Themen einverleibt hat – ich habe gerade das Bild einer Riesenfresszelle vor Augen –, mag es daher kaum verwunderlich erscheinen, dass man ihr Verhalten in der Flüchtlingspolitik medial goutiert und sie zu einer Art Göttin der Humanität hochgeschrieben hat. Ich dachte ja mal, dass es unter Journalisten so etwas wie ein Berufsethos gäbe, der diese zu einer informativen, unabhängigen, überparteilichen, objektiven oder aber kritischen Berichterstattung verpflichten würde – leider wohl eher Fehlanzeige.

30.000 Berichte über die Migrationskrise von Februar 2015 bis März 2016 wurden in einer Studie hinsichtlich der Art der Berichterstattung ausgewertet. Leitmedien haben danach viel zu spät damit begonnen, über die Probleme und Schwierigkeiten zu berichten, die sowohl der Bund als auch die Länder wie auch die öffentliche Verwaltung aufgrund der hohen Ankunftszahl der Migranten gehabt hätten.[279] Die Studie kommt zu dem Ergebnis, dass *Journalisten ihre öffentliche Aufgabe, Kritik und Kontrolle zu üben, teilweise ver-*

fehlt haben, und viele deutsche Medien hätten an einer geradezu euphemistischen Berichterstattung festgehalten. Warum gingen Journalisten nicht der Frage nach, warum das Anwerbevideo für Flüchtlinge vom BAMF ins weltweite Netz gestellt wurde? Warum versuchten sie nicht zu ergründen, weshalb die Vereinten Nationen ihre Lebensmittelhilfe in den Flüchtlingslagern der Türkei, Syrien und dem Libanon gekürzt hatten?[280] Warum zahlte die EU die versprochenen Hilfsgelder nicht?[281] Warum zahlen superreiche Ölstaaten wie beispielsweise Saudi-Arabien und die Vereinigten Arabischen Emirate ihren Glaubensbrüdern in Syrien Spendengelder nur in Almosenhöhe?[282] Für die Medien gibt es anscheinend aber Wichtigeres zu tun, und die zuvor erwähnte Studie mit ihrer schlechten Bewertung der schreibenden Zunft konnte von dieser nicht einfach so hingenommen werden, weswegen darüber nun ein Streit entbrannt ist.[283] Doch was hatte man uns nicht alles versprochen?

Unter dem Mantel der Verschwiegenheit

Die Rede war von Flüchtlingen, die als Ärzte, Ingenieure, Informatiker, Zahnärzte und Apotheker unseren Fachkräftemangel bzw. unsere demografischen Probleme lösen würden. Noch einmal zur Erinnerung an das Parteiprogramm der CDU/CSU von 2002: *Zuwanderung kann kein Ausweg aus den demografischen Veränderungen in Deutschland sein.*[284] Der Daimler-Chef Dieter Zetsche träumte sogar von einem neuen deutschen Wirtschaftswunder, obwohl der Motor der Wirtschaft doch gerade ohnehin brummt.[285] Nach genaueren Betrachtungen mussten diese Aussagen jedoch relativiert und festgestellt werden, dass das Qualifikationsniveau der Migranten erschreckend gering ist und das Leistungsniveau des deutschen Bildungssystems zukünftig vielmehr sinken werde, doch dazu später mehr.[286] [287] Mittlerweile geht man von lediglich 10 Prozent der Migranten mit Hochschulabschluss aus, denen rund zwei Drittel an Geflohenen gegenübersteht, *die vermutlich gar keinen berufsqualifizierenden Bildungsabschluss* besitzen bzw. nicht einmal richtig lesen und schreiben können.[288]

In einer Sendung mit dem Thema „Medien zwischen Gefühl und Fakten" sagte der Medienwissenschaftler Prof. Norbert Bolz Folgendes: *(…) und das liegt nicht daran, dass die Medien lügen – Lügenpresse ist eine unzulässige Verkürzung. Ich würde sagen, es ist noch viel schlimmer: Sie verschweigen! Sie tun das nicht, was man von ihnen erwartet, nämlich aufzuklären über die Wirklichkeit.*[289] Bolz sprach von falsch verstandener Rücksichtnahme, da man den Deutschen nicht die Wahrheit zumuten könne. Und so sei es *die eigentliche Katastrophe, dass Leute, die sich zu einer selbsternannten Elite rechnen, glauben, dass Wahrheit für sie selber zuträglich ist, für die anderen aber offensichtlich nicht.* Konnte man deshalb am 14.11.2017 nur auf den Internetseiten der alternativen Medien wie beispielsweise *heise* und *Telepolis*, auf dem Onlineportal der *Jungen Freiheit*, des *Tagesspiegels* und der *Stuttgarter Nachrichten* sowie auf der österreichischen Seite von *Die Presse* lesen, dass mehreren hundert IS-Kämpfern der Abzug aus der nordsyrischen Stadt Rakka, der einstigen Islamistenhochburg, gestattet wurde und zwar mit Genehmigung der USA aufgrund eines Geheimabkommens?[290] Kein Wort war am selben Tag in den Hauptmedien zu lesen. Dass wir mit kampferprobten europäischen Heimkehrern und damit vermehrt mit Anschlägen in Europa rechnen müssen, ist schon länger bekannt, doch dass dies mit freundlicher Unterstützung der USA geschieht, ist neu und hätte die Öffentlichkeit sicherlich zu sehr verunsichert.

Für mich hört sich das eher nach betreutem Denken an – nein danke! Dabei fallen mir gerade wieder die knapp 10 Millionen Bürger ein, die sich allein täglich von der *Tagesschau* „informieren" lassen. Immer noch scheint diese für viele zu einer Art Abendritual zu gehören und schon so etwas wie Kultstatus zu besitzen, ähnlich wie der *ARD-Tatort*. Natürlich ist es einfacher, sich von der Glotze berieseln zu lassen, statt Nachrichten zu hinterfragen, zumal ein kritisches Hinterfragen dazu führen könnte, dass das bisherige Weltbild ziemlich ins Wanken gerät. Dies passiert insbesondere dann, wenn man erfährt, dass Nachrichten sozusagen nachgerichtet und schon mal mit gekauften Darstellern gelenkt werden.[291] Wer wissen möchte, wie dort tatsächlich gearbeitet wird, der sollte sich einmal das Interview mit dem früheren Nachrichtenredakteur der *Tagesschau*, Volker Bräutigam, ansehen, der seit 2014 zusammen mit Friedhelm Klinkhammer, dem ehemaligen Vorsitzenden des ver.di-Betriebsverbandes NDR, über 100 Programmbeschwerden beim NDR eingereicht hat.[292] Mir persönlich gefällt ja das Bild von der *Hackfleischpresse* – da ist das Hack schon wieder – besonders gut: Alle Nachrichten von den Presseagenturen werden durch den Fleischwolf der Redaktionen gedreht und dann immer schön in kleinen Häppchen unter die Bevölkerung gebracht. Dabei fällt auch schon mal etwas unter den Tisch, was uns dann mit etwas Glück zu einem späteren Zeitpunkt doch noch aufgetischt wird.

Ob Friede Springer (Axel Springer AG mit *BILD & Co.*), Liz Mohn (Bertelsmann inkl. *RTL* und *Gruner + Jahr-Verlag*), Patricia Riekel (*BUNTE*-Chefredakteurin) oder Sabine Christiansen (ehemalige *ARD-Tagesthemen*-Sprecherin und Medienunternehmerin) – sie alle gehören seit Jahren zu Angela Merkels Förderkreis und zwar nicht ganz ohne Eigennutz. *Liz Mohn projiziert und publiziert ihren eigenen Erfolg auf das gewachsene Format von Angela Merkel; Patricia Riekel hält ihre Redakteure gerne an, keinen Politiker ohne Frage nach den Vorzügen der CDU-Chefin zu entlassen; Sabine Christiansen ist Merkel von Frau zu Frau gesonnen und bei fast jeder Party ihr erstes Anlaufziel.*[293] In einem Artikel mit dem Titel „Ach wie gut, dass Niemand weiß, dass meine Freundin Springer heißt" wird das Verhältnis Merkel zu Axel Springers Witwe als eine *Freundschaft fürs Leben* beschrieben, von *einer Symbiose von Presse und Politik* ist darin die Rede.[294] *Super-Merkel, Eiserne Kanzlerin, Kanzlerin der Herzen, Kanzlerin der Flüchtlinge* und vieles mehr wurde Angela Merkel zugeschrieben, während sie selbst mithilfe der CDU ein *für die Medienkonzerne profitliches politisches Klima* pflegt. Alles irgendwie ganz schön miteinander verquickt und verwoben, doch es kommt noch besser: Joachim Sauer, der Ehemann der Bundeskanzlerin, sitzt im Stiftungskuratorium der Friede-Springer-Stiftung und kassiert für seine Tätigkeit jährlich 10.000 Euro von der Stiftung.[295] Nähe kann ja so schön sein, wenngleich zu viel Nähe auch nicht gut ist und diese insbesondere zwischen Politik und Medien schon ein gewisses Geschmäckle, wenn nicht sogar bisweilen einen bitteren Beigeschmack hat.

Dass Steffen Seibert, der ehemalige Sprecher der *ZDF-heute*-Nachrichten, mittlerweile Regierungssprecher der deutschen Bundesregierung ist, ist kein Geheimnis. Wer aber weiß schon, dass neben dem ehemaligen Chefredakteur Kai Diekmann von *BILD* und *Welt am Sonntag* auch *Tagesthemen*-Sprecher Ingo Zamperoni und Claus Kleber, Sprecher des *ZDF-heute-Journals*, Mitglieder des deutsch-amerikanischen Elitenetzwerks *Atlantik-Brücke* sind?[296] Diese Denkfabrik wurde 1952 als eine Brücke der Wirtschafts-, Finanz-, Bildungs- und Militärpolitik zwischen beiden Ländern gegründet und arbeitet als Netzwerk und Institut für Politikberatung. Kleber war darüber hinaus 15 Jahre als *ARD*-Korrespondent in Washington tätig und bis vor einigen Jahren Kuratoriumsmitglied der US-Organisation *Aspen Institute* Deutschland. Auch ist er bis 2013 ständiger Teilnehmer der *Münchner Sicherheitskonferenz* gewesen.[297] Und nur mal so: Für seine Tätigkeit beim *ZDF* als Nachrichtensprecher erhält er 600.000 Euro pro Jahr.[298] Wieso aber findet man auf der Mitgliedsliste zum Beispiel des *Deutsch-Russischen Forums e.V.*[299], welches den Dialog zwischen beiden Ländern organisiert und fördert, keinen Nachrichtensprecher von *ARD* und *ZDF*? Das wird schon seine Gründe haben.

Nicht ohne Grund wird von den Medien als der vierten Gewalt im Staat gesprochen. Wie sagte doch Angela Merkel einmal: *Auf dem Weg, Partnerschaft und Freundschaft mit Amerika zu knüpfen, hat sich die Gründung der Atlantik-Brücke als Glücksfall erwiesen.*[300] Und so ist auch Frau Merkel – welch weiterer Glücks- und Zufall – ebenfalls Mitglied dieses deutsch-amerikanischen Netzwerks.[301] Und wenn dann auch noch der Einfluss mächtiger Konzerne und Banken dazu kommt, deren Vorstandsmitglieder ebenfalls oft Mitglied der Atlantik-Brücke sind, sind erst recht Interessensverquickungen und der Vertrauensmissbrauch am Bürger vorprogrammiert.[302] Diesen Zusammenhang erkennen immer mehr Bürger, weswegen das Vertrauen in Politik und Journalismus zunehmend schwindet. Hingegen erfahren die alternativen Medien einen ständigen Zulauf, weswegen die Mainstreamer von diesen gerne als eine Art Filterblase sprechen, sich vor diesen wohl aber in erster Linie fürchten. Die alternativen Medien sind es, die über Dinge berichten, die von den Leitmedien gerne mal weggelassen werden. Daher mein Tipp: Sowohl Medien aus dem Hause *Springer*, *Gruner + Jahr, Burda* & Co. lesen, aber auch alternative Medien wie *KenFM*, *RT Deutsch* und *NachDenkSeiten*, um nur einige zu nennen, für ein umfassendes eigenes Meinungsbild konsumieren.

Wer wüsste nicht gerne, was einflussreiche Personen aus Wirtschaft, Medien, Politik, Militär, Hochschulen, Hochadel und Geheimdiensten bei ihrem jährlichen Treffen auf der Bilderberg-Konferenz miteinander zu besprechen haben? Schließlich wird es dort ja nicht um den Austausch von Strickmustern und FIFA-Sammelbildchen gehen, denn hier treffen nun einmal Personen mit sehr großem Einfluss und nicht Otto Normalbürger zu einem informellen Austausch im Sinne des transatlantischen Gedankens zusammen.[303] Nicht selten sind aus diesem elitären Kreis kurze Zeit nach ihrer Teilnahme Bundeskanzler wie Helmut Schmidt, Gerhard Schröder und Angela Merkel hervorgegangen. Gleichzeitig scheint es sich aber auch um eine Art Präsidentenschmiede zu handeln, wie beispielsweise im Fall des fulminanten politischen Emporkömmlings und Ex-Bankers Emmanuel Macron.[304] Mal sehen, was aus Jens Spahn (CDU) wird, der Teilnehmer des immer wieder wegen Geheimniskrämerei in der Kritik stehenden Bilderbergertreffens im Jahr 2017 war.[305] Ebenso interessant ist auch die Rolle von Christian Lindner (FDP), der an der Konferenz im Jahr 2013 teilnahm.[306] Dieser ist mit der FDP wie Phönix aus der Asche auferstanden und hat der verwesenden Leiche seiner Partei wieder Leben eingehaucht. Durch den Abbruch der Sondierungsgespräche nach der Bundestagswahl wurde Lindner zumindest schon mal zum Buh-Mann der Nation.[307]

Dass die *BILD*-Zeitung aus dem Hause Springer ein regelrechtes Zentralorgan der Volksverdummung ist – das sind nicht meine Worte, sondern die von Norbert Blüm (CDU)[308] –, ist hinlänglich bekannt. Wer aber weiß schon, dass diese durch die CIA mit 7 Millionen US-Dollar gegründet worden sein soll, wie Dr. Andreas von Bülow, ehemaliger Bundesforschungsminister (SPD), in einem Interview äußerte?[309] [310] Aufgrund seiner Ausführungen trägt von Bülow seither übrigens den Stempel des Verschwörungstheoretikers – so schnell kann das gehen. Durch die von den Alliierten vergebenen Zeitungslizenzen sollte so der Einfluss aus Washington in Europa auf medialer Ebene gesichert werden, was aus Sicht der amerikanischen Regierung und vor dem Hintergrund der damals noch bestehenden Sowjetunion natürlich einen gewissen Sinn ergeben hat. Unbestritten ist: Der Springerkonzern machte seinen Firmengründer zum Milliardär und wurde zu einem der größten Medienunternehmen Europas.

Hierzu noch kurz eine persönliche Anekdote im Zusammenhang mit den Medien und ihrer Berichterstattung im Zusammenhang mit dem Tod von Altkanzler Helmut Schmidt. Als dieser im November 2015 in dem Hamburger Stadtteil starb, in dem ich geboren und aufgewachsen bin, legte ich wie so viele andere Menschen vor seinem Haus ein paar Blumen nieder. Ein Journalist kam auf mich zu und bat um ein kurzes Interview. Ausschnitte dieses Interviews fanden sich bereits nach kurzer Zeit auf verschiedenen Onlineportalen. Allesamt hatten dabei die Angaben zu meinem Namen falsch übernommen, indem sie aus der Biologielehrerin Petra Paulsen kurzerhand die Biologielehrerin Barbara Paulsen machten.[311] [312] Das war für mich nicht weiter schlimm, zeigt aber doch, wie die Presse-Onlineportale voneinander abschreiben. Mit ganz anderen Problemen durch die Medien und/oder radikale Muslime müssen hingegen andere Menschen in diesem Land zurechtkommen.

Islam(ismus) – Kritik, die keiner hören will

Der Islam gehört zu Deutschland – so die Worte des ehemaligen Bundes-präsidenten Christian Wulff (CDU).[313] Na, wenn der das gesagt hat, dann gehört der Islam doch mit allem Drum und Dran hierher, sozusagen politischer Islam all in. Deswegen braucht man islamkritischen oder moderaten Muslimen bzw. Ex-Muslimen wie Bassam Tibi, Hamed Abdel-Samad, Imad Karim, Ahmad Mansosur, Zana Ramadani und der unter dem Pseudonym lebenden Sabatina James seitens der Politik auch keinerlei Gehör schenken. Diese schreiben sich teilweise seit Jahren zum Thema Islam(ismus) die Finger wund und werden allenfalls bei Sandra Maischberger, Anne Will, Markus Lanz & Co. als Talkgäste eingeladen. Doch es kommt einem so vor, als sei ihnen damit Genüge getan, da gerade die politischen Entscheidungsträger, die ihnen aufmerksam zuhören sollten, sie entweder gar nicht hören, ihre Kritik relativieren oder sich nicht ihre Unterstützung aufgrund ihrer Herkunft aus dem arabisch-muslimischen Kulturkreis zunutze machen.

Bassam Tibi, der übrigens der Erfinder des Begriffes der Leitkultur war, wird seit 2002 medial regelrecht ausgegrenzt, während er zuvor in verschiedenen deutschen Leitmedien und im *ZDF* sehr präsent war.[314] In einem mit der *Basler Zeitung* im Juli 2016 geführten Interview sprach er von der Unruhe, die die vielen Flüchtlinge in die Gesellschaft bringen würden, von der Angst deutscher Ausländer um ihre Integration, vom Judenhass vieler muslimischer Syrer und von großem sozialen Konfliktpotential aufgrund der hohen Erwartungshaltung an Deutschland bezüglich Arbeit und Wohnung.[315] Aber auch Probleme bezüglich der Einstellung muslimischer Männer gegenüber deutschen Frauen ließ Tibi nicht aus, die in den Augen vieler Muslime Schlampen seien. Die Deutschen allgemein wie auch die Polizei würden von vielen Migranten als Weicheier betrachtet, und Demütigungen sowie Vergewaltigungen würden zur Kultur seiner früheren Heimat gehören.

Hamed Abdel-Samad moniert Deutschlands Toleranz im Umgang hinsichtlich des Islam, der aus seiner Sicht eine nicht reformierbare Religion sei.[316] Vielmehr sei der Koran nach seinen Ausführungen ein großer Supermarkt, wo man neben Spiritualität und Friedensaufrufen eben auch die Abgrenzung zu den Ungläubigen, die Entrechtung der Frau und die Rechtfertigung von Gewalt finden würde.[317]

Imad Karim, libanesischer Filmregisseur, der seit den 1970er Jahren in Deutschland u. a. in Neukölln gelebt hat, warnte in einem Artikel mit der Überschrift „Rettet Deutschland!" vor dessen Islamisierung.[318] So habe er vor einigen Jahren Neukölln besucht und diesen Berliner Stadtteil nicht mehr wiedererkannt, was mit Blick auf das Buch von Heinz Buschkowsky *Neukölln ist überall*[319] und dem Zitat von Peter Scholl-Latour *Wer halb Kalkutta aufnimmt, hilft nicht etwa Kalkutta, sondern wird selbst zu Kalkutta!* wenig verwundern mag.[320] So dachte er denn auch, er sei in der Hauptstadt Afghanistans und nicht in Berlin. Seine arabischen linken Freunde von damals seien heute alte bärtige Männer, fromme und gläubige Muslime, die sich von ihren deutschen Frauen scheiden ließen und ihre jungen arabischen Cousinen ehelichten. Achtung, jetzt mal ganz genau hinsehen: Sie alle sollen felsenfest davon überzeugt sein, dass Deutschland in naher Zukunft islamisch werde. Sowohl Christen als auch Juden, die nicht zum Islam konvertieren, müssten dann eine Kopfsteuer zahlen und wären dann Menschen zweiter Klasse. Das sind ja tolle Aussichten, oder? Auf seiner Facebook-Seite schrieb Karim im Dezember 2016: *Heute verstehe ich nicht, was sich hier vor meinen Augen abspielt. Ich verstehe den Sinn dieser offenen Grenze nicht. Warum ermutigt man Menschen, dass sie aus ihren Heimatländern fliehen und somit als entwurzelt in Deutschland ankommen. Warum hilft man den Menschen vor Ort nicht oder hat ihnen nicht rechtzeitig geholfen? Nehmen wir das Beispiel Syrien. Die Menschen sind entweder innerhalb Syriens oder in die Anrainerstaaten geflüchtet. Sie waren stets im Blickkontakt mit ihrer Heimat.*[321] In einem anderen Facebook-Eintrag fragt er, warum wir einen *Marathonlauf des Elends* veranstalten. Diese Fragen stelle auch ich mir seit fast zwei Jahren, Tag für Tag. Imad Karim schrieb dazu in einem Artikel im *Cicero*: (…) *Und was ist daran human, einer siebenköpfigen afghanischen Familie, die bisher in ihrer Heimat mit 40 Euro pro*

Monat über die Runden kam, in Deutschland Monat für Monat mit 1.700 Euro zu versorgen, anstatt solche Summen vor Ort zu zahlen, mit denen 40 Familien unterstützt werden könnten? (…) Dazu trägt der Westen auch seinen Teil bei. Denn warum schickt der Westen wiederum Soldaten in die Kriegsgebiete, aus denen die Flüchtlinge kommen? Was haben bis jetzt die deutschen Soldaten in Afghanistan erreicht? Wozu starben mehr als 100 deutsche Soldaten in Auslandseinsätzen? Haben sie den Einsatzländern Frieden gebracht oder haben sie den Hass auf den Westen noch mehr geschürt? (…) Hier dürfen wir Dinge nicht beim Namen nennen. (…) Jedes Unrecht beginnt mit einer Lüge.[322]* Und so war es dann auch Imad Karim, dessen Facebook-Account im April 2017 ganz sang- und klanglos komplett gelöscht wurde.[323] Kein Wort darüber im Mainstream, jedoch auf ganz vielen alternativen Internetseiten. Und siehe da, plötzlich war seine Facebook-Seite ebenso, wie sie gelöscht wurde, wieder da.

Ahmad Mansour, Psychologe und Buchautor, selbst einst auf dem Weg zum radikalen Islamisten, sorgt sich um die *Generation Allah*[324], wie auch sein Buch heißt. Er kämpft für ein friedliches Miteinander von Muslimen und Juden, gegen die Unterdrückung im Namen der Ehre und gegen die Radikalisierung junger Muslime bzw. Konvertiten. Anders als Abdel-Samad sieht Mansour Reformmöglichkeiten für den praktizierten Islam.

Die Buchautorin des Bestsellers *Die verschleierte Gefahr*[325], Zana Ramadani, floh vor der eigenen Familie in ein Frauenhaus und kämpft gegen die Unterdrückung der Frau. Dabei warnt sie davor, die Rolle der Mütter in muslimischen Familien nicht zu unterschätzen. Diese würden den männlichen Nachwuchs zu kleinen Prinzen erziehen, verhaftet in einem patriarchalischen und völlig überholten Rollenbild des Mannes.[326]

Sabatina James, die von ihrer pakistanischen Familie mit dem Tod bedroht wurde, geht in ihrem im Frühjahr 2015 erschienenen Buch *Scharia in Deutschland*[327] hart ins Gericht mit dem politisch zwangsverordneten naiven Optimismus bezüglich der Integration von hunderttausenden Muslimen in die westliche Gesellschaft. So sei es *wichtig, Missstände im real existierenden Islam anzusprechen, anstatt sich auf einen erträumten Reformislam zu fokussieren*.[328] Ihr Buch, das von den Medien auch gerne als Streitschrift bezeichnet wird, wurde übrigens Angela Merkel durch Vera Lengsfeld – und zwar bereits am 3. Oktober 2015! – persönlich überreicht.[329] Vera Lengsfeld schrieb dazu auf ihrer Homepage, Merkel solle gequält gelächelt und nach einem kurzen Blick auf den Titel gesagt haben: *Das wollen wir in Deutschland nicht.* Dabei stellte Lengsfeld die Vermutung an, dass die Bundeskanzlerin *nie einen Blick in das Buch geworfen* habe, *denn dann hätte sie erfahren, dass seit Jahren die Scharia in Deutschland immer mehr Raum gewinnt und auch schon von deutschen Gerichten bei der Urteilsbegründung herangezogen wurde.* In diesem Zusammenhang ganz besonders traurig, aber wahr: Ob Abdel-Samad, Mansour, Ramadani oder James – sie alle stehen unter Polizei- bzw. Personenschutz[330] aufgrund gegen sie gerichteter Morddrohungen durch ihre vermeintlichen (Ex-)Glaubensbrüder.

Zu Gast bei Freitagspredigten in diversen Moscheen von Berlin bis Karlsruhe war übrigens der Journalist Constantin Schreiber, der fließend Arabisch spricht.[331] Auf Seite 245, der letzten Seite seines Buches *Inside Islam*[332] schreibt er: *Für mich war es ernüchternd, was ich in den acht Monaten in Deutschlands Moscheen zu hören bekam. Bestenfalls waren die Predigten dichte, religiöse Texte, die die Zuhörer in einer anderen Welt halten, schlimmstenfalls wurde das Leben in Deutschland, Demokratie und unsere Gesellschaft abgelehnt. Ich würde gerne ein positives Beispiel anführen, eine Predigt, die Weltoffenheit ausstrahlt, eine Brücke baut zum Leben in Deutschland. Leider haben meine Moscheebesuche ein solches Beispiel nicht ergeben.*

Und so steht Seyran Ateş, Frauenrechtlerin und Mitbegründerin der erst kürzlich eröffneten liberalen Ibn-Rushd-Goethe-Moschee in Berlin, wo es weibliche Imame gibt und Männer und Frauen gemeinsam beten, ebenfalls unter Polizeischutz aufgrund von Morddrohungen durch religiöse Fanatiker.[333]

Hier noch eine kurze Info am Rande: In der Türkei lebten vor 900 Jahren fast 100 Prozent Menschen des christlichen Glaubens.[334] Heute sind es gerade mal 0,2 Prozent. Und wer weiß schon, dass Ungarn bereits in der Zeit von 1526 bis 1686 unter muslimischer Herrschaft durch die Osmanen stand?[335] Von Papst Pius II (1404-1464) wurde Ungarn sogar als *Vormauer und Schild der Christenheit* in Richtung Osten bezeichnet. Für die ungarische Bevölkerung soll die damalige Fremdherrschaft auch heute noch ein eher düsteres Kapitel der ungarischen Geschichte sein.[336] Die Besatzer brachten nämlich nicht nur Bäder und Kaffeehäuser in das Land, sondern sorgten in 160 Jahren auch für viele Tote auf Seiten der Ungarn. Könnte hierin vielleicht Ungarns beharrliche Verweigerung von Migranten aus dem Nahen und Mittleren Osten begründet sein? Und was weiß man eigentlich über Polen? Das Land, das östlich an uns grenzt, hatte sich im Irakkrieg 2003 der *Koalition der Willigen* angeschlossen. 2014 enthüllte General Pawel Pruszynski, ein polnischer Ex-Geheimdienstchef, dass im Jahr 2003 in vier Kathedralen während der Weihnachtsmessen Sprengsätze durch Terroristen gezündet werden sollten, was man jedoch verhindern konnte.[337] Die mutmaßlichen Täter waren europäische Staatsbürger bzw. ein Australier. Diese hatten die Anschläge als Racheakt für Polens Beteiligung im Irakkrieg geplant. Möchte man sich vielleicht deswegen nicht an der Aufnahme von Migranten seitens Polen beteiligen? Schließlich sind diese Informationen erst im Jahr 2014 an die Öffentlichkeit gekommen.

In Deutschland will man seitens der Politik nicht nur die vorgenannten kritischen Stimmen aus den Reihen der (Ex-)Muslime nicht hören. Vielmehr wird zunehmend gegen Andersdenkende im eigenen Land vorgegangen.

Hexenjagd

Wer kennt sie nicht, Eva Herman, das langjährige Gesicht der *Tagesschau* und die einst beliebteste Nachrichtensprecherin Deutschlands? Sie wurde in der ZDF-Sendung *Johannes B. Kerner*, die man sich gerne noch einmal auf *YouTube*[338] ansehen kann, regelrecht öffentlich hingerichtet, wie man auch in der *Welt* lesen konnte.[339] Ähnlich ist es Udo Ulfkotte ergangen, dem im Januar 2017 verstorbenen freien und früheren *FAZ*-Journalisten, Politikwissenschaftler und Islamkritiker. Oder nehmen wir uns Thilo Sarrazin, immer noch SPD-Mitglied, ehemaliger Finanzsenator im Berliner Senat und Ex-Mitglied des Vorstandes der Deutschen Bundesbank sowie an Rainer Wendt, CDU-Mitglied und Präsident der Deutschen Polizeigewerkschaft, auf den ich später noch zu sprechen kommen werde. Spontan fällt mir auch noch Xavier Naidoo, erfolgreicher deutscher Soul- und R&B-Sänger mit Migrationshintergrund, ein. Dieser hatte bei einem Auftritt am 15. August 2014 in Mannheim[340] seinem Publikum die Frage gestellt, ob Deutschland noch besetzt sei. In einem Interview mit dem *Stern* äußerte er, nachdem man ihn in diesem Zusammenhang im Reich der Verschwörungstheorien verorten wollte, Folgendes: *Nein, es ist keine Verschwörungstheorie. Der Historiker Prof. Dr. Josef Foschepoth ist den geheimen Vereinbarungen zwischen den Amerikanern und der Bundesregierung nachgegangen. Sie existieren wirklich. Danach dürfen die Amerikaner uns überwachen. Deutschland ist insoweit kein souveränes Land, wir sind nicht frei.*[341] Und was hatte Wolfgang Schäuble Ende November 2011 beim *European Banking Congress* in der Alten Oper in Frankfurt am Main gesagt? Er sagte: *Und wir in Deutschland sind seit dem 8. Mai 1945 zu keinem Zeitpunkt mehr voll souverän gewesen.*[342] Diese Worte hat ein Bundesminister geäußert, nicht etwa ein Extremist. Günther Lachmann schreibt in seinem Artikel in der *Welt* von einem *Satz von der Wirkung eines Sprengstoffanschlags.* Darin fährt er fort mit einigen Fragen: *Das wiedervereinigte Deutschland soll kein souve-*

räner Staat sein? Was ist es dann? Eine Besatzungszone? Und wenn ja, von wem besetzt? Erschreckend in diesem Zusammenhang finde ich persönlich jedoch seine weiteren Ausführungen: *Kein einziger der anwesenden Top-Banker stellte Schäuble diese Fragen. Und wäre das Ereignis nicht auf Video dokumentiert worden, man würde es kaum glauben.* Schon klar, und Xavier Naidoo ist ein Verschwörungstheoretiker.

Doch was hatten die zuvor genannten Personen so Schlimmes getan? Sie alle haben durch die Publikation ganz unterschiedlicher Bücher, kritische Liedertexte, Auftritte in der Öffentlichkeit und damit verbundener Kritik an der Familien-, Islam-, Sicherheits- und Migrationspolitik Deutschlands nicht erst seit 2015 das mediale Interesse und den Zorn von Politik und Medien auf sich gezogen. Dabei gingen die Mainstreammedien allesamt nicht gerade zimperlich mit ihnen um, zumal Ulfkotte mit seinem Buch *Gekaufte Journalisten*[343] natürlich als Nestbeschmutzer von der eigenen Zunft gesehen werden musste. Meinungsfreiheit gilt in Deutschland eben nur, solange diese medien- und politikkonform ist, und Kritik ist schon mal gar nicht erwünscht. Der Tod Udo Ulfkottes nur wenige Tage vor seinem siebenundfünfzigsten Geburtstag war selbst in der *Tagesschau* im Januar 2017 ein Thema, doch so manch einer mag sich bei diesem Nachruf, welcher wohl eher ein Nachtreten war, gedacht haben: Hätten sie doch lieber einfach nur geschwiegen, wie sie es doch sonst so gerne tun.[344] So verkündete *Tagesschau*-Sprecher Thorsten Schröder, Ulfkotte hätte *immer wieder vor einer angeblichen Islamisierung Deutschlands und Zunahme der Ausländerkriminalität gewarnt*, weswegen Kritiker viele seiner Thesen als Verschwörungstheorien ansehen würden. Die Liste ließe sich beliebig fortsetzen, doch ich möchte sie nur durch einen weiteren Fall ergänzen, den ich live und in Farbe selbst miterlebt habe. Und zwar geht es um den Abgang von Alice Weidel (AfD) aus einer Fernsehtalkshow im öffentlich-rechtlichen Rundfunk im Bundestagswahlkampf 2017.

Live dabei im Staatsfernsehen

Am 5. September 2017 war ich als Studiogast in der ZDF-Talkshow *Wie geht´s, Deutschland?* mit Marietta Slomka als Moderatorin live und in Farbe dabei.[345] Erst dachte ich, man wäre auf mich durch meinen offenen Brief an Angela Merkel vom Mai 2017 aufmerksam geworden (s. Anhang).[346] Vielmehr war die Redaktion aber durch die bereits zu Beginn des Buches erwähnte Rundmail[347] im Internet auf mich gestoßen. Vor dieser Sendung musste ich eine Mitwirkungsvereinbarung unterzeichnen, in der ich mich u. a. *zu Stillschweigen über dieses Sendevorhaben* und dazu verpflichten musste, *innerhalb von 12 Monaten nach Vertragsunterzeichnung weder an Bild- noch Tonaufnahmen für vergleichbare TV-Formate* mitzuwirken. Klingt ganz schön nach Knebelvertrag, oder? Ich bin doch schließlich eine freie Bürgerin. In welche Sendungen ich gehe oder nicht, kann ich mit meinen 50 Jahren sehr gut alleine entscheiden. Schon während der Generalprobe am Nachmittag mit Statisten als Politikerersatz beschlich mich an der einen oder anderen Stelle ein mulmiges Gefühl. Dieses wurde in der abendlichen Livesendung dadurch bestätigt, dass Alice Weidel von der AfD, die man sinnvollerweise zwischen Heiko Maas und Jürgen Trittin platziert hatte, die Sendung vorzeitig verließ.

Natürlich kann man darüber streiten, ob der Abgang von Alice Weidel berechtigt oder vielleicht auch inszeniert war. Kritik muss man als Politikerin aushalten können, doch auch da sind persönliche Grenzen des Hinnehmbaren zu setzen. So könnte Frau Slomka, aber auch der ein oder andere „Talker" des öffentlich-rechtlichen Rundfunks, hinsichtlich neutraler Moderation und guten Benehmens noch eine ordentliche Portion Nachhilfeunterricht vertragen. Ich stelle mich dafür freiwillig zur Verfügung, denn meinen Schülern versuche ich zumindest beizubringen, dass man einander zuhört und den anderen aussprechen lässt. Scheinbar geht es aber immer weniger um Professionalität, sondern vielmehr um Meinungsmache. Darüber hinaus verhielt sich das gecastete Publikum auffällig einseitig und spendete nur an den entsprechend gewünschten Stellen Applaus oder äußerte seinen Unmut bzw. seine Zustimmung durch Gejohle. Dass das Publikum einem Casting unterzogen werde, teilte mir zuvor eine Redakteurin mit, als ich sie auf Karten für meine Familie oder Freunde ansprach. Und ich dachte bislang immer, man kann sich Karten für Talkshows besorgen, wie man sich Theater- oder Kinokarten kauft. 50 Jahre und immer noch grün hinter den Ohren. Meine Tochter, die mich zu dieser Sendung begleitete, war mit ihren knapp zwanzig Jahren und als Erstwählerin jedenfalls völlig entsetzt über diese öffentlich-rechtliche Meinungsmache im Bundestagswahlkampf 2017. Dass ich mir als Bürgerin in dieser Sendung instrumentalisiert vorkam, war für mich nicht weiter tragisch, hatte ich mich darauf innerlich doch irgendwie eingestellt. Mir ging es schließlich darum, auf Missstände im deutschen Schulsystem bezüglich Personal und Integration hinzuweisen. Das Allerschlimmste waren für mich aber die ranghohen Politiker der Bundesregierung bzw. des Bundestages. Für diese habe ich mich als Bürgerin aufgrund ihrer unqualifizierten Äußerungen, schleimigen Anbiederungen und den gemeinsamen Schulterschluss nach Weidels Abgang regelrecht fremdgeschämt. Ja, fremdgeschämt, ähnlich wie für so manchen Teilnehmer der am Anfang dieses Buches genannten Sendeformate des Privatfernsehens ohne jegliches Format. In der Sendung *Schrang TV-TALK* wurde mir Gelegenheit gegeben, über diese Art des Bundestagswahl-Unterhaltungsprogramms im öffentlich-rechtlichen Fernsehen zu berichten.[348]

Und wo wir nun schon mal beim Thema öffentlich-rechtliches Fernsehen sind: Ende 2016 waren 4,56 Millionen von insgesamt 44,87 Millionen GEZ-Beitragskonten in einem Mahnverfahren, darunter viele Gebührenverweigerer.[349] Da nun auch die Übertragungsrechte für Olympia und die Champions League bei den öffentlich-rechtlichen Sendern futsch sind und *ARD*-Mitarbeiter monatliche Vergütungen in Höhe von durchschnittliche 9.021 Euro kassieren, werden immer mehr Beitragszahler wütend und verweigern diese Zwangsabgabe.[350] Rund 4.000 Klagen sollen bei deutschen Gerichten deshalb schon anhängig sein. Dabei sind die Einnahmen durch den sogenannten Beitragsservice in Höhe von 17,50 Euro monatlich mittlerweile auf 8,32 Milliarden Euro gestiegen – so viel, wie noch nie.[351] Der monatliche Zwangsbeitrag verteilt sich dabei folgendermaßen: Die *ARD* bekommt 12,37 Euro, das *ZDF* 4,32 Euro. 0,48 Euro gehen an das *Deutschlandradio,* und die restlichen 0,33 Euro gehen an die Landesmedienanstalten. So finanziert beispielsweise der *WDR* sein Internetportal *For You* für Migranten auf Arabisch, Persisch, Englisch und Deutsch mit *GEZ*-Gebühren, was nicht jedem gefällt.[352] Dies könnte insbesondere daran liegen, dass auf dieser Seite neben anderen Themen beispielsweise Gerichtsurteile des Europäischen Gerichtshofes (EuGH) zum Asylrecht und Tipps zum Familiennachzug zu finden sind. Für diejenigen, die alles rund um den Rundfunkbeitrag interessiert, hier noch ein Buch- und Geschenktipp: *Die GEZ-Lüge* von Heiko Schrang.[353]

Wer in Deutschland die umstrittene GEZ-Gebühr nicht bezahlt, der geht wie die 46jährige Sieglinde Baumert zwecks Erzwingungshaft auch schon mal ins Gefängnis.[354] Einer weiteren Frau und alleinerziehenden zweifachen Mutter drohte wegen Nichtzahlung dieser Gebühren seit 2013 ebenfalls ein Aufenthalt im Kittchen.[355] Immerhin kommt man dort, falls gewünscht, kostenlos in den Genuss von Radio und Fernsehen ohne staatliche Zwangsabgaben. Darüber darf sich nun wohl auch eine 84jährige Rentnerin aus Bayern für drei Monate „freuen", deren Gnadengesuch abgelehnt wurde.[356] Diese war früher als Schneiderin tätig und hatte mehrere Ladendiebstähle aus Hunger begangen. Die Höhe des entstandenen Gesamtschadens: Etwas mehr als 70 Euro. Etwas besser erging es in München einer 76 Jahre alten Frau. Dieser wurde das wiederholte Suchen nach Pfandflaschen zwecks Aufbesserung der knappen Rente und ein damit einhergehendes Hausverbot am Hauptbahnhof zum Verhängnis, doch „nur" in Form einer Geldstrafe in Höhe von 2.000 Euro.[357] So mancher bekommt die volle Härte des Rechtsstaates zu spüren, aber eben nur so mancher. Deutlich besser erging es beispielsweise einem Asylbetrüger, der mit mehreren Identitäten knapp 22.000 Euro Sozialleistungen erschlichen hatte.[358] Dieser wurde vom Amtsgericht Hannover zu einer Freiheitsstrafe von einem Jahr und neun Monaten auf Bewährung verurteilt.

Der Grund, warum so mancher bislang unbescholtene Bürger in Deutschland im Gefängnis landet, interessiert deutsche Politiker eher weniger. Ihr Augenmerk legen sie vielmehr auf publikumswirksame Fälle, die in das öffentlich-mediale Interesse gerückt werden.

Wir brauchen Feindbilder

Nehmen wir den Fall des in der Türkei inhaftierten deutsch-türkischen Journalisten Deniz Yücel. Während seiner Tätigkeit bei der *taz* schrieb dieser wohlgemerkt eine Kolumne, nicht aber eine Satire zum Geburtenschwund in Deutschland.[359] Darin fallen Sätze wie: *Super, Deutschland schafft sich ab! In der Mitte Europas entsteht bald ein Raum ohne Volk. Schade ist das aber nicht. Denn mit den Deutschen gehen nur Dinge verloren, die keiner vermissen wird.* Und etwas weiter unten heißt es: *Der baldige Abgang der Deutschen aber ist Völkersterben von seiner schönsten Seite.* Lauter „Nettigkeiten", doch gelungene Integration und Respekt sehen anders aus, Herr Yücel! Unermüdlich setzt sich die Bundesregierung für die Freilassung des Journalisten aus dem türkischen Gefängnis ein, und Sigmar Gabriel sieht in diesem sogar *einen deutschen Patrioten mit türkischen Wurzeln.*[360] Was ist bloß los in diesem Land, wo deutsche Richter insofern Recht sprechen, als dass die Deutschen als „Köterrasse" bezeichnet werden dürfen und man das Wort „Patriot" als Deutscher nicht einmal denken darf?[361]

Facebook löschte vor der Bundestagswahl 2017 zehntausende Konten, die im Verdacht standen, Fake News zu unterbreiten. Vielmehr soll es dabei wohl aber darum gegangen sein, jene kaltzustellen, die sich kritisch politisch äußern und auf diesem Weg das „Misstrauen gegenüber den politischen Institutionen" schüren würden.[362] Imad Karim hatte ich bereits erwähnt, aber auch der Buchautor und Philosoph Jürgen Fritz, der als Gastautor für verschiedene alternative Internetseiten schreibt, wurde bereits Opfer mehrerer Sperrungen. Bei Amazon wurden Buchrezensionen des ebenfalls zuvor erwähnten Bestsellerautors Thorsten Schulte gelöscht und sein Buch *Kontrollverlust*[363] dort mit einer Lieferzeit von 1 bis 3 Wochen belegt, während eine Bestellung direkt beim Verlag nur zwei Tage dauerte.[364] Von der namhaften Thalia-Buchhandlung wurde dieses sogar direkt vor der Bundestagswahl 2017 boykottiert.[365]

Von der Spiegel-Bestsellerliste verschwand dieses ebenso wie das Buch *Finis Germania*.[366] Schon im Herbst 2015 nahm die Thalia-Buchhandlung von dem deutsch-türkischen Bestsellerautor Akif Pirincci, der auf einer Pegida-Veranstaltung aufgetreten war, selbst seine berühmten Katzen-Romane aus dem Programm.[367] Interessant in diesem Zusammenhang: Die heikelste Veröffentlichung des Jahres 2016 dürfte wohl die kommentierte Ausgabe von Adolf Hitlers Hetzschrift *Mein Kampf* mit 85.000 verkauften Exemplaren gewesen sein.[368] Dieses Buch war bereits am ersten Tag ausverkauft und entpuppte sich als wahrer Verkaufsschlager.

Während die Landesgrenzen nicht geschützt werden, werden innerhalb Deutschlands immer mehr Grenzen hochgezogen und zwar nicht nur in Form von Sprachbarrieren ganz unterschiedlicher Art sowie Betonsperren, Gitterabsperrungen und Placebo-Pollern gegen Terroranschläge. Sowohl die Gewerkschaft ver.di[369], die beiden christlichen Kirchen[370] und der SWR[371], um nur einige zu nennen, haben begonnen, gegen Andersdenke und vermeintliche Fremdenfeinde vorzugehen bzw. dazu aufgefordert, diese beispielsweise dem Arbeitgeber zu melden. Ist das noch Demokratie in einem säkularen Staat mit Pluralismus und Meinungsfreiheit? Manchmal frage ich mich, wie es sein kann, dass in einem Land, dem die Integration hunderttausender Menschen aus einem völlig anderen Kulturkreis, die aufgrund ihres Alters oftmals abgeschlossen sozialisiert sind, staatlich verordnet wurde, andersdenkende Menschen des eigenen Kulturkreises segregiert werden. Soll Deutschland zu einer Art Umerziehungsanstalt für Menschen anderer Kulturen, aber auch für Andersdenke in ihrem deutschen Heimatland werden? Ist es nicht besser, miteinander statt übereinander zu sprechen bzw. gar nicht mehr sprechen zu dürfen?

So harmlos klingende Fragen wie „Hast du auch Angst, deine Frau abends noch U-Bahn fahren zu lassen?" sollen demnach jetzt verboten sein.[372] Wie kann das sein? Das Gift der Meinungsmache, Propaganda und Sprechverbote beginnt langsam zu wirken. Ein herzliches Dankeschön an dieser Stelle an alle Journalisten, die für die Implementierung von neuen Feindbildern in der Gesellschaft sorgen. Ihre oftmals einseitige Sichtweise von Menschen und Themen ist ein wirklich wichtiger Beitrag zur Spaltung der Gesellschaft.

Mir wird jedenfalls zunehmend bewusster, weswegen ehemalige DDR-Bürger sich so sehr vor einer DDR 2.0 fürchten. An solchen Methoden hätte die ehemalige Stasizentrale bestimmt ihre wahre Freude gehabt. Selbst in der Apothekenzeitschrift *Baby & Familie*, in der man oft Rat für alle Lebenslagen findet, wurde in der Ausgabe vom Februar 2016 vor der Gefahr von rechts gewarnt.[373] Nein, das ist kein Witz! Deswegen bei Risiken und Nebenwirkungen in gesellschaftlichen Angelegenheiten bitte die Packungsbeilage lesen bzw. den Arzt oder Apotheker fragen.

Und noch etwas, auch wenn ich auf dieses Thema später noch genauer eingehen werde: Ja, ich als Frau stehe dazu, dass ich Angst habe, abends mit öffentlichen Verkehrsmitteln unterwegs zu sein. Und ich kenne viele Frauen, die sich um sich selbst bzw. um ihre Töchter, aber auch um ihre Söhne Sorgen machen, wenn diese mit Bus und Bahn unterwegs sind, weswegen viele von ihnen lieber das Auto nehmen und dieses von innen verriegeln. Wer möchte schon ein Opfer zunehmender Gewalt- und Sexualdelikte werden? Ich persönlich kenne mittlerweile einige. Allein in Hamburg haben Vergewaltigungen in letzter Zeit um 25 Prozent zugenommen. Besonders perfide: In einigen Fällen wurden Frauen durch Hilferufe in einen Hinterhalt gelockt, sodass ihnen ihre Zivilcourage zum Verhängnis wurde.[374] Darüber hinaus gibt es aber auch viele andere Opfer, nämlich die der politischen Korrektheit.

Billigend in Kauf genommene Opfer

Die vielen Opfer der Political Correctness

Achtung! Achtung! Hier spricht die Sprachpolizei! Überlegen Sie sich gut, was Sie sagen! Von dem österreichischen Philosophen Ludwig Wittgenstein stammt die Erkenntnis: *Die Grenzen meiner Sprache bedeuten die Grenzen meiner Welt.*[375] Vielleicht fühle ich mich deswegen manchmal regelrecht überfordert bzw. eingeengt. Darf man *Ausländer* überhaupt noch sagen, oder sollte man korrekterweise von *Menschen mit Migrationshintergrund* sprechen? Ist es überhaupt noch zulässig, von *den Deutschen* oder gar *dem deutschen Volk* zu reden? Ist es normal, dass die Bundeskanzlerin der Bundesrepublik Deutschland, die die Menschen dieses Landes in diejenigen, die schon länger hier leben und diejenigen, die hier noch nicht solange leben, unterteilt, beim Begriff *Vaterland* zusammenzuckt?[376] Was veranlasst Angela Merkel dazu, eine eigene Definition des Volksbegriffes vorzunehmen, indem sie sagt: *Das Volk ist jeder, der in diesem Land lebt.*[377] Schließlich gibt es seitens des Grundgesetzes eine ganz klare Definition des Staatsvolkes, und dazu zählt nun einmal eben nicht jeder. Doch damit nicht genug: Muss man tatsächlich immer von *Bürgerinnen und Bürgern* sprechen, oder reicht im Alltagsgebrauch die Verwendung der männlichen Form? Darf man in einem Lehrerbrief an die Schülerinnen und Schüler diese mit *Liebe SuS* ansprechen? Schließlich bedeutet „sus" im Lateinischen Schwein, was vor diesem Kenntnisstand nicht bei allen gut ankommen mag.

Schon lange heißt der Negerkuss Schoko- oder Schaumkuss, das Zigeunerschnitzel ist jetzt ein Schnitzel nach Balkan, Budapester oder Ungarischer Art. So weit, so gut. Doch wo fängt es an, wo hört es auf? Erst im September

2017 benannte das Marzipan-Traditionshaus Niederegger mit Sitz in Lübeck seine Mohrenkopftorte in Othellotorte um[378], nachdem sich Gäste über die politisch unkorrekte alte Bezeichnung beschwert hatten. Werden alle Menschen, die den Nachnamen Mohr tragen, diesen eines nicht allzu fernen Tages ablegen müssen? Müsste der Ort Negernbötel in Schleswig-Holstein, dessen Namensherkunft sich nicht gleich jedermann auf den ersten Blick erschließt, konsequenterweise nicht schon längst umbenannt worden sein? Fangen bald die Schweden an, sich über die Schwedenbombe, eine kulinarische Süßigkeit aus Österreich, zu beklagen? Schließlich könnte man doch daraus schließen, dass alle Schweden möglicherweise Bombenleger sind. Wann stehen Berliner, Wiener und Hamburger endlich auf, um gegen ihren Verzehr in Form von Faschingskrapfen, Würstchen und Fast-Food-Gerichten zu demonstrieren?

Jetzt aber mal Spaß beiseite. Astrid Lindgrens *Pippi Langstrumpf* wurde vor einiger Zeit gegen den ausdrücklichen Willen der mittlerweile verstorbenen Autorin umgeschrieben. Lindgren selbst war eine entschiedene Gegnerin von Faschismus, Judenverfolgung und Deportation.[379] Trotzdem: Der einstige *Negerkönig* heißt jetzt *Südseekönig*.[380] Gemäß Wolfgang Benz, einem Antisemitismus- und Rassismusforscher, in einem Artikel der *ZEIT* aus dem Jahr 2013 sei der Bestseller von Lindgren durchsetzt mit kolonialem Rassismus und *mit Ressentiments befrachtet*, denn so spricht Pippi unter anderem davon, „dass es im ganzen Kongo nicht einen Menschen gibt, der die Wahrheit sagt."[381] Alle Bewohner des Kongos würden demnach lügen und zwar den ganzen Tag. So fangen sie „früh um sieben an und hören nicht eher auf, als bis die Sonne untergegangen ist." Mal im Ernst: Glauben deswegen alle Mädchen und Jungen, dass alle Kongolesen nichts anderes zu tun haben als den ganzen Tag zu lügen? Wohl kaum. Wer aber die Nadel im Heuhaufen finden will, der findet sie unter Garantie auch.

Rassismus entsteht an ganz anderer Stelle und wird nicht durch das Korrigieren von Kinderbüchern unterbunden. Wollte man das Ganze noch weiterspinnen, ist wohl im Sinne der Mehrheitsgesellschaft möglicherweise eines Tages damit zu rechnen, dass auch vor Klassikern wie Goethes *Faust* kein Halt gemacht und aus dem *Gretchen* eine *Aishe* oder *Fatima* wird oder aber sogar eines Tages wieder Bücher nicht nur boykottiert, sondern vielmehr verboten oder gar verbrannt werden. Bücher sollten als das angesehen werden, was sie sind: (Kunst-)Werke ihrer Autoren, die auf deren persönlichen Gedanken und Intentionen zurückgehen und oft im Zusammenhang mit der Epoche zu verstehen sind, in der sie entstanden. Bücher sind Kulturgut, was hoffentlich niemals ernsthaft bestritten wird, und an ihnen und ihrem Inhalt hat man nicht im Hinblick auf die politische Korrektheit im Nachhinein herumzukritteln! Apropos Bücherverbrennung: In Schweden hat man erst kürzlich aus ideologischen Gründen ältere Ausgaben von *Pippi in der Südsee* zwecks Verbrennung aus der Bibliothek entfernt – Schweden halt mal wieder.[382]

Schweinefleisch als ein Teil der deutschen Esskultur verschwindet immer häufiger von den Speiseplänen in Kantinen, Kindergärten und Schulen, obwohl es für Christen und Atheisten nicht „haram", also unrein ist.[383] Viele der traditionellen Weihnachtsmärkte in Deutschland laufen inzwischen immer öfter unter der Bezeichnung „Wintermärkte" oder „Winterfeste", um im von der jüdisch-christlichen Kultur des Abendlandes geprägten Deutschland die Gefühle der Andersgläubigen nicht zu verletzen. In Bayern geht die Rücksichtnahme auf muslimische Urlaubsgäste sogar noch einen Schritt weiter. So wurde schon im Jahr 2013 in einem Prospekt für Touristen aus Saudi-Arabien und anderen muslimischen Ländern das Gipfelkreuz von Deutschlands höchstem Berg, der Zugspitze, wegretuschiert[384], aber auch der spanische Fußballverein Real Madrid hat das Logo seiner Merchandiseartikel für Länder im Mittleren Osten geändert, indem aus diesem das Kreuz als christliches Glaubenssymbol entfernt wurde.[385] Was tut man nicht alles für Geld? Schon während meiner Referendarzeit vor zwanzig Jahren habe ich eine Kette mit Kreuzanhänger getragen. Kein Kollege, kein Schulleiter, kein Seminarleiter hat sich damals darüber echauffiert, kein muslimischer Schüler darüber mokiert, doch einer evangelischen Lehrerin in Berlin wurde per Dienstanweisung 2017 das Tragen eines Kreuzes an der Halskette verboten.[386] Aus öffentlichen Gebäuden wie Schulen und Gerichten wurden bereits Kreuze entfernt, und in Berlin entbrannte im Zusammenhang mit dem neuen Berliner Stadtschloss eine Diskussion darüber, ob auf der Kuppel ein Kreuz zu prangen habe oder nicht.[387] Wie lange wird es noch dauern, bis die ersten

Kruzifixe an bayerischen Straßen verschwinden? Ich mag gar nicht daran denken und kenne kein zweites Land, das seine Kultur dermaßen verleugnet und diese – häufig sogar unaufgefordert und grenzenlos tolerant – ad acta legt wie Deutschland es schon seit Jahren macht.

Während sich die Mehrheitsgesellschaft zunehmend anpasst, hält der Deutsche Presserat an der Richtlinie 12.1 des Pressekodex zur Berichterstattung über Straftaten – ähnlich wie die schwedische Presse am Code 921 – fest, damit es zu keiner allgemeinen Diskriminierung von Minderheiten und zu Vorurteilen kommt.[388] Ist es aber nicht vielmehr so, dass bei der Täterbeschreibung *Mann* und *34 Jahre* alle 34jährigen Männer unter Generalverdacht gestellt werden? Mittlerweile ist diese Richtlinie jedoch bei einigen Medien umstritten, weswegen beispielsweise die Redaktionen der *Rhein-Zeitung*, der *Sächsischen Zeitung* und auch *n-tv* sich nicht mehr an diese gebunden fühlen.

Laut *FAZ* sei es eben nicht der größte Fehler in der deutschen Einwanderungspolitik gewesen, gegenüber den Migranten zu abweisend gewesen zu sein.[389] Vielmehr sei die Integrationspolitik Deutschlands *zu großzügig und von einem falschen Verständnis von Toleranz geprägt* gewesen. Bleibt nur zu hoffen, dass der Geist noch wieder in die Flasche zu bekommen ist und es sich nicht wie mit den gerufenen Geistern bei Goethes Zauberlehrling verhält, allein mich plagen Zweifel.

Wahrnehmungsstörungen

Was haben in jüngster Vergangenheit Politiker nicht alles verlauten lassen? Mit Begriffen wie *Mob, Pack, Arschlöcher* und *Nazis* – gerne auch im Nadelstreifenanzug – war man schnell bei der Hand[390], und gegen Rechtsextreme wurde auch schon mal, wie im Falle Sigmar Gabriels, der Stinkefinger gezeigt, was den Tatbestand der Beleidigung erfüllt.[391] Dabei sagte doch schon sein Parteikollege Heiko Maas, Gewalt beginne im Kopf.[392] Sollten Politiker nicht mit bestem Beispiel vorangehen und insbesondere für die Jugend eine Vorbildfunktion haben, sich also von der bei ihrem Gegenüber oft monierten Verrohung von Sprache und Gestik distanzieren? Was würde wohl passieren, wenn ich als Lehrerin einen Schüler, der gerade einmal nicht so richtig rund läuft, als Blödmann oder Vollpfosten titulieren würde? Bundespräsident Frank-Walter Steinmeier nannte den US-Präsidentschaftskandidaten Donald Trump im August 2016 – Steinmeier selbst war damals noch SPD-Außenminister – gar einen Hassprediger und gratulierte ihm nach seiner Wahl zum 45. Präsidenten der Vereinigten Staaten von Amerika nicht einmal. Ein diplomatischer Fauxpas, ganz gleich, was man von Trump halten mag. Eine gute Kinderstube sieht anders aus und darf von einem Staatsmann doch wohl erwartet werden. Im *Cicero* vom 14.11.2016 brachte Steinmeiers Verhalten diesem übrigens einen Artikel mit der Überschrift „Nach Trumps Wahlsieg: Steinmeier außer Rand und Band" ein[393] – wie das Land, so der Bundespräsident.

Joachim Gauck, Amtsvorgänger von Steinmeier und zu DDR-Zeiten Pastor, äußerte 2016 Folgendes: *Die Eliten sind gar nicht das Problem, die Bevölkerungen sind im Moment das Problem, dass wir stärker wieder mit denen das Gespräch suchen. Habt ihr wirklich Angst, dass ihr nicht mehr Polen oder Briten sein könnt? Ist es so, dass man euch eure nationale Identität wegnimmt?*[394] Vor Gott sind alle Menschen gleich, doch interessanterweise unternahm der ehemalige Pastor die Unterscheidung in Elite und Bevölkerung. Selbst nun ein Teil der Elite, wusste er als Bundespräsident, was für die Untertanen das Beste ist, während diese sich undankbar und sogar aufmüpfig verhalten. Wie kann das sein? Für viele Briten jedenfalls war die merkelsche Einwanderungspolitik in die EU Grund genug, ihr Kreuz für den Brexit zu machen.

Muss die Bundestagsvizepräsidentin Claudia Roth wirklich auf einer Demo mit vermummten Linksautonomen und dem schwarzen Block unterwegs sein, bei der „Deutschland, verrecke" und „Deutschland, du mieses Stück Scheiße" gerufen wird?[395] Warum können Renate Künast und Simone Peter von den Grünen nicht die Arbeit der Polizei loben statt zu kritisieren?[396] Steht es einem Bundesjustizminister zu, die antifaschistische Punkband „Feine Sahne Fischfilet", die sich nicht nur gegen rechts, sondern auch gegen die Polizei, Deutschland und den Staat engagiert, zu loben?[397]

Deutschland wird Deutschland bleiben, mit allem, was uns lieb und teuer ist.[398], *Unser Land wird sich ändern, und zwar drastisch. Wir kriegen Menschen geschenkt.*[399] *Durch die Flüchtlinge wird Deutschland religiöser, bunter, vielfältiger und jünger.*[400], *Die Flüchtlinge machen uns stärker, indem sie uns helfen, uns selbst zu reflektieren. Was die Flüchtlinge mit zu uns bringen, ist wertvoller als Gold.*[401], *Der Islam, wenn er ein aufgeklärter, europäischer und der Demokratie zugewandter ist, ist auch der Kitt der Gesellschaft.*[402] und *Im Islam werden viele menschliche Werte wie Gastfreundschaft und Toleranz sehr stark verwirklicht.*[403] Dies waren Äußerungen von Merkel, Göring-Eckardt, Schulz, de Maizière und Schäuble hinsichtlich der Migrationskrise. Denn, wie sagte schon zwei Jahre vor der Migrationskrise am 09.10.2013 Frau Göring-Eckardt im *Morgenmagazin* der *ARD*: *Es geht einerseits darum, sind wir ein Land, was für Migrantinnen und Migranten offen ist, was Leute anzieht. Die wir übrigens dringend brauchen. Nicht nur die Fachkräfte, sondern weil wir, weil wir auch Menschen hier brauchen, äh die äh in unseren Sozialsystemen zu Hause sind und sich auch zu Hause fühlen können.*[404] Na, wenn das so ist – denn man to, wie man bei uns im Norden sagt.

Zu meinem absoluten Favoriten als Biologielehrerin gehört jedoch die Aussage von Wolfgang Schäuble: *Die Abschottung ist doch das, was uns kaputt machen würde, was uns in Inzucht degenerieren ließe.*[405] Selbst Schülern des 12. Jahrgangs, die nicht zu den leistungsstärksten im Fach Biologie zählen und beim Thema Populationsökologie gerne auch mal abschalten, ist klar, dass ein Kontinent mit rund 743 Millionen Einwohnern, davon alleine etwa 508 Millionen abzüglich der etwa 65 Millionen Briten in der EU mit ihren offenen Grenzen, nicht in Inzucht – richtigerweise wäre hier von Inzest zu sprechen – degenerieren wird. Herr Schäuble, hierfür gibt´s ´ne glatte Sechs. Setzen! Lediglich die Isländer, ein Inselvolk mit nur 334.000 Einwohnern, die gerne unter sich bleiben, haben einen besonders kleinen Genpool und ein erhöhtes Risiko, sich innerhalb ihres Verwandtschaftskreises zu verlieben, weswegen es dort eine Inzest-App gibt, um mögliche Peinlichkeiten und eben dem Inzest vorzubeugen.[406]

So manche der getätigten Äußerungen lässt sich mittlerweile widerlegen, und auch die von Kölns Bürgermeisterin Henriette Reker im Zusammenhang mit den Ereignissen der Silvesternacht 2015/2016 empfohlene Armlänge Abstand[407] verfehlt oft ihre Wirkung, doch das kommt nur in der subjektiven Wahrnehmung der Bevölkerung vor, nicht jedoch bei den Eliten.

Selbsternannte Elite

Bei *Duden online* ist die Elite definiert *als eine Auslese darstellende Gruppe von Menschen mit besonderer Befähigung, besonderen Qualitäten.*[408] Darüber hinaus versteht man unter dieser die *Besten, Führenden*, die *Führungsschicht, -mannschaft.* Ob es sich bei den vom Volk gewählten Politikern um Menschen mit besonderer Befähigung und Führungsqualitäten handelt, um ein Land so zu regieren, dass es mit einer trotz aller Vielfalt und Verschiedenheit geschlossenen Gesellschaft in eine gute Zukunft blicken kann, mag so manchen Zweifel hervorrufen. Während Helmut Kohl als Kanzler der Wiedervereinigung bereits in die Geschichte eingegangen ist, wird Angela Merkel wohl aus Sicht vieler Menschen eher als Spaltaxt der deutschen Gesellschaft in die Annalen Einzug halten.

Dass man es in der deutschen Politik vom ehemaligen Gelegenheitsjobber und Steinewerfer mit lediglich einem Taxischein bis zum Außenminister nebst Villa schaffen kann, hatte bereits Joschka Fischer vom Bündnis 90/Die Grünen eindrucksvoll bewiesen. Dieser verließ das Gymnasium ohne Abschluss und brach auch eine angefangene Lehre als Fotograf ab.[409] Sehr aktiv war dieser hingegen in politisch gewaltbereiten linksradikalen und militanten Gruppen. Hier sei darauf verwiesen, dass es der frühere Außenminister war, unter dessen Führung laut *Welt* vom 07.02.2005 dank laxer Visumserleichterungen des Auswärtigen Amtes im Jahr 2000 rund 300.000 Ausländern ermöglicht wurde, völlig unkontrolliert nach Deutschland einzureisen, darunter viele Schwarzarbeiter und Zwangsprostituierte, aber auch tschetschenische Terroristen.[410] Unkontrollierte Migration – irgendwie ein deutsches Dauerproblem und somit keine Neuerscheinung seit 2015.

Vor dem Hintergrund, dass viele deutsche Spitzenpolitiker ihre Studienabbrüche nach vielen Semestern verschleiern, allein 35 Mitglieder, also 5,6 Prozent des Bundestages im Jahr 2013, wird deutlich, warum viele von ihnen so an ihrem Posten kleben, was solchen die Bezeichnung „Pattex-Politiker" einbrachte.[411] Die Firma Henkel dürfte momentan jedenfalls richtig gute Umsätze machen, denn allein Angela Merkel klebt und klebt und klebt. Schließlich wäre so manch ein Politiker sonst möglicherweise ein Fall für das Jobcenter. Bestenfalls bliebe noch eine Beratertätigkeit in der Politik oder Wirtschaft. Hierbei handelt es sich meist ja auch um sehr gut dotierte Posten. Studienabbrecher gibt es dabei in allen Parteien, Spitzenreiter sind jedoch die Grünen mit Politikerinnen wie Claudia Roth und Katrin Göring-Eckardt. Schon 2011 ereiferte sich Altkanzler Helmut Schmidt in der *Welt*-Onlineausgabe über die vielen Politiker ohne Beruf.[412] So wird Schmidt darin mit folgenden Worten zitiert: *Jemand, der in die Politik geht, ohne einen Beruf zu haben, kann mir gestohlen bleiben. Ich kenne leider mehr als genug von denen.* Darüber hinaus sagte er, dass die Unabhängigkeit von Politikern nur dann gewährleistet sei, wenn diese in ihren alten Beruf zurückkehren könnten. Recht hatte er, dazu müsste man aber eben auch einen erlernten Beruf haben.

Dass man es sehr wohl auch mit einer gefakten Vita bis in den Bundestag schaffen kann, zeigte der Fall von Petra Hinz (SPD) im Jahr 2016, die mit gefälschten Abschlusszeugnissen und Angaben zu ihrer beruflichen Laufbahn immerhin elf Jahre im deutschen Parlament saß. Gegen diese Politikerin wurden jedoch keine Ermittlungen aufgenommen. Stattdessen erhält sie trotz eines auf Lügen beruhenden Lebenslaufes ab dem 67. Lebensjahr eine Rente in Höhe von 2.500 Euro.[413] Die Plagiatsaffäre hinsichtlich der Doktorarbeit von Ex-Verteidigungsminister Karl-Theodor zu Guttenberg (CSU)[414] und der Wirbel um den tschechischen Dünnbrettdoktortitel des CSU-Generalsekretärs Andreas Scheuer vor einigen Jahren fallen da auch schon nicht mehr ins Gewicht, sondern vielmehr in die Rubrik Peanuts.[415] Ein Dr. Max Mustermann auf der Visitenkarte weckt halt Begehrlichkeiten und macht nun mal echt was her.

Bereits 1986 sang Herbert Grönemeyer das Lied *Kinder an die Macht*, und vielleicht wäre die Welt in Kinderhänden von Pippi, Tommi, Annika, den Kindern aus Bullerbü oder Mohammed und Fatima aus Kleinkleckersdorf tatsächlich besser aufgehoben. Zumindest haben viele Kinder einen ausgeprägten Gerechtigkeitssinn und oftmals eine bessere Erziehung genossen als unsere Politiker. Aber mal im Ernst: Die momentanen gesellschaftlichen Prozesse sind doch hausgemacht und anscheinend auch so gewollt. Eine Politik, die dafür sorgt, dass die Mittelschicht immer mehr wegbricht, es zunehmend nur noch Arme und Reiche geben wird, und Politiker, die mit ihren Äußerungen und ihrem Verhalten eine zusätzliche Spaltung und ein Denken in Form von „die da oben" und „wir hier unten" in Kauf nehmen, können keine gute Lösung sein. Dabei wird eine weitere Ignoranz und Ausgrenzung derer, die Kritik üben, deren Ängste und Sorgen von der Politik nicht ernst genommen werden, dazu führen, dass jeglicher Extremismus in diesem Land immer mehr unschöne Blüten treiben wird. Und eben genau davor habe ich beispielsweise Angst.

Die Sache mit der German Angst

Auf der Internetseite *Psychomeda* wird die German Angst[416] als ein Phänomen der grundlosen Angst oder Besorgtheit bezeichnet, welches von vielen Beobachtern besonders aus dem angelsächsischen Raum als typisch deutsch empfunden wird. Ob die Deutschen im Vergleich zu anderen Nationalitäten überdurchschnittlich ängstlich sind, vermag ich nicht zu beurteilen.

Im Zusammenhang mit der Evolution ist es logisch, dass es uns Menschen heute ohne die Angst nicht gäbe, denn Angst ist eine grundlegend existentielle Erscheinung sowie eine Schutzfunktion. Sie hilft uns, Gefahren und Risiken als solche zu erkennen und zu bewältigen. Aus diesem Grund ist die Angst lebensnotwendig und zunächst einmal etwas Positives. Dabei ist Angst genetisch bedingt, weswegen es unter den Menschen sowohl Angsthasen als auch solche gibt, die das Abenteuer suchen und kein Risiko scheuen. Neben der normalen, der rationalen Angst kann sich Angst in einer übersteigerten irrationalen Form aber auch in krankhaften Angstneurosen und Phobien vor beispielsweise Spinnen oder engen Räumen manifestieren.

Hier sei auch auf die Islamophobie hingewiesen. Diese selbst ist aber gar nicht das Problem, sondern vielmehr Relativierungen und reflexartige Sätze wie *Das hat nichts mit dem Islam zu tun*, was Oliver Jeges in der *Welt* schon im Oktober 2014 thematisierte.[417] Aus gutem Grund und für ein friedliches Miteinander der Religionen unter Einhaltung des Grundgesetzes sollte Kritik in einem säkularen Land wie Deutschland durchaus erlaubt sein, denn zum Islam gehören nun einmal auch die Scharia, also das islamische Recht, Viel- und Kinderehe[418] sowie Ehrenmorde.[419] Wie sonst ließe sich erklären, dass 70 Prozent der Deutschen der Meinung sind, der Islam gehöre nicht zu Deutschland?[420] In einer Umfrage des Meinungsforschungsinstitutes INSA von 2014 haben 58 Prozent der befragten Personen *Angst vor dem zunehmenden Einfluss des Islam in Deutschland.* Interessant dabei: Immerhin 45,7 Prozent der Menschen mit Migrationshintergrund stimmten mit dieser Aussage überein.[421]

Im Rahmen der Verleihung des Ehrendoktortitels der Universität Bern wurde die Bundeskanzlerin Anfang September 2015 bei einer Podiumsdiskussion von einer Teilnehmerin gefragt, wie diese Europa und unsere Kultur im Rahmen der Flüchtlingskrise vor einer immer mehr stattfindenden Islamisierung schützen wolle.[422] Was meinte Angela Merkel dazu? Nach einigen Ausführungen darüber, dass die EU eine Vielzahl von Kämpfern in z. B. Syrien und im Nordirak beigetragen habe, sagte Frau Merkel folgenden Satz: *Angst war immer ein schlechter Ratgeber.* Kulturen und Gesellschaften, die von Angst geprägt seien, würden mit Sicherheit die Zukunft nicht meistern. Statt sich darüber zu beschweren, dass sich Muslime im Koran besser auskennen würden als Deutsche in der Bibel, sollte man doch bitteschön den Mut haben, zu sagen, dass wir Christen seien. Dies würde aus Sicht der Kanzlerin für den Alltag bedeuten, mal wieder in einen Gottesdienst zu gehen oder ein bisschen bibelfest zu sein.

Die Empfehlung der Kanzlerin, der Angst vor der Islamisierung und vor dem politischen Islam mit dem Blick in die Bibel, mit dem Singen von christlichen Weihnachtsliedern und Blockflötenmusik zu begegnen, zeigt einmal mehr, wie weit sich diese von den Ängsten und Sorgen der Bürger entfernt hat.[423] Mit dem Trällern von Liedchen und Flötentönen sollen wir also ein Stück Heimat retten. Großer Gott, stehe uns bei! Dies mag sich so manch einer jetzt denken, und einem Atheisten oder Agnostiker mögen die Vorschläge der Kanzlerin wohl kaum hilfreich sein. Selbst einen gläubigen Christen mag vor dem Hintergrund der stetig wachsenden Zahl von Menschen muslimischen Glaubens in Europa in Verbindung mit der Christenverfolgung in Ländern der muslimischen Welt, auf die auch Wolfgang Bosbach in einer Sendung bei Anne Will in der *ARD* hinwies[424], zumindest ein mulmiges Gefühl beschleichen. Hier sei auch noch einmal an die von Imad Karim erwähnte Kopfsteuer für Juden und Christen erinnert. Der islamistische Terror leistet seinen zusätzlichen Beitrag. Dabei muss darauf hingewiesen werden, dass die in Europa bislang ausgeführten islamistischen Straftaten auch von bereits in

Europa seit Geburt oder längerer Zeit lebenden Tätern ausgeführt wurden und auch „biodeutsche" Konvertiten für den *Heiligen Krieg* zu begeistern sind.[425] Sollte uns alles dies nicht zu denken geben? Kann man hier tatsächlich von gelungener Integration sprechen, oder ist das nicht eher ein klarer Fall von Flötepiepen? Ich verweise an dieser Stelle noch einmal auf Ahmad Mansour und die *Generation Allah*.

Und auch dies lässt sich nicht von der Hand weisen: Laut einer Anfrage der Zeitung *Welt am Sonntag* beim Bundesinnenministerium waren im ersten Halbjahr des Jahres 2015 bereits 269.899 kleine Waffenscheine im Nationalen Waffenregister vermerkt. Im Juni 2016 waren es bereits 402.301.[426] Der Verkauf von Schreckschusspistolen und Pfeffersprays, aber auch von Schrotflinten ist seit Herbst 2015 sowohl in Österreich – auch die Österreicher leiden nun wohl unter dem deutschen Angstsyndrom – als auch in Deutschland drastisch gestiegen.[427] Auffällig daran ist, dass besonders viele Frauen sich eine Schusswaffe zulegen. Im Jahr 2015 sind in Österreich rund 70.000 Schusswaffen mehr verkauft worden als im Vorjahreszeitraum[428]. Im Februar 2016 habe ich mal spaßeshalber bei einem Waffenhändler angehalten, um mich zu erkundigen, ob das, was in den Medien zu lesen ist, den Tatsachen entspricht. Auch bei diesem war Pfefferspray ausverkauft und zu seinen Kunden zählten vor allem Joggerinnen, aber auch viele Polizisten, die privat immer mehr aufrüsten, u. a. mit Baseballschlägern.

Das schwache Geschlecht

Insbesondere die sexuellen Übergriffe in der Silvesternacht 2015, die nach dem Bericht des Bundeskriminalamtes in zwölf Bundesländern Deutschlands, aber auch in Schweden, Finnland, Österreich und der Schweiz passierten, dürften diesen Trend noch verstärkt haben, denn insbesondere viele Frauen fühlen sich seitdem auf der Straße nicht mehr sicher, und so sind Selbstverteidigungskurse bei Frauen stark nachgefragt.[429] Als Mutter einer Tochter lässt einen so etwas nicht kalt. Ich selbst wurde als junge Frau während meines Studiums in Wien auf dem Nachhauseweg im Winter in der Dunkelheit Opfer eines sexuellen Übergriffs durch einen „Nicht-Bioösterreicher". Ich hatte damals Todesangst. Zum Glück wurde ich nicht vergewaltigt, doch auch heute, gut 30 Jahre später, habe ich noch immer Panik, wenn ich allein im Dunkeln unterwegs bin und hinter mir Schritte höre, weswegen ich solche Situationen meide. Drei Jahre zuvor wurde eine frühere Mitschülerin von mir in Hamburg – gar nicht weit vom Wohnhaus des Altkanzlers Schmidt entfernt – an einem Tümpel in einem Park vergewaltigt und ermordet.[430] Maja wurde nur sechzehn Jahre alt, und nur viereinhalb Monate später fand ganz in der Nähe ein weiterer Mord an einer 21 Jahre alten Frau statt. Beide Taten wurden einem psychisch kranken Sexualstraftäter nachgewiesen, dem man auf dem Gelände eines Krankenhauses mit angeschlossener Psychiatrie Freigang gewährt hatte. Die Empörung darüber war in Hamburg damals groß. Und so hat dann auch der Mordfall an der Freiburger Studentin meine Erinnerungen an diese Vorfälle wieder geweckt und in der Bevölkerung viele Fragen aufgeworfen. Wie kann es sein, dass ein angeblich 17jähriger Afghane – heute weiß man dank einer Zahnanalyse, dass dieser einige Jahre älter ist – 2015 als Flüchtling nach Deutschland kommen konnte, der in Griechenland bereits 2014 zu einer zehnjährigen Haftstrafe wegen einer Gewalttat an einer jungen Frau auf Korfu verurteilt worden war[431], und hier einen Mord begeht? Natürlich machen solche Ereignisse etwas mit der Gesellschaft, zumal gerade Mädchen und Frauen ihren männlichen Peinigern oftmals schutzlos ausgeliefert sind. Wo aber war die Solidarität des starken Geschlechts in Form der Ehemänner, Väter, Großväter, Brüder, Freunde und Lebensgefährten gegenüber den Frauen im Zusammenhang mit sexuellen Übergriffen? Ist überhaupt jemand in dieser Angelegenheit in Deutschland auf die Straße gegangen? Ja – allerdings nicht die einheimischen Männer, sondern beispielsweise Syrer in Köln.[432]

Noch einmal kurz zurück nach Wien. Der *Kurier* berichtete Ende Jänner 2017, also Ende Januar 2017, darüber, dass drei äußerst brutale afghanische Täter nach einer Gruppenvergewaltigung an einer jungen türkischstämmigen Austauschstudentin in Praternähe zu langjährigen Haftstrafen verurteilt wurden.[433] Neun Gruppenvergewaltigern aus dem Irak, die in der Silvesternacht 2015/2016 in Wien eine deutsche Lehrerin aus Niedersachsen verschleppt und stundenlang vergewaltigt haben, wurde bereits ebenfalls der Prozess gemacht. Acht von ihnen wurden zu Strafen von insgesamt 90 Jahren Haft verurteilt, einer wurde freigesprochen.[434] Allen Opfern sexueller Übergriffe und Vergewaltigungen gilt jedenfalls mein ganzes Mitgefühl, denn von solchen Erfahrungen und Erlebnissen hat man leider ein ganzes Leben was. Und so gar nicht hilfreich ist der Vorschlag der Kulturwissenschaftlerin Mithu Sanyal und der Studentin Marie Albrecht in diesem Zusammenhang, die Opfer einer Vergewaltigung als *Erlebende* zu bezeichnen – was für eine Verhöhnung der Opfer![435] Deutschland im 21. Jahrhundert – da kann man was erleben.

Neben der Angst vor sexuellen Übergriffen hat in Deutschland aber auch die Angst vor steigender Kriminalität und vor Wohnungseinbrüchen zugenommen. So ergab eine repräsentative Online-Umfrage durch das Meinungsforschungsinstitut *YouGov*, welches hierfür von der Deutschen Presse-Agentur beauftragt wurde, dass sich bei 54 Prozent der Befragten das Sicherheitsgefühl in Bezug auf Kriminalität im Jahr 2015 verschlechtert oder sogar stark verschlechtert habe[436]. Laut *Welt* vom 14.08.2016 stieg dieser Wert gemäß einer *Emnid*-Umfrage im Jahr 2016 weiter auf 56 Prozent. [437] Insbesondere Frauen haben ihr Verhalten in den letzten beiden Jahren verändert, indem 62 Prozent von ihnen abends grundsätzlich bestimmte Orte meiden.[438] Kann sich jemand von unseren Politikern vorstellen, wie fassungslos meine Familie und ich waren, als wir erfuhren, dass der Attentäter von Hamburg-Barmbek nur zehn Gehminuten von der Wohnung meiner 82jährigen Mutter in einer Flüchtlingsunterkunft gelebt hat und wie schnell man da in ein Wechselbad der Gefühle gerät?

Aber in Deutschland herrscht nicht nur Angst unter der autochthonen Bevölkerung. So manch einer mag sich vielleicht fragen, warum die in Deutschland lebenden Muslime nicht zu Tausenden gegen den Terror im Namen ihrer Religion auf die Straße gehen und damit ein Zeichen für den Frieden setzen. Vielleicht ist es, wie Seyran Ates sagt, die Angst der liberalen Muslime vor Beschimpfungen, Morddrohungen und Übergriffen auf die Familie aus der eigenen Community?[439] Andererseits gingen in Deutschland im Hochsommer 2016 für den türkischen Präsidenten zigtausend hier lebende Türken und Türkischstämmige auf die Straße[440], 6.000 Kurden demonstrierten im November 2017 in Düsseldorf für die Freilassung des inhaftierten PKK-Führers Öcalan[441], und schon 2006 fanden sich ebenfalls in Düsseldorf 2.000 Muslime zu einer Demo zusammen wegen der Mohammed-Karikaturen[442]. Und auch das gehört zur Wahrheit dazu: Nicht immer wird in Deutschland durch Ausländergruppen friedlich demonstriert, sondern es kommt zu Ausschreitungen und Verletzten.

Deutschland ist ein Land, das aus meiner Sicht bis heute in seiner Vergangenheit gefangen ist, welches sich und insbesondere der Welt immer wieder beweisen muss, dass es nicht mehr das Nazideutschland von vor über 70 Jahren ist. Hier sei noch einmal an Henkel und Starbatty hinsichtlich ihrer Aussage über ein schwaches deutsches Selbstwertgefühl und das Helfersyndrom deutscher Eliten erinnert. Wurde die Fußballweltmeisterschaft 2006 im eigenen Land zu einem echten Sommermärchen, das Deutschlands Ansehen weltweit veränderte, ging die Neuauflage eines weiteren Sommermärchens im Jahr 2015 in Form der Flüchtlingskrise ziemlich daneben. Wann aber fangen die von uns gewählten Politiker endlich an, sich den Sorgen und Ängsten der Bevölkerung anzunehmen?

Viele lassen ihre Ängste vor einer Ausbeutung der Sozialkassen, zunehmender Kriminalität, einer weiteren Spaltung der Gesellschaft, falsch verstandener Toleranz gegenüber kriminellen Ausländern, einer zunehmenden Islamisierung Deutschlands neben der Ausweitung von Parallelgesellschaften inklusive der Überhöhung des Korans über das deutsche Grundgesetz, aber auch vor einer undemokratisch agierenden Bundesregierung nebst nicht demokratisch legitimierten fundamentalen Änderungen nicht mehr ruhig schlafen. Was aber ist das für ein Land, das nicht gut zu seinen alten Menschen ist, das keine Rücksicht auf die Sorgen hier bereits gut integrierter Ausländer nimmt, sich nicht, wie einst von Angela Merkel verkündet, um die bessere Integration der bei uns lebenden ausländischen Kinder kümmert und mit seinem größten Schatz, nämlich seinen Kindern und deren Zukunft, viel zu sorglos umgeht? Denn während so mancher ohnehin nur noch schwer in den Schlaf findet, hat Deutschland in Sachen Bildung vieles verpennt.

Bildung wird völlig überbewertet

Schulen – Deutschlands Armenhäuser

Der Kinofilm *Fack ju Göhte* mit seinen drei Teilen mag für Außenstehende ein lustiger Zeitvertreib sein. Wer aber im Bereich Schule und Bildung tätig ist, hat oft nicht viel zu lachen. Dass viele deutsche Schulen in einem ähnlich bemerkenswert schlechten Zustand und ebenso auf der Strecke geblieben sind wie deutsche Straßen und Brücken, ist kein Geheimnis. An vielen Schulen sind die Dächer mittlerweile undicht, durch die Fenster zieht und regnet es hinein. Toiletten sind ekel- wenn nicht sogar krankheitserregend, weswegen es sich so manches Kind jahrelang verkneift, in der Schule das stille Örtchen aufzusuchen. Fehlendes Klopapier ist dabei oft nur ein Nebenaspekt, landet dies doch auch schon mal auf den Fluren oder anderswo. Heizungsanlagen sind oft defekt, und in mancher Schule lässt der Schimmelpilz grüßen. Die Schulhofgestaltung gibt häufig ein jämmerliches Bild ab. Manche Turnhalle ist sogar einsturzgefährdet und somit nicht bzw. nur eingeschränkt nutzbar. Der Sanierungs- und Ausbaubedarf liegt bundesweit in der schwindelerregenden Höhe von 34 Milliarden Euro. Dabei wird diese Summe eher als zu niedrig eingeschätzt.[443]

Doch was muten wir unseren Kindern eigentlich zu? Wir bieten ihnen gerade in städtischen Schulen oft nicht ausreichende Bewegungsmöglichkeiten und nehmen ihnen dadurch die Möglichkeit zum Abbau von Stress und Aggressionen. Gerade dies wäre aber ein wichtiger Beitrag zur Gewaltprävention und zum besseren sozialen Miteinander. Daneben sind unsere Schulen oft selbst mit elementaren Dingen für einen zeitgemäßen Unterricht nur mangelhaft ausgestattet. Computer, Laptops, Smartboards und iPad-Klassensätze sind keine Selbstverständlichkeit und falls tatsächlich vorhanden, oft defekt und damit nicht einsetzbar.[444] Fehlende Hardware wie beispielsweise Verdunkelungsrollos, geeignete Modelle, Binokulare oder Mikroskope in ausreicher Zahl als Klassensatz, kaputte Abzüge in Chemieräumen usw. lassen den Unterricht manchmal regelrecht zu einer Odyssee werden. Funktioniert dann auch noch das Internet nicht, kann dies einem die ganze Unterrichtsplanung verhageln. Aus diesem Grund ist man als Pädagoge immer mal wieder gezwungen, auf Tafel und Kreide zurückzugreifen, obwohl die Kreidezeit aus Sicht vieler Pädagogen in den Schulen schon längst Geschichte sein sollte.

Davon, wie es an deutschen Schulen am Ende eines Schultages aussieht, können viele Lehrer und das Reinigungspersonal ein Lied singen. Verstopfte Toiletten, beschmierte und mit Kaugummi verklebte Tische und Stühle, mit Papier, mit Müll und Lebensmittelresten übersäte Fußböden, zugemüllte Grünanlagen, zerstörte Tastaturen, mit allem Möglichen verstopfte Abflüsse und vieles mehr sind Alltagsrealität an vielen Schulen, was mit Wertschätzung und Achtung von Gemeinschaftseigentum nicht im Entferntesten etwas zu tun hat. Für das Reinigungspersonal grenzt dies oft an Unzumutbarkeit und zwar insbesondere dann, wenn Schüler zum Beispiel absichtlich ihren Kothaufen neben der Toilette platzieren. Es mag an fehlender Wertschätzung und zunehmender Respektlosigkeit liegen, doch sind Schulen für Schüler einfach oft nur Orte, mit denen sie sich nicht identifizieren und wo man eben aufgrund der Schulpflicht zu erscheinen hat. Diese wird gelegentlich mal gerne „vergessen", weswegen schon mal das eine oder andere Absentismus-Verfahren eingeleitet werden muss und gelegentlich Schüler von der Polizei in die Lernanstalt befördert werden müssen – die hat ja auch sonst nichts zu tun.

Traumberuf Lehrer

Früher galt: Lehrer haben vormittags recht und nachmittags frei. Das waren noch Zeiten! Immerhin ist das Ansehen des Lehrerberufs laut einer aktuellen Umfrage in den letzten zehn Jahren von 63 auf 75 Prozent gestiegen.[445] Vielleicht mag es daran liegen, dass sich gerade in den letzten Jahren sowohl gesellschaftlich als auch kulturell einiges getan und vieles sich verändert hat. Vieles davon leider nicht immer zum Besseren, weswegen ich jedem die aktuelle Dokumentation „Lehrer am Limit" aus dem Jahr 2017 ans Herz legen möchte.[446]

So ist bereits die Elternschaft oft in zwei Lager geteilt. Auf der einen Seite die sogenannten Helikopter-Eltern, die in ständiger Sorge um ihr Kind herumkreisen, dieses total überbehüten, ihm schon fast die Luft zum Atmen nehmen und dieses damit um so manchen Spaß und eigene Erfahrungen bringen. Für diese *Kümmerlinge*, wie ich sie gerne nenne, ist mit der Geburt ihres Kleinen schon klar, dass dieses hochbegabt ist, mindestens eine Klasse überspringen und selbst ein Abitur mit summa cum laude machen wird. Dem gegenüber stehen auf der anderen Seite die Eltern, die aus verschiedenen Gründen alle Fünfe gerade sein lassen und sich nicht im Geringsten um ihren Nachwuchs kümmern. Zerrüttete Familienverhältnisse tragen zudem oft zu einer problematischen Kindheit bei und machen die Arbeit in der Schule nicht unbedingt einfacher. Für so manches Kind wünscht man sich zwar nicht unbedingt eine Erzieherin wie Fräulein Prysselius, die Prusseliese von Pipi Langstrumpf, doch einfach nur eine Bezugsperson, die sich um das Kind kümmert. Und zum Glück gibt es diese aber auch (noch): Ganz normale Familien mit glücklichen, unbelasteten Kindern.

Hinzu kommen die Folgen der Zuwanderung der letzten Jahre. Bereits 2015 hatte laut Statistischem Bundesamt rund ein Drittel der Kinder und Jugendlichen unter 20 Jahren einen Migrationshintergrund. In Hamburg haben einen solchen nunmehr 50,4 Prozent aller Kinder[447], in Frankfurt am Main bereits 75,61 Prozent der Kinder unter sechs Jahren.[448] Schulen müssen heute nicht nur Wissen vermitteln, sondern immer mehr Erziehungsarbeit übernehmen und den Ganztagsbetrieb gewährleisten. Daneben kommt den Pädagogen noch die Riesenaufgabe der Inklusion, zum anderen die Mammutaufgabe der Integration zu. Unter dem Motto „Eine Schule für alle" sollen nun alle Kinder, egal, ob mit körperlichen Behinderungen, geistigen Einschränkungen, Lernproblemen, Defiziten bezüglich des Sozialverhaltens, um nur einige Punkte zu nennen, gemeinsam unterrichtet werden. Daneben müssen Kinder von Migranten erfolgreich in den Schulalltag und natürlich auch in die Gesellschaft integriert werden. Durch das gemeinsame Lernen sollen Vorbehalte und Berührungsängste überwunden werden. Und fast hätte ich es vergessen: Zu den weiteren Aufgaben gehört es, festzustellen, ob ein Kind tatsächlich hochbegabt, verhaltensauffällig, traumatisiert, in der Lerngruppe isoliert oder suizidal ist oder auf dem Weg, sich zu radikalisieren.

Dies alles ist aber nur mit ausreichenden finanziellen Mitteln und einer guten Personaldecke umsetzbar. Doch woher nehmen und nicht stehlen? NRW lockt bereits Pensionäre mit Zuschlägen in den Schuldienst zurück.[449] In Berlin ist der Lehrermangel mittlerweile ein hochpolitisches Thema. Dabei ist dieses Problem keineswegs plötzlich über Deutschland hereingebrochen, denn bereits im Januar 2012 war in der *Welt* die Rede von der problematischen Altersstruktur der deutschen Lehrer sowie einem zu befürchtenden dramatischen Lehrermangel.[450] Und Achtung: Laut einer Studie der *Bertelsmann-Stiftung*, welche im Juli 2017 veröffentlicht wurde, ging man laut Kultusministerkonferenz (KMK) bislang im Jahr 2025 von 7,2 Millionen Schülern aus.[451] Durch einen neuen Babyboom und Zuwanderung überwiegend junger Menschen geht man nun von rund einer Million mehr Kindern und Jugendlichen an deutschen Schulen aus. Massenpensionierungen und sogenannte Mangelfächer werden das bereits seit Jahren bestehende Problem zusätzlich verstärken. Schon seit Jahren fallen jede Woche bundesweit rund 1.000.000 Unterrichtsstunden aus – Stunden, die vom Steuerzahler bezahlt wurden und die den Kindern nicht zugutekommen. Damit es nicht noch schlimmer zugeht, wird jetzt gehandelt und zwar nach dem Motto „Not macht erfinderisch".

In Bremen werden beispielsweise sogenannte Feuerwehr-Lehrkräfte ohne Referendariat und Zweites Staatsexamen als Klassenlehrer eingesetzt, was man den Eltern lieber vorenthält.[452] Mittlerweile werden sogar Studenten an manchen Schulen als Lehrerersatzkräfte beschäftigt, die nicht einmal das Erste Staatsexamen in der Tasche haben. In Berlin setzt man seit einigen Jahren verstärkt auf Quereinsteiger, sozusagen als letzte Rettung im Bildungsdesaster und sucht Grundschullehrer sogar in weiter Ferne wie in Österreich und Holland.[453] Bereits im Jahr 2005 gab es in der Hauptstadt 38 Schulen mit einem Ausländeranteil von über 80 Prozent, was die Lehrkräfte vor besondere Anforderungen stellt.[454] In Sachsen mangelt es an Lehrkräften, weswegen man auch hier auf Quer- und Seiteneinsteiger setzt, da insbesondere der Markt an Lehrern mit naturwissenschaftlichen Fächern wie leergefegt ist.[455] In der Not übernehmen in Dresden, wenngleich dies natürlich nicht erlaubt ist, auch schon mal Eltern den Unterricht.[456] Natürlich sagt die allgemeine Lehrbefähigung, die ein ausgebildeter Lehrer mit dem bestandenen Zweiten Staatsexamen erhält, nicht zwangsläufig etwas über seine fachlichen und pädagogischen Fähigkeiten im Umgang mit jungen Menschen aus. Mancher Quer- oder Seiteneinsteiger mag auch ohne Pädagogikstudium Schüler für das von ihm unterrichtete Fach durchaus begeistern können und engagierten Unterricht geben. Vielmehr stellt sich Deutschland, in dem Bildung aufgrund von Föderalismus Ländersache ist, mal wieder selbst ein Armutszeugnis aus, indem der Blick nicht in die Zukunft gerichtet ist und bezüglich bevorstehender Pensionierungen und Mangelfächer nicht vorgebeugt wurde. Spricht man mit jungen Menschen, die sich momentan in einem Lehramtsstudium befinden, findet darüber hinaus aufgrund der vielen Migrantenkinder keine Anpassung des Pädagogikstudiums an diese Herausforderungen der neuen Lehrkräfte im Schulalltag statt.

Neben dem fehlenden schulischen Personal mangelt es auch nicht an kranken Pädagogen, denn immer mehr Lehrer klagen über Burn-out-Symptome, und Bildungsexperten gehen davon aus, dass jeder dritte Lehrer unter psychischen Problemen leidet.[457] Als Gründe dafür werden Arbeitsüberlastung, schwierige Schüler, mangelnde Würdigung und die an den Nerven zehrende permanente Lautstärke genannt. Damit gehen natürlich Unterrichtsausfall und Frühpensionierungen einher. Allein in Berlin sollen Lehrer und andere schulische Mitarbeiter im Durchschnitt pro Jahr 39 Tage krankgeschrieben sein.[458] Betroffen seien insbesondere Pädagogen an den Grund- und Sekundarschulen, die weit über 40 Tage im Jahr wegen Krankheit fehlen, während es an den Gymnasien „nur" 30 Tage seien. Laut einer Studie des Bremer Senats aus dem Jahr 2003 würden Lehrer verstärkt an Herz-Kreislauferkrankungen, Ernährungsstörungen, Beschwerden des Bewegungsapparates, Schlaflosigkeit, Konzentrationsstörungen sowie erhöhter Erregbarkeit leiden.[459] Und für manch einen Pädagogen ist der Job nur noch mit Rotwein zu ertragen, wie Anfang Dezember 2017 eine Lehrerin aus Hamburg anonym in der *MOPO* schrieb.[460]

Und auch das muss gesagt werden: Natürlich gibt es auch unter uns Lehrern schwarze Schafe, die keinen Bock auf Schule und Schüler haben, sich aber über ein sicheres Einkommen freuen. So kann es schon mal vorkommen, dass Arbeiten erst nach einer üppigen Korrekturzeit von sechs Wochen zurückgegeben werden, verloren gehen oder fleißig bearbeitete Hundertertafeln von Zweitklässlern von der Katze der Mathelehrerin gefressen werden. Exemplare dieser Spezies werden dann auch schon mal gerne krank – auffälligerweise oft montags und freitags.

Wasch laberscht du, Digga?

Na klar, 2 x 3 macht 4! Und nicht nur beim schulischen Personal krankt es. Ein mehr oder weniger nicht unerheblicher Teil der Schüler selber zeichnet sich nicht gerade durch besonderen Lerneifer, sagenhafte Neugier und unbegrenzte Wissbegierde aus, sondern legt vielmehr die von der heimischen TV-Unterhaltung gewohnte Erwartungshaltung auch in der Schule an den Tag. Schließlich möchte man auch dort entertaint und bespaßt werden. Dabei kann in deutschen Schulen allein unter dem RTL- und Pro7-Slogan „We love to entertain you" kein erfolgreicher Unterricht gelingen. In ganz Deutschland sanken die Bildungsstandards an den Grundschulen bei den Viertklässlern in den letzten fünf Jahren zum Teil deutlich, was ein ernüchterndes Ergebnis für die Präsidentin der Kultusministerkonferenz, Susanne Eisenmann (CDU), war.[461] Wer aber nicht richtig lesen und schreiben kann, wird in unserer Gesellschaft durch das Raster fallen. Als alarmierend ist daher auch die Nachricht vom 21.07.2017 im *Westfalen-Blatt* einzustufen, dass Schüler sich nicht mehr auf das selbständige Lesen längerer Texte einlassen.[462] Meine eigene Erfahrung: Komme ich Schülern mit längeren Texten zu naturwissenschaftlichen Sachverhalten, die dann auch noch mit Fachtermini gespickt sind, hält sich die Freude seitens der Schüler sehr in Grenzen, zumal das sinnentnehmende Lesen selbst vielen Oberstufenschülern Probleme bereitet. Vielleicht sollte ich deswegen jetzt meinen naturwissenschaftlichen Unterricht sprachsensibel abhalten?

Mit dem Schreiben ist es ebenfalls nicht weit her. Beispielsweise lagen an den Hamburger Stadtteilschulen fast 50 Prozent der Schülerschaft unterhalb der Mindeststandards bezüglich der Rechtschreibung im Schuljahr 2015/2016, die am Ende der Klasse 10 für den Mittleren Schulabschluss nötig sind. Noch düsterer waren die Ergebnisse hinsichtlich der Rechenkünste vieler Schüler. Rund 77 Prozent des achten Jahrgangs lagen im Fach Mathematik mit ihren Rechenfähigkeiten unterhalb der Mindeststandards.[463] Im internationalen PISA-Vergleich hat Deutschland zwar nach dem ersten PISA-Schock aufgeholt, doch mit Statistiken und Vergleichen ist das ja immer so eine Sache. Man könnte meinen, viele Kinder und Jugendlichen im schulpflichtigen Alter halten es lieber mit Pippi Langstrumpfs Motto „Ob Plutimikation oder Division – an so einem Tag soll man sich überhaupt nicht mit ‚ions' beschäftigen."

Laut der letzten PISA-Studie findet die Hälfte der Schüler in Deutschland Naturwissenschaften lästig. So kann man als Chemie- und Biologielehrer schon froh sein, wenn Schüler wissen, dass sich hinter den Formeln H_2O und O_2 nicht nur eine Modemarke bzw. ein Mobilfunkanbieter verbirgt. Für Unternehmen, die händeringend nach Fachkräften auf diesem Gebiet suchen, kann das keine gute Nachricht sein, ist es doch vielmehr eine Katastrophe. Laut Herbstgutachten 2016 fehlen die bereits zuvor erwähnten Fachkräfte für 430.000 offene Stellen in den sogenannten MINT-Berufen (Berufe aus den Bereichen Mathematik, Informatik, Naturwissenschaften, Technik).[464] Handwerksbetriebe, Industrie und Handel haben bereits Probleme, freie Lehrstellen mit geeigneten Auszubildenden zu besetzen, während Arbeitslose im Alter 50+ es schwer auf dem Arbeitsmarkt haben.[465]

Beim Bundeskriminalamt müssen neue Stellen personell besetzt werden, was aber schon jetzt nicht unproblematisch ist.[466] So scheitern bereits viele der Bewerber am Deutschtest, da der Rechtschreibtest selbst für viele Abiturienten nicht zu bewältigen ist. In einem Interview des *SPIEGELS* mit Andre Schulz, dem Vorsitzenden des Bundes Deutscher Kriminalbeamter, sagte dieser, dass die Hürden für die Aufnahmeprüfungen bei der Polizei der Länder und des Bundes in den letzten Jahren bereits gesenkt worden seien und weiter: *Wenn nun auch der Deutschtest reduziert oder gar abgeschafft wird, muss man sich schon fragen, was mit unserem Bildungssystem nicht in Ordnung ist.* Wohin Schreibfehler mittlerweile in Deutschland führen können, konnte man beim Festival *Rock am Ring* in der Eifel Anfang Juni 2017 erleben. So sollen die Namen zweier Aufbauhelfer eines Subunternehmers falsch geschrieben worden sein und somit nicht zu der Personalliste des Veranstalters gepasst haben. Es wurde Terroralarm ausgelöst und das Veranstaltungsgelände mit 87.000 Besuchern geräumt.[467] Das kann schon mal passieren in Deutschland im Jahr 2017.

Ich selbst leide manchmal regelrecht körperliche Qualen beim Korrigieren von Tests und Klausuren. Es fängt schon mit der Handschrift an, die in manchen Fällen kaum noch zu dechiffrieren ist, weswegen bereits Ärzte die Befürchtung haben, dass unsere Kinder das Schreiben per Hand verlernen und vor einem übermäßigen Einsatz von Tablets im Unterricht aus verschiedenen Gründen warnen.[468] Werden wir eines Tages eine Generation von Menschen haben, die nur noch mit digitalen Medien in der Lage ist zu schreiben? Was passiert dann bei einem Akku- oder Stromausfall? Des Weiteren lässt die Rechtschreibung oft zu wünschen übrig – und das trotz der umstrittenen Rechtschreibreform von 1996.[469] Viele Kinder und Jugendliche stehen mit Grammatik und Satzbau regelrecht auf Kriegsfuß und sind nicht in der Lage, Zusammenhänge klar strukturiert in schriftlicher Form darzustellen. Dies ist jedoch eine unerlässliche Voraussetzung für das Verfassen von beispielsweise Polizeiberichten, wo es bei einer Zeugenaussage schon auf die genaue Schilderung des Tathergangs und dessen korrekte Niederschrift ankommt. Schlussendlich gibt es neben der Umsetzung von Sprache in schriftlicher Form auch häufig Probleme bei der gesprochenen Sprache.

Der Deutsche Philologenverband sprach sich schon im Herbst 2015 für eine Begrenzung des Migrantenanteils in Schulklassen aus.[470] Laut diesem leidet der Unterricht, wenn mehr als 30 Prozent der Kinder einer Klasse keine Muttersprachler sind, und damit einher geht ein Leistungsabfall in solchen Klassen! Bei einem Migrantenanteil von 50 Prozent und mehr wird die Situation laut Verbandschef Heinz-Peter Meidinger gegenüber der *Neuen Osnabrücker Zeitung* dramatisch. Früher galt die Regel „Kurze Beine, kurze Wege", was bedeutete, dass insbesondere Grundschüler in Wohnortnähe eingeschult werden sollten. Schon seit einigen Jahren gibt es einen regelrechten Schultourismus. Bildungsbewusste Eltern melden unter Zuhilfenahme verschiedener Tricks ihre Kinder nicht an der Schule in der Nachbarschaft an, wenn dort der Anteil an Migrantenkinder hoch ist, sondern nehmen schon mal längere Wege für den Nachwuchs in Kauf.[471] Doch was passiert an Schulen, an denen der Anteil von Kindern mit Migrationshintergrund weit über 80 Prozent liegt? Kann man da überhaupt noch von Integration sprechen? Großartig und mutig – diese Attribute bekommt man heute in Deutschland, wenn man sich tatsächlich traut, seine Meinung zu äußern – war der Auftritt der Schulleiterin Ingrid König in der Sendung *Klartext, Frau Merkel!* im *ZDF*[472], wo diese der Kanzlerin aus ihrem Schulalltag an einer hessischen Grundschule im Frankfurter Stadtteil Griesheim berichtete. Von der Kanzlerin gab es dazu außer der üblichen Phrasen und Relativierungen nicht viel zu vernehmen. Dieser Sendung folgte ein Bericht in der *Welt* über die prekären Zustände dieser Brennpunktschule, wo einige Klassen sich zu 100 Prozent aus Kindern mit Migrationshintergrund zusammensetzen.[473] Sehr geehrte Frau König, gäbe es doch nur mehr Leute wie Sie in Ihrer Funktion als Schulleiterin, die endlich einmal den Mund aufmachen und die Dinge so berichten, wie sie tatsächlich sind! Zum Glück gibt es immer mal wieder, wenngleich auch noch viel zu wenig solcher Personen, die die wahren Missstände an den Schulen kennen und Klartext sprechen. In Berlin wollte man daher Lehrern und Schulleitungen maroder Schulen kurzerhand einen Maulkorb verhängen.[474] Lieber möchte man die ohnehin nicht zu übersehenden Mängel verschweigen.

Dabei kann man den Kindern mit Migrationshintergrund nicht einmal einen Vorwurf machen, da in deren Familien selbst nach bereits jahrelangem Aufenthalt in Deutschland sehr oft nur die Herkunftssprache gesprochen wird. Die Schuld müsste man wohl bei den Eltern bzw. eigentlich in der Politik suchen, die keinerlei Augenmerk auf das Erlernen der deutschen Sprache gelegt hat, doch jetzt wird natürlich alles viel besser. Nur nebenbei sei hier erwähnt, dass durch die beschriebenen Umstände die Kommunikation zwischen Schule und Elternhaus bei Problemen mit dem Schüler nur unter erschwerten Bedingungen bzw. unter Einsatz eines Dolmetschers geführt werden kann. Dabei wäre hier oft ein zeitnahes Gespräch zielführend und nicht erst die Terminvereinbarung mit einem Übersetzer, der Farsi, Paschtu oder Swahili spricht. Anderthalb Jahre nach dem Philologenverband forderte dann übrigens auch die Bundesbildungsministerin Johanna Wanka (CDU) eine Obergrenze für Schüler mit Migrationshintergrund in den Klassen.[475] Dafür hat man sich im Bundesbildungsministerium jetzt etwas ganz Besonderes ausgedacht, nämlich das sogenannte Bussing. Was das ist? Zwecks Umverteilung und Senkung der Kinder von Zuwanderern sollen Schüler jetzt mit Bussen zu anderen Schulen befördert werden. Dieses Projekt war bereits vor

Jahren in Angriff genommen worden – und gescheitert. Korrekterweise muss ich hinzufügen, dass es einen solchen Modellversuch in Stuttgart schon im Jahr 1981 – ich wiederhole: 1981 – gegeben hatte. Die Idee dazu stammte übrigens aus Amerika, wo man schwarze Kinder „gerecht" auf weiße Schulen verteilen wollte.[476] Kinder, wie die Zeit vergeht und wie langsam gleichzeitig die Mühlen in Sachen Bildung in Deutschland immer wieder mahlen.

Alle Hände voll zu tun

Durch die Flüchtlingskinder wurden die Probleme des Bildungssystems noch zusätzlich verschärft, und insbesondere Grundschullehrer stehen zunehmend am Rande der Verzweiflung.[477] Hier kommt wieder der Personalmangel zum Tragen, doch weitere Probleme gehören zur Tagesordnung und machen das Unterrichten nahezu unmöglich, da viele Kinder eine besondere Betreuung brauchen. Herumfliegende Stühle, umgeworfene Tische, fehlende Sprachkenntnisse, Autoaggressionen, plötzliches Aufspringen und Herumschreien, apathisches oder aggressives Verhalten, Bespucken von Mitschülern und Lehrern – die Liste der Dinge, mit denen Lehrer sich täglich konfrontiert sehen, ist lang und so, wie Schule derzeit organisiert und personell aufgestellt ist, kaum zu bewältigen.[478] Schließlich sind Lehrer in erster Linie für die Vermittlung von Wissen für die verschiedenen Altersstufen ausgebildet, jedoch nicht im Umgang mit zum Teil schwer traumatisierten Kindern aus Bürgerkriegsgebieten geschult. So fehlt es noch immer vielerorts an geeigneten Unterrichtskonzepten, und viele Lehrer fühlen sich sowohl von Schulleitungen und Politik alleingelassen.

Neben guten Konzepten fehlt es für die Betreuung dieser Kinder aber auch an Schulpsychologen, wie bereits im August 2015, also noch vor der eigentlichen Flüchtlingskrise, im *Deutschlandfunk* zu lesen war.[479] Viele junge Menschen haben aufgrund ihrer Vorgeschichte durch Bürgerkrieg, Verlust ihrer Familie, Gewalt- und Fluchterfahrungen schlimmste Traumatisierungen erfahren. Psychologische Beratungsstellen und niedergelassene Psychologen sowie Psychotherapeuten sind hoffnungslos überlaufen, weswegen es oft Wochen und Monate dauern kann, einen Termin zu erhalten, obwohl zeitnaher Handlungsbedarf besteht.

Darüber hinaus ist an deutschen Schulen eine allgemeine Zunahme der Gewalt zu beklagen, wie man in den letzten Jahren in den Print- und Onlinemedien immer mal wieder lesen konnte. So hat die psychische wie physische Gewalt innerhalb vieler Schülerschaften zugenommen, aber auch gegen die Lehrer wird mittlerweile immer häufiger durch Schüler und Eltern ausgeteilt, wobei Schulleitungen und Schulämter dabei gerne wegsehen und über dieses Phänomen keine Statistik geführt wird.[480] Dabei findet Gewalt gegen Lehrer häufig bereits in der Grundschule statt.[481] Diesem Phänomen stehen gerade ältere Lehrkräfte mit 20, 30 Jahren Berufserfahrung oft fassungslos gegenüber. Erneut spielen Lehrermangel und überfüllte Klassen eine wesentliche Rolle, und wer als Lehrer in einer Konfliktsituation nicht klare Kante zeigt, steht ganz schnell im Abseits, wobei es selbst für gestandene Lehrerpersönlichkeiten nicht immer leicht ist, die Situation in einer Klasse mit 24 oder mehr Schülern im Blick zu behalten. Oft reicht nur der zur Klasse gewandte Rücken aus, und hinter einem fliegen die Fetzen. Kostbare Unterrichtszeit geht dann wieder zur Klärung der Situation verloren – in bestimmten Klassen ein immer wiederkehrender Kreislauf.

Gewalt kann dabei unterschiedliche Ausprägungen und viele Facetten haben. Erschreckend ist dabei vor allem die Tatsache, dass bei vielen Schülerinnen und Schülern der nötige Respekt gegenüber den Mitmenschen, sei es nun gegenüber Mitschülern oder Lehrern und selbst Schulleitern fehlt, die Toleranzgrenze oft sehr niedrig ist und eine Situation innerhalb von Sekundenbruchteilen eskalieren kann. Ein trauriger Fall ging im September 2016 durch die Medien, als ein 12jähriger Schüler in Euskirchen von einem Mitschüler auf dem Schulhof fast totgeprügelt wurde. Nichtiger Auslöser für diese Gewalteskalation soll dabei ein „Yu-Gi-Oh"-Kartenspiel gewesen sein.[482]

Von Schülern mit Migrationshintergrund wird in diesem Zusammenhang gerne mal die Nur-weil-ich-Ausländer-bin-Karte gegenüber Lehrkräften gespielt, wenn sie beispielsweise den Klassenraum fegen oder Müll auf dem Schulhof sammeln sollen, und gerade gegenüber Lehrerinnen ist eine ähnliche Respektlosigkeit erkennbar, wie sie auch Tania Kambouri in ihrem 2015 erschienenen Buch *Deutschland im Blaulicht – Notruf einer Polizistin*[483] gegenüber weiblichen Polizistinnen beschreibt. Dies ist jedoch kein neues Phänomen, wurde ein derartiges Verhalten doch schon im Jahr 2006 von der Sozialwissenschaftlerin Anita Heiliger in der Zeitschrift *Deutsche Jugend* beschrieben.[484] Durch muslimische Schüler als Sittenwächter ihres Glaubens wird die Situation an den Schulen auch nicht unbedingt leichter. So wurde ich selbst Zeugin, als muslimische Jugendliche einem deutschen Mitschüler und seiner Freundin das Leben schwermachten, während ihre Religion ihnen die sexuelle Beziehung zum anderen Geschlecht vor der Ehe untersagt – ein Umstand, der übrigens auch von Ahmad Mansour in seinem Buch thematisiert wird. So räumt dieser u. a. der unterdrückten Sexualität eine Schlüsselrolle bei der Radikalisierung von Jugendlichen ein.[485] Dass Sexualkundeunterricht mit vielen muslimischen Schülern nicht immer einfach und das reinste Vergnügen ist, sei hier nur am Rande erwähnt.

Aber auch auf verbaler Ebene treibt die Verrohung in den Schulen ihre Blüten. Türkischstämmige Kinder werden schon mal gerne als *Kanacken* oder *Scheißtürken* bezeichnet, während „biodeutsche" Schüler als *Scheißdeutsche* oder die Mädchen unter ihnen als *Schlampen* betitelt werden. Ein zusätzliches, nicht zu unterschätzendes Problem: Lehrer müssen einen Blick dafür haben, wer nach Ahmad Mansour möglicherweise der *Generation Allah* angehört und auf dem Wege ist, sich politisch zu radikalisieren. Dabei unterliegen ja nicht nur Jugendliche muslimischen Glaubens dieser radikalen Verführung, sondern auch „biodeutsche" Schülerinnen und Schüler. Seitens der Schulen muss nach Vorfällen im Zusammenhang mit dem politischen Islam gelegentlich schon mal der Staatsschutz eingeschaltet werden, der ein neues Phänomen an deutschen Schulen beobachtet und vor sogenannten *Hass-Kindern* warnt.[486] Diese werden durch ihre Eltern bereits in jungen Jahren zu Hass und Gewalt gegenüber Andersgläubigen erzogen. Als Berufswunsch würden solche Kinder *Dschihadist* angeben. Laut Staatsschutz werden sich diese Probleme durch Salafisten, die aufgrund ihrer ideologischen Vorstellungen viele Kinder haben wollen, welche natürlich wie alle anderen Kinder der deutschen Schulpflicht unterliegen, noch verstärken. Wen mag es vor diesem Hintergrund noch verwundern, dass Lehrkräfte in Berlin eine Zunahme der Radikalität unter Schülern muslimischen Glaubens gegenüber Juden, Homosexuellen, Deutschen und Europa beklagen?[487] Selbst moderate und säkulare Muslime hätten nach Aussagen der Berliner Lehrer unter sich radikalisierenden Muslimen zunehmend zu leiden.

Abi für alle

In den 1960er Jahren war es nur einer von zehn Schülern, der das Abitur, welches damals als privilegierter Abschluss galt, schaffte[488], wobei dies eher Kindern aus gutbürgerlichen Familien vorbehalten war. Ich selbst hätte im Jahr 1977 auf Empfehlung meiner damaligen Klassenlehrerin nach vierjähriger Grundschulzeit auf die Realschule wechseln sollen. Dies, obwohl ich damals zu den Klassenbesten gehörte, aber ein Kind der Arbeiterschicht war, zudem noch mit geschiedenen Eltern. Von diesen hatte ich tatsächlich in der weiterführenden Schule keine weitere schulische Unterstützung zu erwarten, da beide aufgrund des Krieges und nach dessen Ende beispielsweise das Fach Englisch in der Schule überhaupt nicht hatten, von Latein und Spanisch ganz zu schweigen. Meiner Mutter habe ich es zu verdanken, dass sie mich entgegen des Rates dieser ansonsten wirklich guten Grundschulpädagogin am Gymnasium anmeldete, wo ich es ohne Nachhilfe und Sitzenbleiben in einem Rutsch bis zum Abitur schaffte. Damals galt: Ohne Fleiß kein Preis.

Mittlerweile machen an deutschen Schulen nunmehr 41 Prozent der Jugendlichen das Abitur, während es 2006 noch rund 30 Prozent waren.[489] In Hamburg lag die Abiturquote 2016 sogar bei 58,4 Prozent, womit in der Stadt an der Elbe ein neuer Rekord erreicht wurde.[490] Für viele Eltern, Universitätsprofessoren und für so manchen Lehrer steht diese Entwicklung jedoch im krassen Gegensatz zu den oftmals beklagenswerten Leistungen.[491] Laut einer Studie der *Konrad Adenauer Stiftung* von 2016 zur *Studierfähigkeit und Ausbildungsfähigkeit* können die Jugendlichen heute immer weniger mit Erfolgsdruck und Niederlagen umgehen, und somit ist die politisch gewollte Inflation des höchsten deutschen Bildungsabschlusses mit einer dramatischen Absenkung der Anforderungen erkauft worden.[492] Der Satz *Das Abitur droht zur Discounterware zu werden* von Josef Kraus, dem Präsidenten des Deutschen Lehrerverbandes, sagt hierzu alles.[493] Gleichzeitig hat der Druck auf die

Schüler, gute Schulleistungen zu bringen, enorm zugenommen, weswegen sich 20 bis 30 Prozent der Schüler erschöpft fühlen.[494] Verantwortlich gemacht werden dafür in erster Linie die gesellschaftlichen Leistungsnormen, denn wer heute kein Abitur hat, zählt in der Gesellschaft nichts. Wer selber im Berufsfeld Schule tätig ist, weiß, wie viele Schülerinnen und Schüler wegen Depressionen, Burnout, familiärer Problem usw. in psychologischer Behandlung sind. Dabei stehen diese gerade am Anfang ihres Lebens und sollen aller Voraussicht nach mindestens 50 Jahre als Leistungsträger dieser Gesellschaft in die sozialen Sicherungssysteme einzahlen.

Aus Sicht von Josef Kraus, aber auch vieler Lehrer, ist das Abitur lediglich nur noch ein Attest der Studienberechtigung, jedoch aber nicht der tatsächlichen Fähigkeit, ein Studium an einer der 282 Universitäten und Fachhochschulen in Deutschland erfolgreich zu absolvieren. Daher mag es wenig verwundern, dass die Zahl der Studienabbrecher mittlerweile auf dem Höchststand ist, denn mittlerweile verlässt fast jeder dritte Student der Bachelorstudiengänge die Uni ohne Abschluss.[495] In erster Linie geben die Studienabbrecher dabei Leistungsprobleme als Grund für diesen Schritt an. Für viele ist auch hier der Leistungs- und Anforderungsdruck zu hoch und der Stoff nicht zu bewältigen. Daher verlässt knapp die Hälfte die Hochschule bereits nach den ersten beiden Semestern, knapp ein Drittel folgt nach dem dritten oder vierten Semester.

Und dabei ist an deutschen Hochschulen und Universitäten nahezu alles möglich. Laut der *ZEIT* vom 30.08.2016 zufolge gibt es mittlerweile rund 18.000 Studienfächer[496], denen im Jahr 2016 entsprechend der Internetseite *statista.de* 328 anerkannte oder als anerkannt geltende Ausbildungsberufe gegenüberstanden.[497] Beispielsweise kann man an der Technischen Universität Darmstand seinen Bachelor nach sechs Semestern in Körperpflege oder an der Hochschule für Internationales Management in Heidelberg in Sachen Kreuzfahrt machen. Verstaubt klingende Studienfächer werden einfach mit einem cool klingenden Namen aufgehübscht – am besten gleich in Englisch wie beispielsweise Cruise Management – und schon beginnt ein Run auf bisher wenig nachgefragte Fächer, was viele Hochschulen wie auch Studenten vor Probleme stellt, denn zur Regulierung wird dann kurzerhand ein Numerus clausus eingeführt, weswegen vielen der Zugang zu dieser Fachrichtung verwehrt bleibt oder entsprechend viele Wartesemester in Kauf genommen werden müssen. Und schon 2015 konnte man in der *Welt* einen Artikel mit der Überschrift „Fachidioten erobern die deutschen Universitäten" lesen, wonach den Studenten vorgegaukelt werde, dass es für ihr ganz spezielles, ganz spezifisches Studienprofil tatsächlich echte Jobangebote auf dem Arbeitsmarkt gäbe. [498]

Vielleicht sollten wir jedem Kind gleich nach der Geburt neben der Geburtsurkunde auch noch das Abitur überreichen? Aber mal Spaß beiseite: Ich persönlich stelle mir zunehmend die Frage, wie wir vor diesem Hintergrund im internationalen Wettbewerb mit Blick auf Asien in Sachen Bildung, Forschung und Entwicklung mithalten wollen? Das deutsche Schul- und Bildungssystem galt lange Zeit als vorbildlich, doch die Zeiten sind längst vorbei. Auf die Pilgerfahrten deutscher Pädagogen nach Schweden, nachdem man durch die erste PISA-Studie ein Zeugnis des Schulversagens ausgestellt bekommen hatte, wurde ja bereits zu Beginn des Buches hingewiesen. An dieser Stelle sei der Vollständigkeit halber angemerkt, dass jeder Schüler, jede Schülerin dort abgeholt werden soll, wo er bzw. sie steht, was bedeutet, dass alle auf dem für sie entsprechenden jeweiligen Niveau zu unterrichten sind und man ihnen auch den eventuell benötigten Förderbedarf zukommen lassen muss. Und dabei sind gerade die ersten Schuljahre entscheidend, denn: *Was Hänschen nicht lernt, lernt Hans nimmermehr.*

Allein mit Sprüche klopfen ist es leider nicht getan. Vielmehr muss viel Geld für Personal, Lernmittel und Fortbildungen in die Hand genommen werden, um bessere Situationen an den Schulen zu schaffen, denn schließlich waren in Deutschland – dem einstigen Land der Dichter, Denker und Tüftler – Wissenschaft, Forschung und Technik immer Kernkompetenzen, zumal wir nicht wie andere Länder auf Rohstoffquellen und Bodenschätzen sitzen. Dabei müssen natürlich entsprechende Anreize geschaffen werden, um Abiturienten für ein Lehramtsstudium zu begeistern, denn ohne entsprechend gut ausgebildetes Personal wird es nun mal nicht gehen. Und während nach Deutschland überwiegend ungebildete und wenig alphabetisierte Menschen einwandern[499], die laut kürzlich veröffentlichten Medienberichten den

Fachkräftemangel in Deutschland beheben werden, wandert – wie bereits erwähnt – ein Teil der deutschen Bildungselite aus. Sollte dieser Braindrain weiter anhalten, ist erst recht dringender Handlungsbedarf angesagt. Doch ist dies nur die eine Seite der Medaille.

No chance

Die andere Seite der Medaille zeigt, dass die Zahl der Schulabgänger ohne Abschluss im Jahr 2014 auf 5,7 Prozent stieg, d. h. rund 47.000 Jugendliche verließen bundesweit die Schule ohne ein Abschlusszeugnis, was ihnen eine schlechte Ausgangsposition für den deutschen Arbeitsmarkt bietet.[500] Dabei gibt es regionale Unterschiede, und die Quote lag beispielsweise in Bayern bei 4,4 Prozent und bei 9,2 Prozent in Sachsen-Anhalt. In Berlin soll laut *Tagesspiegel* vom 04.02.2015 sogar fast jeder zehnte Schüler die Schule ohne Abschluss verlassen haben, wobei *das Ergebnis wie gewohnt bei den Schülern nichtdeutscher Herkunftssprache* besonders bedrückend gewesen sei.[501] Von diesen erreichten 14,7 Prozent keinen Abschluss, während es bei den Deutschstämmigen 6,6 Prozent waren, wobei selbst die anberaumten Nachprüfungen verpufften.

Folgendes Bild ergibt sich in Nordrhein-Westfalen: In Remscheid und Gelsenkirchen beispielsweise sind 45,4 bzw. 44,2 Prozent der Schulabgänger ohne Abschluss Ausländer.[502] Insgesamt liegt der Anteil der ausländischen Bevölkerung unter den Einwohnern in Remscheid bei 15,7 Prozent, in Gelsenkirchen bei 19,1 Prozent. Noch interessanter aber wird es, betrachtet man die Altersgruppe zwischen sechs und 20 Jahren, die also eine Schule besuchen sollte. Hier liegt der Anteil an Ausländern in Remscheid bei 12 Prozent, in Gelsenkirchen bei rund 20 Prozent. Jeder kann daraus seine eigenen Schlüsse ziehen. Laut *Wirtschaftswoche* vom 18.08.2016 sollen schon vor der jüngsten Migrationswelle im Jahr 2015 bei den Bildungsabschlüssen ausländischer Schüler Rückschritte beobachtet worden sein. Innerhalb eines Jahres sei die Schulabbrecherquote unter den Ausländern von 10,7 auf 11,9 Prozent gestiegen[503], weswegen es dringenden Handlungsbedarf für die Bildungsintegration von Migranten gibt. Diese stehen am Ende der Bildungsgesellschaft aufgrund oftmals fehlender Grundkenntnisse und Sprachhindernisse, weswegen an dieser Stelle noch einmal an die Situation in Schweden erinnert sei.

Zukünftig werden die Verteilungskämpfe also am unteren Ende der Gesellschaft zwischen Migranten, von denen nach Aussage der Bundesagentur für Arbeit bereits im Oktober 2015 nur jeder fünfte eine formale Qualifikation besessen haben soll bzw. 81 Prozent der Asylbewerber keinen Berufs- oder Studienabschluss hatten, und deutschen sowie ausländischen Schulabgängern ohne Bildungsabschluss um Niedriglohnjobs ausgetragen.[504] Einer Studie des Instituts für Arbeitsmarkt- und Berufsforschung zufolge sollen im Jahr 2010 rund 30 Prozent der in Deutschland lebenden ausländischen Beschäftigten weniger als 9,54 Euro Bruttostundenlohn verdient haben.[505] Anders verhielt es sich bei den Deutschen. Hier soll nur etwas mehr als jeder fünfte im Niedriglohnsektor tätig gewesen sein. Durch die weitere illegale Zuwanderung wächst die Zahl der Menschen ohne besondere Qualifikationen weiterhin an, weswegen sich die Konkurrenz in diesem Lohnsegment noch erhöhen dürfte. Im Dezember 2016 konnte man in der *Welt* lesen, dass von 1,2 Millionen Menschen, die seit 2015 in Deutschland einen Asylantrag gestellt hatten, es nur 34.000 in den ersten Arbeitsmarkt geschafft hätten.[506] Allein 57 Prozent von ihnen wurden durch Leiharbeitsfirmen beschäftigt, während 406.000 Migranten bei der Arbeitsagentur und den Jobcentern als arbeitssuchend und weitere 160.000 als arbeitslos erfasst waren. Und so sehen viele Unternehmen die größte Hürde für die Integration in den Arbeitsmarkt in Form der Sprache, ohne die es nun einmal insbesondere bei anspruchsvolleren Tätigkeiten oder hoch spezialisierten Aufgaben nicht geht, weswegen im Frühjahr 2017 laut *Welt* bundesweit auch nur maximal 7.000 Asylbewerber beschäftigt waren.[507] Im Dezember 2016 war in der *Zeit* die Rede von 34.000 Asylbewerbern in Arbeit, drei Monate später in dem *Welt*-Artikel nur noch von 7.000 Asylbewerbern.[508] Wie kommt diese große Differenz zustande? Wurden 27.000 Asylbewerber wieder entlassen, oder haben sie die Arbeit niedergelegt?

Apropos Differenzen: Diesen sieht sich die Polizei immer häufiger ausgesetzt aus. Dabei kommt diese laut der neuen Umfrage hinsichtlich des Ansehens bestimmter Berufsgruppen auf 87 Prozent Zustimmung – vor zehn Jahren lag dieser Wert noch bei 78 Prozent. Alle Achtung!

Sicherheit ist nicht so wichtig

Notrufe von der Polizei

Wenn selbst die Polizei die Notrufnummer 110 wählen muss, ist das doch sehr bedenklich. Dies ist natürlich etwas überspitzt formuliert und trifft so in der Realität zum Glück (noch) nicht zu. Fakt aber ist, dass es sehr wohl zunehmend Not- und Hilferufe aus den Reihen der Polizei gibt. Auf die Bochumer Polizistin Tania Kambouri, die selbst griechische Wurzeln hat, und ihr Buch hatte ich ja bereits hingewiesen. Nur wenige Monate nach dessen Erscheinen leistete Rainer Wendt, Präsident der Deutschen Polizeigewerkschaft (DPolG), CDU-Mitglied und Vater von fünf Kindern, mit seinem Buch *Deutschland in Gefahr*[509] Schützenhilfe. Dieser sieht Deutschland in einer Krise. Auslöser dieser sind seiner Ansicht nach u. a. die hohe Gewaltbereitschaft durch Links- und Rechtsradikale, ein schlank gesparter Staat, gut organisierte Verbrecherbanden und eine Justiz, die einen Schwarzfahrer hinter Gitter bringt und kriminelle Schwerverbrecher mit Geldstrafen davonkommen lässt. Darüber hinaus mahnt der DPolG-Präsident einen starken Staat an. Denn nur ein starker Staat, der eben nicht nur Regeln und Gesetze erlässt, sondern auch auf deren Einhaltung drängt, hat Kriminalität und Terror etwas entgegenzusetzen. *Deutschlands lautester Polizist*, wie Wendt oft bezeichnet wird, kam wohl weniger wegen seiner ungenehmigten Nebentätigkeit ins Kreuzfeuer der Öffentlichkeit.[510] Vielmehr sollte er wohl im Kontext mit seinem Buch, seiner massiven Kritik an der Migrationspolitik seiner Parteichefin und seiner schonungslosen Offenheit über die Missstände bei der Polizei mundtot gemacht werden. Das gegen ihn eingeleitete Verfahren wegen Untreue wurde eingestellt – im November 2017. Alle Achtung, liebe Frau Kambouri und lieber

Herr Wendt! Wie schon von mir an anderer Stelle erwähnt: Es braucht einfach mehr Menschen, die sich ihrem Gewissen verpflichtet fühlen und sich aus der Deckung trauen, um über katastrophale Situationen, unhaltbare Zustände und Fehlentwicklungen in ihrem Berufsfeld zu berichten – eben auch und gerade im vom Steuerzahler finanzierten öffentlichen Dienst. Dabei handelt es sich in Sachen Polizei um ein offenes Geheimnis, denn jeder, der in seiner Familie oder im Freundes- und Bekanntenkreis Landes- oder Bundespolizisten hat, wird von diesen genau das bestätigt bekommen, was die beiden in ihren Büchern beschreiben, wenn es sich nicht gerade um einen Polizisten auf Hallig Hooge handelt. Ach nee, da gibt es ja gar keine Polizei.

Darüber hinaus gibt es bereits in vielen deutschen Städten eine Paralleljustiz, wo beispielsweise sogenannte Friedensrichter zwischen zerstrittenen Muslimen schlichten.[511] Dies geschieht jedoch vorbei an der deutschen Justiz, und so tauchen durch Friedensrichter behandelte Fälle natürlich auch in keiner Kriminalstatistik auf. Zu diesem Thema wurde übrigens im Dezember 2015 eine Studie zum Phänomen *Paralleljustiz* vom damaligen Berliner Justizsenator Thomas Heilmann (CDU) vorgestellt, in der dieses Phänomen durch empirisch belastbare Untersuchungsergebnisse bestätigt wurde und aus der hervorgeht, wie sich diese Problematik bereits verfestigt hat, da staatliche Behörden diese Milieus viel zu selten kontrollieren.[512]

Beispielsweise sind früher viele Beamte in Uniform mit öffentlichen Verkehrsmitteln zur Arbeit gefahren. Auf diese verzichten mittlerweile viele, da sie mit dieser als Polizist erkennbar sind und bei Auseinandersetzungen einschreiten müssten bzw. selbst Ziel eines Angriffs werden könnten. So habe laut dem Präventionsportal *Polizei – Dein Partner* die Gewalt gegen Polizisten in den letzten 10 Jahren um 33 Prozent zugenommen, wobei auch hier von einer Dunkelziffer auszugehen ist, da viele Polizisten gar keine Anzeige aufgeben.[513] Die Übergriffe gegen Rettungssanitäter, Feuerwehrleute, Vollstreckungsbeamte, Ärzte und Pflegepersonal, Lehrer und Gerichtsvollzieher, um nur ein paar Beispiele zu nennen, haben in der Vergangenheit auch weiter zugenommen.[514] Aber auch das gibt es immer mal wieder: Prügelnde Polizisten. Mögliche Ursachen hierfür: Die politische Gesinnung, Frust und Überlastung.

Werfen wir mal einen Blick auf die Personaldecke bei der Exekutive, wo seit Jahren bundesweit gespart wurde. Allein in der Zeit des Jahres 2000 bis 2007 sind insgesamt rund 10.000 Stellen im Polizeivollzugsbereich sowie 7.000 Stellen im Tarifbereich ersatzlos gestrichen worden.[515] Dies, obwohl sich die Bedrohungslage drastisch verändert und das Aufgabenpaket der Polizei deutlich zugenommen hat. Daneben wurden Polizeidienststellen zusammengelegt bzw. geschlossen, weswegen der Bürger manchmal Stunden auf eine herbeigerufene Streife warten muss.[516] Sowohl bei der Bundespolizei als auch bei der Landespolizei stapeln sich die Überstunden. Allein während der Migrationskrise haben sich bei der Bundespolizei fast drei Millionen Überstunden angehäuft. Insgesamt hat es bei der Polizei 2016 einen Berg von 22 Millionen Überstunden gegeben.[517] Daher arbeiten viele Polizisten geradezu am Limit. Der Abbau von Überstunden erweist sich als schwierig, da an allen Ecken und Enden Personal fehlt. Allein in Nordrhein-Westfalen kam es 2015 zu über 78.000 zusätzlichen Polizeieinsätzen in Flüchtlingsheimen.[518] Gründe für diese Einsätze waren Prävention, Straftaten unter den Flüchtlingen, Brandmeldungen und politisch motivierte Straftaten. So sollen sich laut Bundeskriminalamt 2016 rund 1.000 Angriffe auf Flüchtlingsunterkünfte ereignet haben, die zu 93 Prozent rechtsradikal motiviert waren.[519]

In Zukunft sollen zwar laut CDU und SPD 15.000 zusätzliche Polizeibeamte eingestellt werden – was seitens der Polizei als zu niedrig betrachtet wird –, doch bevor diese überhaupt den Polizeidienst antreten können, vergehen aufgrund der Ausbildungszeit alleine mindestens drei Jahre. Die Situation wird sich alleine dadurch verschärfen, dass nach Auskunft von Oliver Malchow von der Gewerkschaft der Polizei (GdP) bis 2021 rund 44.000 Polizeibeamte aus dem Dienst ausscheiden – vierundvierzigtausend innerhalb der nächsten vier Jahre![520] Allein in Nordrhein-Westfalen, dem bevölkerungsreichsten und mit 2.270.248 Migranten laut Ausländerzentralregister (Stand: 31.12.2015)[521] dem ausländerreichsten Bundesland, gehen bis 2025 rund 3.700 Beamte in die wohlverdiente Pension.[522] Darüber hinaus steht auch der Justiz in den nächsten Jahren eine Pensionierungswelle bevor, weswegen Jens Gnisa, Vorsitzender des Deutschen Richterbundes (DRB), mindestens 2.000 zusätzliche Richter und Staatsanwälte in einer gemeinsamen

Pressekonferenz mit Oliver Malchow forderte.[523] Nach Auffassung der GdP und des DRB gefährden die bevorstehenden Pensionierungswellen bei Polizei und Justiz die Stabilität des deutschen Rechtsstaates.

Und so mag der Hilferuf von Peter Frank, dem bereits erwähnten Generalbundesanwalt, im Februar 2017 keineswegs zur Beruhigung der Lage und Besänftigung der Gemüter geführt haben, als dieser die Justizminister der 16 Bundesländer schriftlich darüber informierte, dass *die Grenzen der Leistungsfähigkeit der Bundesanwaltschaft erreicht* seien und zwar aufgrund der vielen Terrorverfahren.[524] Dieser Brief des Generalbundesanwaltes soll in Justizkreisen zum Teil mit „noch nie da gewesen" oder „unfassbar" bewertet worden sein. Und so bat Peter Frank darum, *Staatsanwälte und Richter zur Unterstützung an die Bundesanwaltschaft zu entsenden*. Wie kann das funktionieren? Natürlich gar nicht, und so müssen nicht selten Kriminelle, denen aufgrund fehlenden Personals nicht rechtzeitig der Prozess gemacht werden kann, häufig wieder auf freien Fuß gesetzt werden, wie beispielsweise im Mai 2015 in Hamburg, als zwei jugendliche Totschläger ein erstes Urteil gegen sie wegen überlanger Verfahrensdauer angefochten hatten.[525] Durch zu wenig juristisches Personal läuft man bundesweit also Gefahr, dass Prozesse sich in die Länge ziehen und sich Zeugen nicht mehr genau erinnern können, die Strafen milder ausfallen oder Straftäter sogar wieder laufengelassen werden müssen. Das kann doch alles nicht mehr wahr sein!

Alles halb so wild

Jetzt, wo das Kind in den sprichwörtlichen Brunnen gefallen ist, scheint man in der Politik langsam aufzuwachen. Aber wie immer darf der Bürger die Suppe auslöffeln und sich Sprüche wie *Hundertprozentige Sicherheit gibt es nicht*[526] anhören. Das ganze Leben ist ein Risiko, doch kann man bestimmte Risiken durch Planung und Weitsicht durchaus minimieren. Wenn die Not am größten ist, greift man auch bei der Polizei wie bei den Pädagogen zu ungewöhnlichen Maßnahmen: Bundesländer wie Sachsen und das Saarland setzen schon jetzt auf Hilfspolizisten, die nach dreimonatiger Ausbildung den Dienst mit der Waffe auf der Straße versehen dürfen. Darin sieht zumindest Innenminister de Maizière ein *zukunftsweisendes Modell*, während die Kritik daran groß ist.[527] Doch es geht noch „besser": So erlebte die Berliner Polizeiakademie im November 2017 eine regelrechte Skandalwoche, wo einiges an Ungeheuerlichkeiten an die Öffentlichkeit gelangte. So verhalten sich Polizeischüler mit Migrationshintergrund nicht angemessen gegenüber ihren Ausbildern, verweigern sich beim Dienstschwimmen, halten Kontakte zu Kriminellen oder schicken Doppelgänger zu den Rechtsklausuren.[528] Darüber hinaus sollen Plagiate von Hausaufgaben angefertigt worden sein und eine Praktikantin Fahndungsbilder einer arabischen Großfamilie aus dem internen Netzwerk abfotografiert und über WhatsApp verschickt haben. Es soll ein frauenfeindliches Klima herrschen, und einige Polizeischüler sollen bereits vor ihrer Ausbildung strafffällig geworden sein.[529] Und so ganz nebenbei: Nicht nur die Polizei in Berlin soll von arabischen Clans unterwandert sein. Hierbei soll es sich um ein bundesweites Problem handeln, bei dem die Clans in *Schaltstellen von Justiz, aber auch Wirtschaft, Politik und andere Bereiche der öffentlichen Verwaltung eindringen.*[530] Ick liebe dir, mein Heimatland …

Die Sondereinheiten der Polizei sind zwar nach den Terroranschlägen in Frankreich 2015 besser ausgerüstet worden, doch normale Streifenpolizisten sind mit veraltetem Material wie z. B. unsicheren Schutzwesten und zu leichten Waffen ausgerüstet, mit denen sie im Einsatz gegen Gewaltverbrecher und Terroristen keine Chance haben. So fallen beispielsweise Schutzwesten und ballistische Schutzdecken unter die Schutzklasse 1, d. h. sie schützen gegen 9-Millimeter-Munition und Schnittverletzungen, nicht aber gegen Schüsse aus einer Kalaschnikow, die nur durch Schutzmaterialien der Schutzklasse 4 abgewehrt werden können. Dass so manchem Streifenpolizisten bei dieser Art von Ausrüstung nicht ganz wohl beim Dienst auf der Straße sein mag, ist durchaus nachvollziehbar.[531] Als Bürgerin stelle ich mir die Frage, wie die Polizei im Kampf gegen Schwerstkriminelle und Terroristen die Bevölkerung schützen kann, wenn Polizeibeamte aufgrund der schlechten Ausrüstung nicht einmal in der Lage sind, sich selbst und ihr Leben zu schützen? Die Aufrüstung der Spezialeinheiten (SEK, GSG9, robuste Beweis- und Festnahmehundertschaften der Bundespolizei etc.) oder auch vereinzelt der Streifenfahrzeuge ist also nur ein Tropfen auf dem heißen Stein.

Es gibt mehr oder minder schwere Formen von Strafdelikten, doch die überragend große Mehrheit der Bevölkerung wird jegliche Form von Kriminalität ablehnen, ganz gleich, ob nun von Deutschen, von Menschen mit Migrationshintergrund oder von Ausländern verübt. Laut *Welt* im Oktober 2015 dominierten Ausländer, also diejenigen ohne deutschen Pass, zu fast zwei Dritteln die organisierte Kriminalität. Hauptverdächtige waren dabei Litauer und Türken neben Polen und Rumänen, doch die Zahl der tatverdächtigen Rumänen und Georgier nahm ungewöhnlich stark zu.[532] Der Anteil ausländischer Insassen in deutschen Gefängnissen lag im Frühjahr 2016 nach Angaben der Gewerkschaft für Strafvollzug (BSBD) bei insgesamt rund 30 Prozent und dies, obwohl diese Menschen bundesweit nur rund 10 Prozent der Gesamtbevölkerung ausmachen. Das bedeutet, dass Ausländer nach Bereinigung aller Straftaten, die nur durch Ausländer – wie zum Beispiel illegaler Grenzübertritt – verübt werden können, fast dreimal straffälliger als Deutsche sind.[533] Waren es im Jahr 2015 in baden-württembergischen Haftanstalten noch 2.593 Ausländer und Staatenlose, die aus 94 Nationen kamen, so waren es ein Jahr später bereits 3.053 Ausländer und Staatenlose aus 100 Herkunftsländern. Dieser hohe Zuwachs ist überwiegend den Straftätern aus den Maghreb-Staaten zuzurechnen. Den größten Anteil in baden-württembergischen Gefängnissen machen jedoch Türken und Rumänen unter sich aus, wobei Eigentums- und Drogendelikte zu den häufigsten Straftaten zählten.[534] Durch die Sprachbarrieren aufgrund ganz unterschiedlicher Herkunftsländer gibt es natürlich zusätzliche Herausforderungen, und ebenso stellt sich damit einhergehend die Frage, wie auf diese Weise Resozialisierungsmaßnahmen überhaupt noch greifen können?

Zu allem Überfluss sind viele Gefängnisse aufgrund ausländischer Straftäter, von denen viele Asylbewerber sind, die in U-Haft genommen werden, da sie oft keinen festen Wohnsitz haben, nicht nur „ausgebucht", sondern vielmehr überbelegt. Viele Haftanstalten sind außerdem sanierungsbedürftig, kleinere wurden bereits geschlossen, weitere werden folgen. So sollen in Sachsen aufgrund der Überbelegung sowie des Personalmangels in den Gefängnissen große Missstände herrschen, deren Folgen *mangelnde Betreuung, Übergriffe unter Gefangenen oder auf Bedienstete sowie Suizide* seien. Daneben könne u. a. die medizinische Grundversorgung nicht mehr gewährleistet werden.[535]

Möglicherweise fordern aufgrund der überfüllten deutschen Strafanstalten in Form der *Bremer Erklärung* rund 700 Strafverteidiger aus ganz Deutschland die Abschaffung der lebenslangen Freiheitsstrafe und des Tatbestandes Mord.[536] Mord und Totschlag sollen durch den einheitlichen Straftatbestand der Tötung ersetzt werden. Laut Kriminalstatistik 2016 wurden insgesamt 6,37 Millionen Straftaten registriert.[537] Dabei haben die schweren Gewaltverbrechen zweistellig zugenommen. Insbesondere bei Mord, Totschlag, Gewalt- und Rauschgiftdelikten hat es eine Zunahme gegenüber dem Vorjahr gegeben. Insgesamt ist die Zahl der tatverdächtigen Zuwanderer um 52,7 Prozent auf 174.438 Fälle gestiegen und zwar nach Bereinigung aufenthaltsrechtlicher Verstöße. Noch im August 2016 ließ ein BKA-Bericht verlauten, dass die Zahl der von zugewanderten Personen begangenen Straftaten gesunken sei[538], und selbst im Dezember 2016 tat der Experte Udo Küch vom Bund Deutscher Kriminalbeamter die Frage, ob denn Zuwanderer die Straftatenzahlen in die Höhe treiben würden, als blanken Populismus ab.[539] Was für ein absurdes Beschwichtigungstheater. Immerhin gab Münch zu, dass jahrelang Probleme mit bestimmten Gruppen von Zuwanderern unter den Teppich gekehrt worden seien.

Erschreckend in diesem Zusammenhang ist die Tatsache, dass 31 Prozent aller zugewanderten Tatverdächtigen vorgeworfen wird, bereits mehrere Straftaten begangen zu haben. Laut Angaben des BKAs sollen 5 Prozent von ihnen bereits mehr als sechsmal kriminell geworden sein.[540] Unter die Rubrik Zuwanderer fallen dabei *Asylbewerber, Menschen mit Duldung, Kontingent- und Bürgerkriegsflüchtlinge oder Personen mit unerlaubtem Aufenthalt,* anerkannte Flüchtlinge jedoch nicht. Die Auswertung für letztere Bevölkerungsgruppe, die bereits Asyl nach dem Grundgesetz erhält bzw. Flüchtlingsschutz nach der Genfer Flüchtlingskonvention bekommt, wird nach Aussage des Bundeskriminalamtes gesondert erst in der Kriminalitätsstatistik für 2017 ausgewiesen. In den Medien heißt es ja, dass Menschen aus Syrien, dem Irak und Afghanistan eher selten kriminell werden.[541] Im Frühjahr 2018 weiß man darüber sicherlich mehr.

Gemäß einer Studie des Weltwirtschaftsforums ist Deutschland im weltweiten Sicherheitsranking um beachtliche 31 Plätze abgerutscht und auf dem 52. Platz von 136 Ländern gelandet. Damit liegt es hinter Ländern wie Ruanda, Tadschikistan, Polen und der Mongolei.[542] Dabei vollzog sich dieser Absturz nicht etwa über mehrere Jahre, sondern innerhalb von zwei Jahren. Welche Auswirkungen das für den Tourismus und den Wirtschaftsstandort Deutschland bei gleichbleibender Situation zukünftig haben wird? Die chinesische Botschaft in Berlin warnt ihre Bürger jedenfalls schon davor, sich nachts allein in Deutschland auf die Straße zu begeben oder sich an abgelegenen Plätzen aufzuhalten.[543] Fakt ist, dass der Attentäter aus Würzburg durch einen Axtangriff eine Familie aus Hongkong verletzte, im Mai eine chinesische Studentin in Dessau Opfer eines Sexualmordes wurde und ebenfalls zwei Studentinnen aus der Volksrepublik China in Bochum Opfer eines Überfalls durch einen irakischen Flüchtling wurden.[544] Deutschland zeigt sich wirklich von seiner besten Seite.

Unter dem Strich bleibt also festzuhalten: Durch die Öffnung der Grenzen in Europa mit dem Schengener Abkommen von 1995 ist kriminalgeografisch ein nahezu unbegrenzter Markt entstanden, der in Verbindung mit einem über Jahre kaputt gesparten Polizei- und Justizapparat neben einem völlig ausgehöhlten Asylrecht, welches durch die massive und bis heute anhaltende unrechtmäßige Migration nach Deutschland dazu geführt hat, dass wir in einem Land leben, in dem das Sicherheitsgefühl der Bürger zunehmend schwindet und die Belastungsgrenze der Polizei und die Leistungsfähigkeit der Justiz schon lange überschritten sind. Keine Panik auf der Titanic – alles halb so schlimm, denn zum Glück haben wir ja noch die Bundeswehr.

Bunter Haufen Bundeswehr

Die Wehrpflicht ist nach der offiziellen Geburtsstunde der Bundeswehr im Jahr 1955 seit 2011 u. a. aufgrund des hohen Ausbildungsaufwandes sowie fehlender sicherheitspolitischer und militärischer Gründe ausgesetzt worden.[545] Zeitgleich wurde ein freiwilliger Wehrdienst von sechs bis 23 Monaten eingeführt. Laut der Internetseite der Bundeswehr dienten mit Stand vom 13. Juni 2017 insgesamt 178.304 aktive Soldatinnen und Soldaten in der deutschen Verteidigungstruppe.[546] 3.261 Soldaten waren zu diesem Zeitpunkt an 15 Auslandseinsätzen beteiligt, allein 949 von ihnen in Afghanistan und Usbekistan.[547] Das Ergebnis einer *Forsa*-Umfrage im Auftrag des Magazins *Stern* Ende Dezember 2015 war, dass sich 52 Prozent der Befragten gegen die Wiedereinführung der allgemeinen Wehrpflicht aussprachen, während 42 Prozent diese befürworteten.[548] Insbesondere sollen sich dabei vor allem die Anhänger der Grünen mit 72 Prozent gegen und die Anhänger der AfD mit 60 Prozent für einen neuerlichen Pflichtdienst bei der Bundeswehr ausgesprochen haben. Angela Merkel sprach sich im Mai 2017 gegen eine Wiedereinführung der Wehrpflicht aus.[549]

Zum Auftrag der Bundeswehr, die derzeit (Herbst 2017) der Ärztin, Ex-Familienministerin und nunmehr Verteidigungsministerin Ursula von der Leyen (CDU) unterstellt ist, gehören laut Internetseite des Bundesministeriums für Verteidigung der Schutz Deutschlands und der seiner Bürger, die Sicherung der außenpolitischen Handlungsfähigkeit Deutschlands und der Beitrag zur Verteidigung der Verbündeten. Darüber hinaus leistet *sie einen Beitrag zu Stabilität und Partnerschaft im internationalen Rahmen und fördert die multinationale Zusammenarbeit und europäische Integration.* Zu den Aufgabenbereichen gehören u. a. *die Landesverteidigung als Bündnisverteidigung im Rahmen der Nordatlantischen Allianz, internationale Konfliktverhütung und Krisenbewältigung – einschließlich des Kampfes gegen den internationalen*

Terrorismus, Beiträge zum Heimatschutz, das heißt Verteidigungsaufgaben auf
deutschem Hoheitsgebiet sowie Amtshilfe in Fällen von Naturkatastrophen und
schweren Unglücksfällen, zum Schutz kritischer Infrastruktur und bei innerem
Notstand und humanitäre Hilfe im Ausland.[550]

Nur gut ein halbes Jahr nach der Umfrage von *Forsa* konnte man beispielsweise bei *n-tv* lesen, dass die Bundesregierung über eine Rückkehr zur
allgemeinen Wehrpflicht aufgrund sicherheitspolitischer Gründe und im Zusammenhang eines neuen Konzeptes zur zivilen Verteidigung nachdenke.[551]
Zwei Tage zuvor war in der *FAZ* zu lesen, dass die Bundesregierung mit diesem Zivilschutzkonzept der Bevölkerung zur Vorratshaltung von Lebensmitteln und ausreichend Trinkwasser für einen Zeitraum von zehn Tagen rate.[552]
So etwas hat es seit dem Ende des Kalten Krieges 1989 in Deutschland nicht
mehr gegeben. Auf den Gebäudeschutz für Regierungsgebäude hatte ich
bereits eingangs hingewiesen.

Jedenfalls soll die Verteidigungsministerin mit der Abbrecherquote von
rund 25 Prozent der Freiwilligen, die ihren Dienst an der Waffe verrichten,
unzufrieden sein. Nachdem sich gut 20 Prozent der Rekruten nach dem Frei-
willigendienst als Zeit- oder Berufssoldat verpflichten, wollen laut Aussage
von der Leyens die hoch motivierten jungen Menschen bei der Bundeswehr
gefordert werden, weswegen sich die Bundeswehr *als Arbeitgeber noch mehr*
anstrengen müsse.[553] Ich hätte dabei ganz gerne gewusst, ob bei der Bundeswehr tatsächlich Langeweile unter den jungen Leuten herrscht, ob diese
möglicherweise mit völlig falschen Erwartungen den Wehrdienst antreten
oder ob nicht auch hier chronische Überforderung zu einem vorzeiten Abbruch der Ausbildung führen?

Und so finde ich es keinesfalls beruhigend, was 2016/2017 über die Bundeswehr in den Medien zu lesen war. Im März 2016 berichtete die *taz* über
vier Nazis, die schon im Jahr 2015 aus der Bundeswehr entlassen wurden.[554]
Daneben habe es 149 rechtsextremistische Vorfälle und 230 vom Militärischen Abschirmdienst (MAD) bearbeitete Verdachtsfälle gegeben. Der *Merkur*
berichtete Anfang November 2016 darüber, dass 20 Islamisten bei der Bundeswehr durch den MAD enttarnt wurden.[555] Außerdem sollen weitere 60
Verdachtsfälle verfolgt worden sein. So werde der Dienst in der Bundeswehr

von islamistischen Kreisen befürwortet, um den Umgang mit Waffen zu lernen, und es bestehe die Sorge, *dass gewaltbereite Extremisten der Propaganda Folge leisten.* Aus diesem Grund werde man ab Juli 2017 jährlich 20.000 neue Bewerber für den Dienst an der Waffe einer Sicherheitsüberprüfung unterziehen. Bislang wurden nämlich lediglich ein polizeiliches Führungszeugnis und das Bekenntnis zum Grundgesetz von den neuen Rekruten eingefordert und das, obwohl man bereits von 2007 bis 2016 24 aktive Soldaten als Islamisten bei der Bundeswehr erkannt hatte. Gemäß dem Soldatengesetz war eine Sicherheitsüberprüfung der Soldatinnen und Soldaten bisher erst nach deren Anstellung möglich.[556] Man arbeitet also auch hier nach dem Motto „Erst einmal alle rein, und erst dann wird geguckt". Allerdings handelt es sich hier nicht um eine Wurstfabrik, sondern um die Bundeswehr, die Soldatinnen und Soldaten im Umgang mit Waffen und schwerem militärischen Gerät ausbildet und schult. Von sexuellen Vorwürfen, Mobbing, Gewaltritualen unter Elitesoldaten[557] und nicht einsatzbereiten Waffensystemen bei der Bundeswehr war in jüngster Vergangenheit immer mal wieder zu lesen.[558] Den Höhepunkt der Bundeswehraffären bildete jedoch der Fall des Soldaten Franco A., seines Zeichens Oberleutnant, der sich als syrischer Flüchtling unter falscher Identität als Asylbewerber registrieren ließ und einen Anschlag aufgrund fremdenfeindlicher Motive geplant haben soll.[559]

Seit Gründung der Bundeswehr vor 62 Jahren dürfen in dieser nur Personen, die die deutsche Staatsbürgerschaft besitzen, den Dienst an der Waffe verrichten. Im Juli 2016 konnte man von den Plänen der Großen Koalition aus CDU/CSU und SPD lesen, die Bundeswehr für EU-Ausländer zu öffnen.[560] Dieser Bruch des bisherigen Prinzips wurde bereits im vom Kabinett im Juli 2016 vorgestellten Weißbuch der Bundesregierung vorgesehen. Dies ist jedoch beim Deutschen Bundesverband (DBwV), einer Art Gewerkschaftsverband für die Soldatinnen und Soldaten, auf großen Widerstand gestoßen.[561] Begründet wurde dies damit, dass die deutsche Staatsbürgerschaft für die Bundeswehr elementar sei und dies auch bleiben müsse.[562] Hierbei wurde das besondere gegenseitige Treueverhältnis von Staat und Soldat durch den Verbandschef Oberstleutnant André Wüstner ins Feld geführt, der sich zu diesem Thema gegenüber der *Deutschen Presseagentur (dpa)* geäußert hatte.

Weiter ergänzte er seine Ausführungen, dass der Soldatenberuf *kein Beruf wie jeder andere* sei. In der Tat kann man diesen wohl kaum mit ebenfalls ehrbaren, aber zivilen Berufen wie beispielsweise Zahnärztin, Versicherungskaufmann oder Schuhverkäuferin vergleichen, denn so Wüstner: *Die Bereitschaft, im Zweifel für das zu sterben, was im Kopf und im Herzen ist, kann nicht für eine Bereitschaft zum selbigen für jeden beliebigen Staat oder Arbeitgeber gelten.*[563] Daher habe die soldatische Identität eine enorme nationale Ausprägung und zwar trotz eines europäischen Wertesystems. Leider scheint dies bei Verteidigungsministerin von der Leyen nicht angekommen zu sein, denn Ende des Jahres 2016 beharrte diese weiterhin auf ihren Plänen – noch regt sich Widerstand in der Truppe.[564]

Außerdem wirbt Frau von der Leyen um junge Menschen ohne Schulabschluss. *Wir finden wichtig, allen eine Chance zu geben*, sagte sie in diesem Zusammenhang Mitte Dezember 2016, weswegen man den Hauptschulabschluss parallel nachholen könne, wenn man sich als Zeitsoldat verpflichten würde.[565] Schon jetzt haben laut *FAZ* vom 03.07.2016 unter Berufung auf die *Bild am Sonntag* vom Vortag, die sich wiederum auf eine interne Studie der Bundeswehr stützt, 26 Prozent der Soldaten im einfachen Dienst einen Migrationshintergrund.[566] Insgesamt liegt der Anteil der Beschäftigten mit ausländischen Wurzeln und deutschem Pass bei 14,4 Prozent. Laut einer Sprecherin des Verteidigungsministeriums sei die Integration aller Menschen wichtig für die Bundeswehr, wobei es nicht auf die Herkunft ankäme und man den Anteil von Soldaten mit Migrationshintergrund weiterhin erhöhen wolle. Multikulti ist also auch mittlerweile bei der vermeintlichen Verteidigungstruppe angekommen, und es bleibt zu wünschen, dass sich die Situation beim Militär anders darstellt als bei Teilen der Exekutiven – Zweifel hinsichtlich einer Unterwanderung sind auch dort nicht auszuschließen.

Wenig verwunderlich ist in diesem Zusammenhang auch das Pilotprojekt der Bundeswehr, Migranten in zivilen Berufen auszubilden.[567] Hiernach sollen diese in Handwerk, Technik, Medizin und Logistik eingesetzt werden, um dann eines Tages, wenn sie beispielsweise nach Syrien zurückgehen, dort beim Aufbau helfen zu können. Grundsätzlich mag dies von der Idee ja gar nicht schlecht gedacht sein, doch die Erfahrung der letzten Jahre hat uns gelehrt, dass viele der Migranten nach Kriegsende eben nicht in ihre Heimatländer zurückgekehrt, sondern in Deutschland geblieben sind. Wen wundert es da noch, dass eine bereits im Jahr 2014 in Auftrag gegebene Studie zu dem Ergebnis gekommen ist, dass 84,7 Prozent der Befragten in Deutschland bleiben wollen, wobei fast 80 Prozent hoffen, die deutsche Staatsbürgerschaft zu erhalten?[568] Da die Bundeswehr ein äußerst sensibler Bereich ist, bleibt nur zu hoffen, dass die dort beschäftigten Migranten mit echten Papieren sowie ohne Kampferfahrung in ihrer Heimat eingereist sind und dort einfach nur in guter Absicht arbeiten, wenngleich die Frage erlaubt sein muss, ob es denn nicht genügend andere Ausbildungsunternehmen außerhalb des Bundeswehr gibt? Schließlich herrscht derzeit in Deutschland Fachkräftemangel, und bislang gelang die Integration von Migranten in den Arbeitsmarkt ohnehin nur sehr schleppend. Aus diesem Grund warnte der ehemalige Chef des Bundesnachrichtendienstes, Gerhard Schindler, vor einem hohen Frustpotential unter den überwiegend männlichen Migranten, die mehr *als die Gesamtstärke aller Soldaten der Bundeswehr* ausmachen würden.[569] So müsse man seiner Ansicht nach *kein Prophet sein, um sagen zu können, dass trotz aller Bemühungen um Integration diese Anzahl ein großes Potenzial ist für Frust, Radikalisierung und letztlich für Gewalt.*

Die Truppe im Inneren

Und nun, wo die Polizei chronisch kaputtgespart, die Bundeswehr personell wie aber auch materiell am Boden liegt und in diesem Land eine ange-
spannte Sicherheitslage herrscht, die jeder Bürger durch zum Beispiel Nach-
richten-Apps über irgendwelche Terror-, Gefährder- und Razzia-Meldungen
frei Smartphone vermittelt bekommen kann, hat es eine länderübergreifen-
de dreitägige Terrorabwehrübung von Bundeswehr und Polizei bereits Anfang März 2017 gegeben, bei der der imaginäre Ernstfall geprobt wurde.[570]
Dies allerdings nur in der Theorie. Diese gemeinsame Übung wurde keinesfalls von allen begrüßt, denn für die Innere Sicherheit im Land sei die Polizei
zuständig, wie Oliver Malchow, der zuvor schon erwähnte Bundesvorsitzen-
de der GdP, in einem Artikel auf der Internetseite der GdP vom 15.09.2016 äußerte.[571] Wörtlich sagte dieser im September in Berlin: *Wir haben von Anfang
an vor einem Aufweichen der Rechtslage gewarnt und den Einsatz von Soldaten
für polizeiliche Vollzugsmaßnahmen kategorisch abgelehnt. Zugleich beton-
ten wir immer, dass die Polizei für die Bekämpfung von Terroristen ausgebildet
und gut aufgestellt ist. Damit ist die Diskussion aus unserer Sicht beendet.* Dies
scheint jedoch tatsächlich nicht der Fall gewesen zu sein, oder wie sonst ließe sich die bereits stattgefundene Übung in Murnau erklären? Dabei gibt es
aufgrund der deutschen Geschichte gute Gründe dafür, die Aufgaben von
Polizei und Militär strikt zu trennen. Wenn man sich aber in den Ministerien
für Inneres bzw. Verteidigung etwas in den Kopf gesetzt hat, wird das eben
entgegen aller Bedenken ausgeführt. Eine aufgeweichte Rechtslage – egal.

Wer kennt eigentlich Schnöggersburg, nördlich von Magdeburg? Ich
hatte bislang nichts von diesem Ort gehört. Hier entsteht bereits seit einiger Zeit eine Geisterstadt als Trainingsgelände für Soldaten in Form eines ur-
banen Ballungsraumes auf einer Fläche von 6,5 Hektar. Dazu gehören über
500 Gebäude, eine Altstadt mit verwinkelten, unüberschaubaren Gäs*schen*

und einem Marktplatz, Hochhäuser, ein Supermarkt, ein „Elendsviertel" mit 300 Hütten, Bauerngehöfte, ein 800 Meter langer Wasserkanal inklusive „sprengbarer" Brücken, Gleisanlagen, Übungskanalisation, ein U-Bahn-Tunnel, sogar ein Flugplatz mit Landebahn, Abfertigungshalle und Tower. Auch ein sogenannter „Sakralbau" wurde errichtet – architektonisch ein Mittelding zwischen Kirche, Moschee und Tempel.[572] Finanziert wird das Ganze vom Steuerzahler mit 140 Millionen Euro. Während der Übungen von Angriffsszenarien wird dort mit spezieller Manövermunition geschossen. Gegner wie die Initiative *Offene Heide* befürchten jedoch, *dass die Bundeswehr hier für etwas übt, für das sie keinen Auftrag hat: den Einsatz innerhalb Deutschlands.* Von der Bundeswehr wird dies jedoch bestritten. Die Bedenken scheinen aufgrund der zuvor erwähnten Übung zwischen Militär und Polizei zumindest nicht ganz unbegründet zu sein. In Schnöggersburg sollen Soldaten also nur auf ihren oft gefährlichen Auslandseinsatz vorbereitet werden. Wir werden sehen, was die Zukunft bringen wird. Schließlich wird laut des früheren Bundesverteidigungsministers Peter Struck (SPD) unsere Sicherheit nicht nur, aber auch am Hindukusch verteidigt.[573] Schon vor vielen Jahren habe ich mich gefragt, ob dieser Satz so seine Richtigkeit und damit eine Daseinsberechtigung hat. Diese Frage habe ich mir insbesondere in letzter Zeit hinsichtlich der offenen Grenzen und der Migrationspolitik immer wieder gestellt, wobei man seinen Blick nicht nur auf Deutschland richten, sondern in die Ferne schweifen lassen muss.

Das hätte man uns doch sagen können

Der Fluch der bösen Tat

Diesen Titel trägt das letzte Buch[574] des 2014 im Alter von 90 Jahren verstorbenen Peter Scholl-Latour, einem ausgewiesenen Experten und Kenner des Nahen und Mittleren Ostens und einem Mann mit messerscharfem Verstand bis ins hohe Alter, der selber einmal sagte: *Wir leben in einer Zeit der Massenverblödung, besonders der medialen Massenverblödung.*[575] So habe die Globalisierung seiner Ansicht nach in der Medienwelt zu einer betrüblichen Provinzialisierung geführt, weswegen er von einer Desinformation im großen Stil sprach und zwar von der *taz* bis zur *Welt*.[576] Von Orientalisten und gelehrten Kritikern wurde Peter Scholl-Latour, der vorstehend genannte Regionen wie seine Westentasche kannte, bereits zu Beginn der 1990er Jahre vorgeworfen, er würde eine verantwortungslose Panikmache in Sachen Islam betreiben und durch seine Sichtweise des Islams Bedrohungsängste gegenüber einer als archaisch, fanatisch und unduldsam gezeichneten Religion heraufbeschwören, wie man in der Ausgabe 14/1993 des *FOCUS* lesen konnte.[577] Peter Scholl-Latour blieb sich treu, wurde am 05.11.2015 in der *FAZ* als ein Mann bezeichnet, der aneckte, weil er eben nicht politisch korrekt war, sondern vielmehr die politische Korrektheit verabscheute.[578] Für seinen Einsatz wurde er mit zahlreichen Preisen, Medaillen und zwei Ehrenprofessuren ausgezeichnet.

So sprach er, der oft als letzter Welterklärer bezeichnet wird, bereits in einem Interview mit der *Jungen Freiheit* vom 17.12.2004 von der Re-Islamisierung der Türkei und warnte vor einem Beitritt der Türkei in die EU, da es dann in Deutschland bosnische Verhältnisse geben würde und aufgrund millionenfacher Einwanderung aus dem einstigen Land von Atatürk an Integration nicht mehr zu denken wäre.[579] Auf die Frage, ob ein EU-Beitritt der Türkei nicht dessen Wohlstand soweit anheben würde, dass nach einer bestimmten Zeit kein Grund mehr für die Auswanderung aus der Türkei gegeben sei, antwortete Peter Scholl-Latour: *Das ist eine der Lügen, die unsere Politiker gern dem Volk auftischen. Vor allem die Grünen sind darin geübt, ebenso wie EU-Erweiterungskommissar Verheugen, der ein Meister der Desinformation ist. Ich empfehle diesen Leuten, sich einmal im türkischen Hinterland umzuschauen. Aber die Täuschung der Menschen bei uns ist nur die eine Seite der Medaille, die andere ist, wie man mit den Türken umgeht. Die werden genauso belogen: Einerseits macht man ihnen Hoffnung auf einen EU-Beitritt, andererseits hofft man, dass sie auf dem endlosen Weg dorthin doch noch scheitern.* Dies ist nun mehr als zwölf Jahre her, und wie der Stand der Dinge in Sachen Innen- und Außenpolitik der Türkei, Flüchtlingsdeal und EU-Beitritt ist, dürfte jedem hoffentlich hinlänglich bekannt sein. Aufgrund des unsäglichen Flüchtlingsdeals mit diesem Land hat uns Frau Merkel so richtig hineingeritten und ihr den Vorwurf der Erpressbarkeit eingebracht. An dieser Stelle sei noch einmal an die Migrationswaffe von Kelly M. Greenhill erinnert.

Ein weiterer Kenner der Länder des Orients ist auch Michael Lüders, der viele Jahre für die Wochenzeitung *DIE ZEIT* als Korrespondent in diesen Ländern unterwegs war und mehrere Bücher in seiner Funktion als Islamexperte geschrieben hat, wie auch das 2015 erschienene Buch *Wer den Wind sät – Was westliche Politik im Orient anrichte.*[580] Beide Kenner des Morgenlandes beschreiben den Umstand, dass nach dem Ende des Kalten Krieges durch den Zerfall der Sowjetunion und des Warschauer Paktes spätestens seit dem 11. September 2001 gegen einen neuen Feind, nämlich gegen den Terror der islamischen Welt, gekämpft wird. Die Folgen davon sind, dass durch die jahrelangen politischen und militärischen Interventionen des Westens ganze Regionen destabilisiert und zu einem einzigen Krisengebiet wurden, von den Flüchtlingen der überwiegend muslimischen Bevölkerung mal ganz zu schweigen.

Übrigens wurde Michael Lüders von Anne Will in der nach ihr benannten gleichnamigen Talkshow am Sonntagabend in der *ARD* am 09.04.2017 *bewusst nicht als ein neutraler Nahost-Experte vorgestellt.*[581] Soweit Anne Wills Worte. Vielmehr wurde er als *Autor, und als Politik- und Wirtschaftsberater* vorgestellt, als *ein Geschäftsmann, der sein Wissen an Firmen verkauft, die im Nahen und Mittleren Osten ihre Geschäfte machen wollen.* Gefragt wurde Lüders von der Moderatorin danach, ob seine wirtschaftlichen Interessen eine Rolle spielen, wenn er sagen oder behaupten würde, dass der Westen Syrien ins Chaos gestürzt habe. Diese Art und Weise der Vorstellung einer Person in einer Sendung im öffentlich-rechtlichen Fernsehen inklusive einer perfiden Unterstellung hatte ich so bislang noch nicht erlebt. Und ich gehöre zu den Lesern seines Buches. Zuvor hatte ich von ihm schon viele Vorträge auf *YouTube* gesehen, wobei er stets eine sehr differenzierte Einschätzung der Lage in dieser Region abgibt, die aber beim Mainstreamtalk in Anwesenheit u. a. der Verteidigungsministerin nicht gerade als opportun galt. Interessant im Zusammenhang mit dieser Sendung war auch, dass Jan van Aken, Linken-Politiker und UNO-Biowaffen-Inspekteur, Frau von der Leyen erst einmal über das Völkerrecht aufklären musste.[582]

Willy Wimmer (CDU), der 33 Jahre dem Deutschen Bundestag angehörte, in der Zeit zwischen 1985 und 1992 zunächst verteidigungspolitischer Sprecher und dann Staatssekretär des Bundesministeriums der Verteidigung in der Regierung Kohl war, meldet sich ebenfalls bezüglich der desaströsen Interventionen der NATO-Länder in dieser Region immer wieder zu Wort. So hat er sich beispielsweise in einem äußerst hörenswerten Interview gegenüber *RT Deutsch* kurz nach dem Anschlag in Berlin, welches bei *Youtube* eingestellt wurde, in äußerst kritischer Weise über die Außenpolitik der Bundesrepublik Deutschland als Verbündeter der NATO geäußert, indem er davon spricht, dass durch diese Militäreinsätze andere Teile der Welt in Schutt und Asche gelegt würden, was jedoch vielen Menschen in Deutschland gar nicht bewusst sei.[583] Schon im Krieg gegen Jugoslawien im Jahr 1999 wurde das Völkerrecht gebrochen, da es für diesen Krieg kein UN-Mandat gab. Für Deutschland war dieser Einsatz der erste militärische Einsatz nach dem Ende des Zweiten Weltkrieges. Und auch die *taz* sprach im Februar 2009, zehn Jahre nach Eintritt in den Kosovokrieg, vom gebrochenen Völkerrecht der NATO, denn: *Die „Androhung und Anwendung" zwischenstaatlicher Gewalt ist nach Artikel 2 Absatz 4 der UN-Charta verboten.*[584] Durch diese Charta der Vereinten Nationen sollte mit Inkrafttreten am 24. Oktober 1945 schließlich der Weltfrieden gesichert werden.[585] Dennoch haben die NATO-Staaten auch noch zehn Jahre nach dem Beginn des Jugoslawienkrieges ihre Intervention als unvermeidbar angesehen und diese als humanitäres *Eingreifen zur Unterbindung der – ohne Frage schwerwiegenden –, serbischen Menschenrechtsverletzungen gegen die Albaner im Kosovo* betrachtet, wodurch eine moralische Rechtfertigung dieses Krieges stattgefunden hatte, die Öffentlichkeit jedoch manipuliert wurde. Die *Süddeutsche Zeitung* titelte ein Jahr später mit der Schlagzeile „Als die Menschenrechte schießen lernten".[586] Die Regierung unter Bundeskanzler Gerhard Schröder (SPD) beteuerte damals, im Kosovokrieg keinen Freifahrtschein für weitere Kriege ohne UN-Mandat zu sehen, und Schröder äußerte später ehrlicherweise, er habe selbst gegen das Völkerrecht verstoßen.[587]

Die Zukunft sollte jedoch zeigen, dass der ebenfalls völkerrechtswidrige Krieg gegen den Irak 2003 unter dem damaligen US-Präsidenten George W. Bush zwar nicht unter dem Deckmantel der Humanität, sondern als sogenannter Präventivkrieg geführt wurde. Diesen rechtfertigte man durch eine angeblich akute Bedrohung durch Massenvernichtungswaffen, an dessen Ende der Sturz des Staatspräsidenten Saddam Husseins stand.[588] So haben möglicherweise die Geheimdienste versagt oder aber der amerikanische Präsident Bush und der britische Premierminister Tony Blair das ihnen vorliegende Material zu ihren Gunsten für eine Rechtfertigung zum Einmarsch in den Irak hingebogen. Im Falle dieses Krieges wurden keinerlei biologische oder chemische Massenvernichtungs- noch Atomwaffen gefunden. Die Folgen sind jedoch immens, denn seither ist das Land durch jahrelangen Bürgerkrieg, das Erstarken des Islamischen Staates und konfessioneller Spannungen zwischen Sunniten und Schiiten destabilisiert. Zwar erteilte im Jahr 2002 der damalige Bundeskanzler Gerhard Schröder (SPD) ein kategorisches „Nein" zu diesem Krieg[589], während Angela Merkel – entgegen ihrer Aussage bei der Bundespressekonferenz am 28.07.2016 – diesen Krieg verteidigt hatte.[590] Diese hatte Schröder damals als Oppositionsführerin als einen überambitionierten *Amateur* bezeichnet[591], während die CDU/CSU aus Sicht Schröders zu der *Koalition der Willigen* für einen Krieg im Irak zählte.[592] Dennoch ist Deutschland damals nicht gegen den Irak in den Krieg gezogen, da die Regierung durch den Bundesnachrichtendienst (BND) gewarnt wurde. Trotzdem sind Militäreinsätze im Zusammenhang mit der NATO unter deutscher Beteiligung bis heute nicht vom Tisch, denn schon seit den Anschlägen vom 11. September 2001 in den USA befinden sich noch immer über Hunderte deutscher Soldaten im Einsatz in Afghanistan, einem Land, das durch Krieg gebeutelt ist und am Abgrund steht. Das Ziel, das Terrornetzwerk Al-Quaida zu beseitigen, ging gründlich daneben und wurde um das Schreckgespenst des Islamischen Staates erweitert.

Heute, nach sechzehn Jahren Bundeswehreinsatz am Hindukusch mit fast 60 gefallenen Bundeswehrsoldaten[593], nicht ganz 70.000 Toten[594] und über zwei Millionen Flüchtlingen sowie unzähligen Terroranschlägen im In- und Ausland frage ich mich immer wieder, was Deutschland und die NATO-Partner dort zu suchen haben. Und dabei wird gerade erneut über wieder mehr Bundwehrsoldaten vor Ort nachgedacht.[595] Wieso wird unsere Sicherheit nicht an unserer Staatsgrenze verteidigt? Vielleicht liegt es einfach nur daran, dass laut des damaligen Verteidigungsministers Peter Struck *die Bundeswehr die größte Friedensbewegung Deutschlands ist.*[596] In diesem Sinne: Feuer frei.

Krisen über Krisen

Der Arabische Frühling begann im Dezember 2010 in Tunesien. Proteste, Tumulte und Aufstände gegen die Regierung führten zu inneren Unruhen des nordafrikanischen Landes. Weitere Länder wie Ägypten, Libyen und Syrien mit ihren ebenfalls autokratischen Herrschern folgten dem Beispiel Tunesiens, und seitdem wütet in dieser Region Nordafrikas und des Nahen Ostens ein regelrechter Flächenbrand mit weitreichenden Folgen aus politischer, wirtschaftlicher und geostrategischer Sicht und dem Ergebnis, dass viele Menschen aus ihren Heimatländern fliehen. Viele von ihnen wählen die Route über die Türkei nach Griechenland in Richtung Zentraleuropa mit dem Ziel Deutschland und eben nicht per Flugzeug in Richtung USA. Dabei schwimmt Deutschland als NATO-Mitglied immer schön im Fahrwasser der USA mit.

So führte der Krieg gegen Libyen – hier drohte nach Angaben der USA ein Genozid durch das Regime, was sich jedoch als ein weiterer Fake herausstellte – unter der Führung der ehemaligen US-Außenministerin Hillary Clinton zwar zum Sturz des Gaddafi-Regimes im Jahr 2011, doch seither befindet sich auch dieses nordafrikanische Land in einem katastrophalen Bürgerkrieg.[597] [598] Für diesen Einsatz hatte es zwar ein UN-Mandat gegeben, dieses diente jedoch zum Schutze der Zivilbevölkerung, beinhaltete jedoch nicht den Sturz des Diktators oder gar dessen Tötung.[599] Bei *n-tv* konnte man im April 2015, also noch vor der eigentlichen Migrationskrise, lesen, dass Europa einen „neuen Gaddafi" suche.[600] Schließlich ist Libyen das afrikanische Drehkreuz vieler Migranten nach Europa. Der frühere Diktator hatte bereits im Herbst 2010 in Tripolis geäußert, dass der weiße Kontinent schwarz werde, sollte die EU nicht fünf Milliarden Euro für die Sicherung der libyschen Grenze zahlen.[601] Gaddafi war der afrikanische Türsteher Europas und sich, wie bereits erwähnt, seiner Migrationswaffe sehr bewusst. Viel ist seither geschehen: Gaddafi wurde mithilfe der NATO im Jahr 2011 gejagt, gestürzt und anschließend von sogenannten Rebellen ermordet – ganz zu schweigen von den vielen Toten im Mittelmeer, die seither dort ihr Leben verloren und immer noch verlieren. Mitte Februar 2017 konnte man endlich in den *Deutschen Wirtschaftsnachrichten* lesen, worum es in Libyen tatsächlich mittlerweile geht – nämlich um einen neuen Stellvertreterkrieg um Öl und Gaspipelines.[602] Wen kann das wirklich wundern? Amerika als Exportnation Nummer 1 ist wie jede andere Industrie- und Wirtschaftsnation von Erdöl und -gas abhängig wie ein Drogenabhängiger von Heroin.

Die Situation in Syrien ist durch das Eingreifen der NATO mit dem Ziel, den gewählten Präsidenten Baschar al-Assad zu stürzen, keinesfalls besser geworden, zumal es für die Intervention des nordatlantischen Bündnisses bis heute kein Mandat der Vereinten Nationen gibt.[603] Mittlerweile kämpfen hier diverse Konfliktparteien gegeneinander. Die Truppen des Assad-Regimes, Russland, der Iran und der Irak auf der einen Seite, die USA mit NATO-Verbündeten inklusive der Türkei und die Golfstaaten auf der anderen Seite und mittendrin diverse Rebellengruppen, die auf rund 1.200 Gruppierungen geschätzt werden, zu denen dschihadistische, islamistische, kurdische sowie moderate Rebellen zählen, sodass mittlerweile nicht mehr wirklich zu überschauen ist, wer mit wem eine Allianz gebildet hat und wer gegen wen gekämpft.[604] Dabeisein ist alles – oder lieber doch nicht?

Der Wilde Westen

Nur zur Erinnerung: Die NATO wurde im Jahr 1949 unter Beteiligung 12 westlicher Nationen zur Abschreckung gegen den Warschauer Pakt gegründet, also als ein Verteidigungsbündnis. Deutschland trat dieser Allianz zur Verteidigung im Jahr 1955 bei, und mittlerweile gehören der NATO 28 Mitgliedsländer an. So sind im Jahr 1999 im Rahmen einer ersten NATO-Osterweiterung die einstigen Gegnerstaaten Polen, Ungarn und Tschechien der NATO beigetreten, fünf Jahre später folgten Bulgarien, Estland, Lettland, Rumänien, die Slowakei und Slowenien, und im Jahr 2009 wurde der Beitritt Albaniens und Kroatiens beschlossen.[605] Die NATO ist im Laufe der letzten Jahre um viele Mitglieder gewachsen, wobei sie sich immer weiter Richtung Osten, also in Richtung Russische Föderation, ausgedehnt hat. Mittlerweile leben 13 Prozent der Weltbevölkerung in diesen NATO-Ländern, von denen nur die USA, Kanada und natürlich der größte Teil der Türkei außerhalb Europas liegen. Als weitere Beitrittskandidaten stehen Georgien, der Kosovo, Mazedonien, Serbien und die Ukraine auf der Matte. Neuestes NATO-Mitglied ist gerade Montenegro geworden.[606]

Widerstand gegen die weitere Aufnahme von Mitgliedsstaaten regte sich bereits im Jahr 1997 innerhalb der USA – ja, richtig gelesen, innerhalb der USA –, die damals von Bill Clinton regiert wurde. So wurde laut *Neopresse* vom 11.06.2015 erst vor kurzem ein Brief veröffentlicht, der u. a. von US-Senatoren, NATO-Mitarbeitern und CIA-Direktoren unterzeichnet wurde und an die Regierung Clinton adressiert war mit folgendem Appell: *Die NATO-Erweiterung ist ein Fehler historischen Ausmaßes.*[607] Natürlich rief die NATO-Osterweiterung in Russland nur wenig Begeisterung hervor, steht jetzt doch der ehemalige Feind in Form der NATO mit einst Verbündeten des Warschauer Paktes, die aus russischer Sicht nun die Seiten gewechselt haben bzw. im Falle der Ukraine dies zukünftig tun wollen, direkt vor der Haustür an der westlichen

Außengrenze Russlands. Man muss nicht einmal ein Russland-Befürworter und Freund von Wladimir Putin sein, um zu verstehen, dass die Russische Föderation sich durch die Ost-Expansion in ihrem Sicherheitsgefühl bedroht sieht. Dabei gab es im Zusammenhang mit der Vereinigung beider deutscher Staaten ein klares Statement des Westens und des damaligen deutschen Außenministers Hans-Diedrich Genscher (FDP), welches auf *Youtube* angesehen werden kann, und die NATO-Osterweiterung ist ein klarer Wortbruch in Verbindung mit der deutschen Wiedervereinigung gewesen. [608] [609]

Genau im Grenzbereich zu Russland gibt es in der Ukraine ein politisches Hin und Her, indem ein Teil der Bevölkerung pro Russland, ein anderer Teil pro Europa eingestellt ist und daher einen Beitritt der NATO befürwortet. Aber das ist nicht zufällig passiert, sondern vielmehr unter der Federführung von Barack Obama, dem Friedensnobelpreisträger, der in einem CNN-Interview ganz unverblümt u. a. über die Rolle der USA beim Putsch gegen den demokratisch gewählten ukrainischen Präsidenten Wiktor Janukowytsch sprach.[610] Allein 5 Milliarden US-Dollar sollen die USA über Jahre in die Ukraine investiert haben, um am Ende einen Machtwechsel zu erzwingen.[611] Seither setzt die NATO verstärkt auf Sanktionen, was für deutsche Firmen und die deutsche Wirtschaft mittlerweile einen Schaden in Milliardenhöhe bedeutet. Dies hat mittlerweile auch Angela Merkel nach einem neuerlichen Hü & Hott begriffen, weswegen sie sich plötzlich für eine Aufhebung der Russlandsanktionen ausgesprochen hat – Merkel halt: Heute hü, morgen hott.[612] [613]

Statt in der Angelegenheit des Ukrainekonfliktes in Osteuropa gegen die Atommacht Russland auf Deeskalation zu setzen, kamen Anfang Januar 2017 die ersten Panzer aus den USA in Bremerhaven an, um weiter über Polen in die baltischen Staaten, nach Bulgarien und Rumänien verlegt zu werden.[614] Bei diesem Aufmarsch soll es sich um den größten seit Ende des Kalten Krieges gehandelt haben. In diesem Zusammenhang mag dem einen oder anderen der Gedanke an die Bevorratung der Bevölkerung mit Lebensmitteln und Wasser für zehn Tage kommen, bis im Ernstfall staatliche Maßnahmen der Notfallversorgung greifen. Doch einmal genauer hingeschaut: Allein die USA ohne die NATO-Verbündeten haben 2016 rund 611 Milliarden US-Dollar für die Rüstung ausgegeben, während Russland 69,2 Milliarden US-Dollar in das

Militär gesteckt hat.[615] Weltweit gibt es rund 1.000 amerikanische Militärbasen, Russland verfügt lediglich über 20.[616] Wer mag da allen Ernstes von einer akuten Bedrohung durch den vermeintlich bösen Russen sprechen? Hauptsache, es gibt ein Feindbild. Und nur mal so: Die USA sind seit ihrer Gründung vor 241 Jahren 224 Jahre im Krieg gewesen![617]

Für viele Menschen war Barack Obama, der erste afroamerikanische Präsident der Vereinigten Staaten, weltweit ein Hoffnungsträger, denn die atomare Abrüstung war eines seiner erklärten Regierungsziele.[618] Dieses Ziel hat er leider verfehlt. Stattdessen gab es unter seiner Regierung neue Atomwaffen sowie neue Kriege und höhere Rüstungsexporte als unter Amtsvorgänger George W. Bush. Und seine Ankündigungen zur atomaren Abrüstung waren nichts mehr als hohle Worte. Zwei Kriege wurden an ihn von Bush „weitervererbt", unter seiner Regierung kamen jedoch weitere sechs militärische Konflikte hinzu.[619] Zwar hat er die Bodentruppen im Nahen Osten reduziert, dafür aber den Einsatz von Drohnen massiv ausgeweitet. Dies ist kein wirklich rühmliches Resümee des ersten schwarzen US-Präsidenten, denn schließlich ist dieser mit 2.663 Tagen seiner Amtszeit „at war" der neue Kriegspräsident Nr. 1 – und zwar vor Amtsvorgänger George W. Bush mit 2.662 Kriegstagen.[620]

An dieser Stelle fällt mir gerade im Zusammenhang mit diesem ein: Hatte Obama den Friedensnobelpreis nicht schon im Oktober 2009, nur gut acht Monate nach Amtsantritt, erhalten? Damit hätte man wohl lieber noch bis zum Ende seiner Amtszeit abwarten sollen. Aber vielleicht war dieser Preis ja auch als eine Art Vorschusslorbeeren gedacht, sozusagen als Motivationsschub, um sich wirklich für eine friedlichere Welt einzusetzen. Auf dem Evangelischen Kirchentag 2017 in Berlin wurde der Ex-Präsident jedenfalls laut *BILD* wie ein Popstar begrüßt und umjubelt.[621] Er saß dort gut gelaunt und völlig entspannt auf der Kirchentagsbühne zusammen mit Angela Merkel, seiner „wunderbaren Freundin und Verbündeten".[622] In trautem Einvernehmen: Er, der als Präsident der USA mit seinen militärischen Intervention im Nahen Osten maßgeblich für die vielen Flüchtlinge mitverantwortlich ist, und dessen Land eine Art Wagenburg für Flüchtlinge darstellt, indem es im Verhältnis zur Gesamtbevölkerung nur wenige aufnimmt[623] und diese gründlich „auf Herz und Nieren prüft", und sie, die Bundeskanzlerin der Bundesrepublik Deutschland, die Hunderttausende ohne Papiere, ohne Registrierungen, dafür aber mit Smartphones – mit denen man ja wenigstens ein Foto seiner Ausweispapiere hätte machen können – ins Land gelassen hat. Obama und Merkel – ein echtes Dreamteam.

Die verheerenden Auswirkungen nach dem Einschreiten der NATO unter US-Führung im Nahen und Mittleren Osten und deren östliche Erweiterung in Richtung Russland sollte sich jeder einmal bewusstmachen. Die NATO ist mittlerweile nicht mehr das ursprüngliche Verteidigungsbündnis, sondern dieses mutierte im Laufe der Jahre nach dem Zusammenbruch der Sowjetunion immer mehr zu einer Angriffsallianz. Als eine Art Glücksritter dringt diese unter amerikanischer Führung in fremde Länder ein, um dort auch ohne UN-Mandat, was einen klaren Verstoß gegen geltendes Völkerrecht darstellt, militärisch tätig zu werden.[624] Ein Ziel ist es dabei, einen Regimewechsel, einen sogenannten „regime change", unliebsamer Machthaber herbeizuführen. Gerne wird uns von der Politik und den Medien die Notwendigkeit derartiger Interventionen damit erklärt, dass dies zwingend notwendig sei. Mal geht es um eine Bedrohung mit Massenvernichtungswaffen oder mobile Biowaffenlabore, mal um schwere Menschenrechtsverletzungen, dann wieder um den Kampf gegen Al-Quaida oder die Terrororganisation Islamischer Staat.

Anfang Dezember 2015 beschloss der Bundestag mehrheitlich den Einsatz der Bundeswehr in Syrien, um im Kampf gegen den IS Tornados zur Aufklärung einzusetzen.[625] Dieses Mandat wurde innerhalb weniger Tage im Ruck-Zuck-Verfahren beschlossen, was vor allem von den Linken kritisiert wurde. Da hilft es auch nichts, dass sich die Mehrheit der Deutschen gegen ein größeres militärisches Engagement im Ausland und für eine Konfliktlösung mit Geld und Diplomatie ausgesprochen hat.[626] Denn auch Syrien ist laut der *Deutschen Wirtschaftsnachrichten* vom 31.08.2013 zu einem Spielball innerhalb eines knallharten Wirtschaftskonfliktes geworden, bei dem es um den globalen Energiemarkt geht und damit um den Zugriff auf Erdöl und -gas.[627] Dies würde bedeuten, dass das Argument, Machthaber Assad habe Giftgas gegen sein eigenes Volk eingesetzt, nur vorgeschoben wurde, um für die Weichenstellung des internationalen Energiemarktes zu sorgen. Von einem Syrer, der noch Familie in Damaskus hat, wurde mir erklärt, dass es um den Verlauf einer Gaspipeline von Katar durch Syrien in die Türkei gegangen sei, um den europäischen Markt mit Erdgas zu beliefern, nicht jedoch vorrangig um einen religiösen Krieg zwischen Schiiten und Alawiten gegen die Sunniten. Vielmehr habe sich Assad, der selbst Alawit ist, gegen diese Pipeline durch sein Land ausgesprochen, um die Interessen Russlands zu schützen, welches ebenfalls sein Erdgas in die EU verkaufen möchte. Die Proteste gegen Assad und seine autoritäre Regierung sollen dabei von außen durch die USA und ihre Verbündeten in der NATO und in dieser Region angezettelt und befeuert worden sein. Da haben wir sie wieder, die üblichen Verdächtigen.

Wer sich ein wenig mehr darüber und ganz allgemein über illegale Kriege informieren möchte, dem seien die Videos von Daniele Ganser, einem Schweizer Historiker, Energie- und Friedensforscher ans Herz gelegt, die bei *YouTube* angesehen werden können.[628] Aber Vorsicht: Ganser ist ein Verschwörungstheoretiker! Dieser beschäftigt sich u. a. mit Themen der internationalen Zeitgeschichte nach dem Zweiten Weltkrieg, verdeckter Kriegsführung, Geostrategien im Zusammenhang mit der Globalisierung und Menschenrechten.[629] Laut Ganser spielt das größte Erdgasfeld im Persischen Golf eine zentrale Rolle im Syrienkonflikt, weswegen es zum Schulterschluss zwischen den sunnitischen Ländern Katar und Saudi Arabien sowie den NATO-Staaten USA, Großbritannien, Frankreich und Deutschland gekommen ist. Und noch ein weiterer Programmtipp: Statt sich abends das Staatsfernsehprogramm einzuverleiben, empfehle ich den von *Ken FM* auf *YouTube* veröffentlichten Vortrag von Wolfgang Bittner und Willy Wimmer zum Thema „Der Einfluss der USA in Europa". Diesen kann man sich auch wunderbar beim Bügeln oder während der Fahrt mit dem Auto anhören.[630] Komprimiert bekommt man dort viele wichtige Informationen, Details und Zitate hinsichtlich der US-Politik verabreicht. Wer weiß, wie lange solche wertvollen Vorträge auf *YouTube* noch angeschaut werden können?

Im Namen der Globalisierung

In der Politik geschieht nichts zufällig. Wenn es geschieht, kann man sicher sein, dass es auch auf diese Weise geplant war, sagte schon Franklin D. Roosevelt[631], der 32. US-Präsident. Doch wer sind dann die eigentlichen Strippenzieher? Politiker haben natürlich Berater und Geostrategen, denen es um Macht, Einflussnahme und im Falle der USA um die Vorherrschaft in der Welt geht.

Nehmen wir einmal Zbigniew Brzeziński. Der im März 2017 verstorbene Experte für geopolitische Strategie und frühere Sicherheitsberater von US-Präsident Jimmy Carter während des Kalten Krieges veröffentlichte bereits 1997 sein Buch *Die einzige Weltmacht*[632], in dem er die These vertrat, die Vereinigten Staaten von Amerika müssten nach dem Zerfall der Sowjetunion ihre Hegemonie sowohl in Europa als auch in Asien sichern.[633] In diesem Buch entwarf er auch ein Krisenszenario in der Ukraine, das heute leider Realität aufgrund der Bedrängung Russlands geworden ist.[634] Dabei riet er der EU in der aktuellen Ukrainekrise, sich in dieser stark zu engagieren, und so galt Brzeziński auch als der wichtigste außenpolitische Berater des ehemaligen US-Präsidenten Obama, weswegen sein Buch als ein roter Leitfaden für die geopolitische Außenpolitik der USA zu sehen ist. Bis 2016 war der „Geostratege" ein Verfechter der Ansicht, dass es die Aufgabe der USA sei, die Konflikte und Beziehungen auf den Kontinenten Europa und Asien mit ihren bedeutenden Bodenschätzen und Wirtschaftstätigkeiten wie auch im Nahen Osten zu managen. So wird das also jetzt genannt – Konflikte und Beziehungen managen. Ganz schön euphemistisch und extrem verharmlosend. Dabei war sein erklärtes Ziel die Verhinderung einer zweiten Supermacht neben den Vereinigten Staaten von Amerika. Der Klappentext des zuvor erwähnten Buches enthält übrigens einen Satz von Helmut Schmidt mit den Worten *Ein Buch, das man lesen und ernst nehmen sollte.*[635]

Eine große Bedeutung in Sachen Außen- und Geopolitik kommt auch sogenannten Thinktanks zu. Eine solche renommierte US-Denkfabrik ist Strategic Forecasting Inc., kurz Stratfor, die laut Wikipedia *Analysen, Berichte und Zukunftsprojektionen zur Geopolitik, zu Sicherheitsfragen und Konflikten anbietet.*[636] Deren Gründer und Direktor George Friedman, seines Zeichens Geopolitik- und Sicherheitsexperte, hat in einer Rede am 04.02.2015, die bei *YouTube* angesehen werden kann, beim The Chicago Council in Global Affairs übersetzt Folgendes gesagt: *Das Hauptinteresse der US-Außenpolitik während des letzten Jahrhunderts, im Ersten und im Zweiten Weltkrieg waren die Beziehungen zwischen Deutschland und Russland. Weil vereint sind sie die einzige Macht, die uns bedrohen kann. Unser Hauptinteresse galt sicherzustellen, dass dieser Fall nicht eintritt.*[637] Sollten wir Deutschen und Europäer aber nicht gerade ein Interesse an einer guten Nachbarschaft mit Russland haben? Aber nein, denn aus Sicht Friedmans hätten die USA nur auf eine Frage keine Antwort, nämlich auf ein deutsch-russisches Bündnis, welches der Weltpolizei in Form der USA tatsächlich zur Bedrohung werden könnte. Und deswegen geschieht das, was aus Sicht der USA gerade passieren muss: Zwischen dem Baltikum und dem Schwarzen Meer wird gerade eine geopolitische Linie gezogen, in der proamerikanisch orientierte Nationen *Deutschland und Russland geographisch und politisch voneinander trennen.*[638] So soll George Friedman einmal in einem Video auf der Internetseite von Stratfor geäußert haben: *Journalisten erklären, was in der Welt passiert, wir bei Stratfor erklären, was passieren wird.*[639] Nichts passiert eben in der Politik rein zufällig. Dabei wird Politik aber immer von Menschen gemacht.

Who´s Mr. Barnett?

Wem das alles noch nicht reicht, der sollte sich einmal über Thomas P. M. Barnett im Internet informieren. Am 22.05.2003 wurde bereits in der *Zeit* ein Artikel mit der Überschrift „Der Babysitter kommt im Kampfanzug" veröffentlicht.[640] In diesem geht es u. a. um Barnett, der damals Berater des US-Verteidigungsministers Donald Rumsfeld und Pentagon-Mitarbeiter war, und seine ideologischen Allmachtsphantasien der USA in einer globalisierten Welt. Ziel sei es, Diktatoren unter dem Deckmantel von Menschenrechtsverletzungen das Handwerk zu legen – mit dem Babysitter in Form der USA. *Je weniger ein Land an der Globalisierung teilhat, desto eher wird es eine militärische Intervention der Vereinigten Staaten heraufbeschwören … Wir müssen Feuer mit Feuer bekämpfen.* Mit diesen Worten wird Barnett in diesem Artikel zitiert. Er soll bereits vor den Anschlägen von Nine-Eleven auf das World-Trade-Center in New York den radikalen Islam als möglichen neuen Hauptfeind der letzten verbliebenen Weltmacht gesehen haben. Interessant vor dem Hintergrund seiner „seherischen Fähigkeiten" mag auch sein Buch mit dem deutschen Titel *Drehbuch für den 3. Weltkrieg – Die zukünftige neue Weltordnung*[641] (US-Erstveröffentlichung 2005: *Blueprint For Action – A Future Worth Creating*) sein, das 2016 in deutscher Sprache erschienen ist. Vielleicht ist Barnett ja einer der Drehbuchautoren für den falschen Film, in dem ich mich seit einiger Zeit befinde? Kriegsfilme laufen weltweit momentan mehr als genug, leider nicht nur im Kino und TV.

Der Chefdenker und -ideologe der Globalisierung schreibt in dem Vorwort zu diesem Buch: *(…) Und ebensowenig möchte ich die enormen sozialen, wirtschaftlichen und politischen Herausforderungen herunterspielen, denen Europa bei der Integration von Flüchtlingen und Einwanderern aus Asien und Afrika entgegensieht. Ich sage Ihnen bloß, dass es das wert ist – und zwar alles.*[642] Aus Barnetts Sicht muss es noch viele Kriege, Unruhen und Krisen weltweit geben, um am Ende am Ziel anzukommen, nämlich einer *Zukunft, die* es wert ist, geschaffen zu werden in Form der Vormachtstellung der USA und der Ausschaltung von Völkern, die ihre Kultur und Identität bewahren und ihren Nationalstaat aufrechterhalten wollen. Barnett spricht sich offen dafür aus, diejenigen, die sich gegen eine Globalisierung stellen, zu beseitigen. So schreibt er, dass er zwar die vernunftwidrigen Argumente seiner Gegner zur Kenntnis nehmen würde, doch (...) wenn sie Gewalt gegen die globale Ordnung androhen, sage ich: Tötet sie![643] Was aber meint er damit? Sollen Andersdenkende gesellschaftlich ausgegrenzt, mundtot gemacht werden, oder geht er sogar noch einen Schritt weiter? Kollateralschäden auch in Form tausender und abertausender Zivilisten scheinen aus geostrategischer Sicht nur lästiges bzw. sogar einkalkuliertes Beiwerk zu sein. Ohne ein Blatt vor den Mund zu nehmen, schildert Barnett als einer der renommiertesten Vordenker der Globalisierung, der jahrelang ein Teil des US-amerikanischen Politbetriebes und in Entscheidungsprozesse höchster Geheimhaltungsstufe eingeweiht war, genau das, was seit Jahren im Nahen und Mittleren Osten stattfindet bzw. was wir in Europa im Jahr 2015 mit eigenen Augen sehen konnten.

In Der Weg in die Weltdiktatur[644] schreibt er in dem Kapitel mit der Überschrift „Der Strom der Menschen – oder wie ich mir meine Sorgen abgewöhnte und die Bevölkerungsbombe lieben lernte" Folgendes: Gemäß der UN wird Europa bis 2050 wahrscheinlich rund 300.000 Immigranten pro Jahr aufnehmen, obwohl es tatsächlich eine Zahl im Bereich um die 1,5 Millionen jedes Jahr hineinlassen müsste, wenn eine Hoffnung bestehen soll, dass die PSR bis zur Jahrhundertmitte nicht unter zwei zu einem fallen wird.[645] PSR steht dabei für potential support ratio, was so viel bedeutet wie potentielles Unterstützerverhältnis. Dies beschreibt die Anzahl von Menschen im erwerbsfähigen Alter zwischen fünfzehn und vierundsechzig pro Person über fünfundsechzig Jahren. So hat ein Ehepaar mit drei Kindern einen PSR-Wert von 1,5 je Elternteil. Hatte Greenhill von der Migrationswaffe gesprochen, spricht Barnett von der Bevölkerungsbombe, die in Deutschland und auch europaweit nicht gerade für eine Bombenstimmung in der Bevölkerung sorgt.

Viele Menschen verstehen nicht, was mit diesem Kontinent unter Federführung der USA und mit freundlicher Unterstützung insbesondere der Bundeskanzlerin geschieht. Deshalb sollte man diese beiden Bücher von Barnett unbedingt gelesen haben, die man auch als Teufelswerk bezeichnen könnte. Denn eines wird darin klar: Ein Menschenleben ist nicht einen Pfifferling wert, sondern vielmehr ein Kollateralschaden auf dem Weg in eine globalisierte Welt unter der Vormachtstellung der USA. Dabei ist das höchste Ziel des „Global Empires" der pure Materialismus inklusive hoher Profite für multinationale Konzerne. Denken wir nur einmal an die Freihandelsabkommen TTIP mit den USA und CETA mit Kanada, deren Verhandlungen hinter verschlossenen Türen geführt werden.[646] Hier geht es vermeintlich darum, das Wirtschaftswachstum zu fördern, doch ist es viel wahrscheinlicher, dass in erster Linie große, international tätige Konzerne davon profitieren – und zwar wieder einmal auf Kosten der Bürger.[647] Eine große Befürworterin dieser Freihandelsabkommen ist Angela Merkel, da sich aus ihrer Sicht dadurch die Globalisierung gestalten ließe.[648] Somit könnte man Frau Merkel womöglich sogar als Verfechterin, zumindest aber als Unterstützerin des Neoliberalismus bezeichnen. Da ist es doch egal, dass allein in Berlin an einem Tag im Oktober 2015 rund 150.000 Menschen gegen TTIP und CETA demonstrierten.[649] Schließlich hatte Merkel schon 2005 gesagt, Deutschland habe keinen Rechtsanspruch auf Demokratie und soziale Marktwirtschaft für alle Ewigkeit.[650] Hallo Frau Merkel, zur Erinnerung: In Artikel 20 GG ist zu lesen: *die Bundesrepublik Deutschland ist ein demokratischer und sozialer Bundesstaat.*[651] Daneben beinhaltet das Grundgesetz den freien und wettbewerblichen Markt, was in Verbindung mit der sozialen Sicherung der sozialen Marktwirtschaft entspricht.[652] In diesem Sinne: Alles Gute kommt nach und eben nicht von oben.

Der Mensch verkommt zur Humanressource. Auf dem Weg dorthin müssen aber aus Sicht Barnetts zunächst einmal *erst alle Völker umgezogen und deshalb alle eigenständigen, traditionellen Kulturen und Glaubensbekenntnisse abgebaut werden.*[653] Wer nur denkt sich so etwas Perfides aus? Geht es wirklich darum, eine bessere Welt zu schaffen, indem man Völker und Kulturen langfristig abschafft? Ist das womöglich mit dem Satz „Wir schaffen das" von der Frau gemeint gewesen, die alles vom Ende her denkt? Wie wird mit Ländern wie Polen und Ungarn zukünftig umgegangen werden, die sich einer Aufnahme von Migranten weiterhin verweigern? Werden diese notfalls mit Gewalt zur Aufnahme gezwungen? Während wir auf Multikulti eingeschworen werden, träumt der Chefglobalisierer schon von Menschen mittlerer Hautfarbe. Schließlich sei auch der Begründer seiner *eigenen Religion, Jesus Christus, mit diesem Hautton auf Erden* gewandelt.[654] Damit das ganz klar ist: Dieser Irrsinn stammt nicht von mir, sondern eben von diesem amerikanischen Geopolitstrategen. So gerne wird heute überall Vielfalt statt Einfalt propagiert, doch ist Vielfalt nicht sogar Einfalt, an deren Ende nur noch die Einfalt bleibt? Bei *Tichys Einblick* gibt es hierzu übrigens einen sehr lesenswerten Artikel.[655] Mich würde an dieser Stelle die Meinung von Herrn Yücel interessieren: Ist das dann etwa Völkersterben von seiner allerschönsten Seite? Immerhin: Spätere Kulturforscher und Evolutionsbiologen können einfach bei Barnett nachschlagen, wie es dazu kommen konnte.

Unsere Bundeskanzlerin wurde übrigens für ihre außerordentlichen Verdienste im europäischen Einigungsprozess mit dem Europapreis 2010 der Europa-Gesellschaft Coudenhove-Kalergi ausgezeichnet.[656] Helmut Kohl erhielt diese Auszeichnung bereits im Jahr 1990, und auch der EU-Kommissionspräsident Jean-Claude Juncker gehört zu den Preisträgern. Seit dem Jahr 2015 ist die EU jedoch dank Merkels Alleingang in Sachen Migration so gespalten wie nie zuvor, weswegen sie diesen Preis ja wohl eigentlich zurückgeben müsste, oder? Wer aber war Richard Coudenhove-Kalergi? Auf der Internetseite der CDU-nahen *Konrad Adenauer Stiftung* findet man hierzu u. a. Folgendes: Er wurde 1894 in Tokio als Sohn einer japanischen Mutter und eines Grafen im Dienste der österreichisch-ungarischen Monarchie geboren und wuchs in Böhmen auf. In Wien und München studierte er und promovierte 1917 in Philosophie. Nach dem Ersten Weltkrieg wurde er tschechisch-slowakischer Staatsbürger. 1919 kam ihm die Idee zu einem Paneuropa in Anlehnung an den Panamerikanismus (USA mit den Staaten Südamerikas) für einen europäischen Zusammenschluss der Länder. Seine Bücher wurden nach der Machtergreifung Hitlers verbrannt. Er selbst ging 1938 ins Exil nach Frankreich und die USA.[657] Laut *Wikipedia* war Coudenhove-Kalergi aufgrund seiner Idee einer Paneuropäischen Union der Vordenker der heutigen europäischen Idee wie auch der europäischen Identität.[658] Freiheit, Frieden, Wohlstand und Kultur gehörten nach Ansicht Coudenhove-Kalergis zu den Prinzipien eines vereinten Europas. Daher wurde seine Idee nach dem Ende des Zweiten Weltkrieges wieder aufgenommen in einer Zeit, in der man sich in Europa nichts sehnlicher wünschte als Frieden. Die Idee der heutigen Europa-Hymne als ein offizielles Symbol der Europäischen Union geht übrigens auf einen Vorschlag von ihm aus dem Jahr 1955 zurück. Die Wahl fiel dabei auf ein reines Instrumentalarrangement aus dem letzten Satz der neunten Sinfonie von Ludwig van Beethoven, um keine europäische Sprache zu bevorzugen. Soweit, so gut und schön.

Wenn man ein wenig weiter über den Philosophen und Politiker Coudenhove-Kalergi recherchiert, stößt man im Internet auf sein Buch *Praktischer Idealismus*[659]. Darin befasst er sich u. a. mit Themen des Heiden-, Christen- und Judentums, der Geistes- statt der Schwertherrschaft und der Plutokratie, also der Herrschaft des Geldes. Hierzu schrieb er bereits 1925: *Heute ist Demokratie Fassade der Plutokratie: weil die Völker nackte Plutokratie nicht dulden würden, wird ihnen die nominelle Macht überlassen, während die faktische Macht in den Händen der Plutokraten ruht. In republikanischen wie in monarchischen Demokratien sind die Staatsmänner Marionetten, die Kapitalisten Drahtzieher: sie diktieren die Richtlinien der Politik, sie beherrschen durch Ankauf der öffentlichen Meinung die Wähler, durch geschäftliche und gesellschaftliche Beziehungen die Minister. … Die Plutokratie von heute ist mächtiger als die Aristokratie von gestern: denn niemand steht über ihr als der Staat, der ihr Werkzeug und Helfershelfer ist.*[660] Soso: Die Staatsmänner sind also Marionetten, und die Drahtzieher dahinter sind die Kapitalisten.

Hierzu meine Empfehlung: Einfach mal in Xavier Naidoos umstrittenes Lied *Marionetten* reinhören und den Liedtext mit dem Text von Coudenhove-Kalergi vergleichen.[661] Hier zwei Auszüge daraus: *Wie lange noch wollt ihr Marionetten sein; Seht ihr nicht, ihr seid nur Steigbügelhalter; Merkt ihr nicht, ihr steht bald ganz allein; Für eure Puppenspieler seid ihr nur Sachverwalter; (…) Alles wird vergeben, wenn ihr einsichtig seid; Sonst sorgt der wütende Bauer mit der Forke dafür, dass ihr einsichtig seid; Mit dem zweiten sieht man besser.* Interessanterweise wurde ausgerechnet dieses Lied des gleichnamigen Albums von der Presse auseinandergenommen. Dabei befinden sich darauf viele weitere Songs als Friedensbotschaften, doch damit kann man natürlich keine Auflage bzw. Klicks machen. 1970 kam die Single *Macht kaputt, was euch kaputt macht* von der Politrockband *Ton Steine Scherben* auf den Markt. Damals waren derartige, nicht gerade friedlich anmutende Liedtexte noch durch die Freiheit der Kunst gedeckt, aber heute?

Wieder zurück zu Coudenhove-Kalergi. Dieser schrieb in dem zuvor erwähnten Buch darüber, dass Inzucht den Charakter stärke und den Geist schwäche, während es sich mit der Kreuzung umgekehrt verhalte.[662] Weiter schrieb er: *Wo Inzucht und Kreuzung unter glücklichen Auspizien* [Anm.: Schirmherrschaft, Oberhoheit] *zusammentreffen, erzeugen sie den höchsten Menschentypus der stärksten Charakter mit schärfstem Geist verbindet.* Und weiter ist zu lesen: *Der Mensch der fernen Zukunft wird Mischling sein. Die heutigen Rassen und Kasten werden der zunehmenden Überwindung von Raum, Zeit und Vorurteil zum Opfer fallen. Die eurasisch-negroide Zukunftsrasse, äußerlich der altägyptischen ähnlich, wird die Vielfalt der Völker durch eine Vielfalt der Persönlichkeiten ersetzen.* Warum fällt mir gerade in diesem Zusammenhang Herr Schäuble mit seinen Ausführungen zur europäischen Inzucht ein? Von welchem Menschentypus träumt Barnett noch gleich? Trug deshalb das Plakat von Professor Rödel die Aufschrift „Keine Experimente CDU"? Vielleicht sind wir ja gerade alle Teilnehmer an einem riesigen Feldversuch, denn es geht noch weiter.

Für eine Nachkriegsrede von Winston Churchill, Großbritanniens Premierminister, schrieb Coudenhove-Kalergi Folgendes: *Wir geben uns natürlich nicht der Täuschung hin, dass die Vereinigten Staaten von Europa die letzte und vollständige Lösung aller Probleme der internationalen Beziehungen darstelle. Die Schaffung einer autoritativen, allmächtigen Weltordnung ist das Endziel, das wir anzustreben haben. Wenn nicht eine wirksame Welt-Superregierung errichtet und rasch handlungsfähig werden kann, bleiben die Aussichten auf Frieden und menschlichen Fortschritt düster und zweifelhaft. Doch wollen wir uns in Bezug auf das Hauptziel keiner Illusion hingeben: Ohne ein Vereinigtes Europa keine sichere Aussicht auf eine Weltregierung. Die Vereinigung Europas ist der unverzichtbare erste Schritt zur Verwirklichung dieses Zieles.*[663] Jetzt wird manches klarer. Das schon lange geplante Ziel ist also eine Welt-Superregierung. Das hätte man uns einfachen Bürgerinnen und Bürger doch sagen können.

Alles läuft nach Plan

Coudenhove-Kalergi, Churchill und Brzeziński weilen nicht mehr unter uns, doch es gibt ja noch Barnett und Friedman neben noch vielen anderen „klugen Köpfen" – auch in der EU. Diese sind keine kleinen Lichter, keine Verschwörungstheoretiker, sondern Geostrategie- und Sicherheitsexperten mit Beraterposten in der US-Außenpolitik. Im Falle von Barnett kann man wohl sogar von einem Ideologen sprechen. Während Regierungen wechseln, bleiben die politischen Berater oft jahrelang auf ihren Posten. Nicht umsonst galt Brzeziński als „graue Eminenz" und beriet die US-Präsidenten Johnson, Carter, Reagan, Bush sen. und Bush jun., wie eben auch Obama. Und auch Barnett galt bereits Ende der 1990er Jahre in den USA als einer der bedeutendsten Strategieforscher.[664] Nur wenige Tage nach 9/11 wurde er als Berater für Strategiefragen ins Pentagon versetzt – eben unter der Leitung von Donald Rumsfeld. Nationalsozialismus, Kommunismus und nun die neue Ideologie von einer globalisierten Welt. Der Weg dorthin gepflastert mit zigtausend Leichen und Geflüchteten, der Auflösung von Nationalstaaten, Kulturen und Völkern. Ein hoher, ein verdammt hoher Preis, den alle dafür zu zahlen haben.

Hier sei an die Bürgerkriege in Libyen und Syrien und die Kürzungen der Zahlungen an das UNHCR erinnert, an den Flüchtlingsanwerbefilm des BAMF in vielen verschiedenen Sprachen sowie die Twitter-Meldung des BAMF bezüglich der Aussetzung des Dublin-Verfahrens für Syrer. Wer mag vor all diesen Informationen noch an Zufälle wie die Ukrainekrise sowie die Militäreinsätze in Libyen und Syrien glauben? Was hatte Gauck nochmal zu der Angst der Briten und Polen gesagt? Was stand nochmal in dem Lieblingsbuch der Kanzlerin?

Tja, und während Politiker, aber eben auch Leitmedien und Nachrichtensendungen uns in Deutschland ihre Sicht der Dinge aufs Auge drücken wollen, gibt es tatsächlich eine Art amerikanischen Masterplan im Sinne von „Sieben Länder in fünf Jahren".[665] Darin geht es um die Zerstörung und den Machtwechsel folgender Länder: Irak, Syrien, Libanon, Libyen, Somalia, Sudan und Iran. Diesen Plan, der mehr oder weniger nach Plan verläuft, jedoch nichts als (gewolltes) Chaos hinterlässt, soll es bereits seit dem Jahr 2001, kurz nach dem Anschlag auf das World Trade Center, geben. O-Töne vom 03.10.2007 zu dieser Thematik gibt es hierzu von dem Vier-Sterne-General und NATO-Oberbefehlshaber a. D., Wesley Clark, auf *YouTube*.[666] Die Münchner Sicherheitskonferenz im Februar 2017, an der Sicherheitspolitiker, Rüstungsindustrielle und Militärangehörige aus aller Herren Länder teilnahmen, wurde von Protestkundgebungen in Form von Rüstungsgegnern und Friedensinitiativen begleitet.[667] Dieses Jahr sprach auf einer solchen Kundgebung am 18.02.2017 die Schauspielerin und Kabarettistin Lisa Fitz. In ihrer Rede ging sie auf das Billiardengeschäft mit dem Krieg – auch in Form von bewusst geschürten Kriegen – ein.[668] „Super Deals", selbst wenn sie sich „nur" im Billionenbereich bewegen. Und: Sie sprach von einer schwarzen Perle, die man gelegentlich im Internet findet und *die einem viel klar macht und einem das naive Hirn durchbläst.* Und dann kam die Kabarettistin in ihrer Rede auf den zuvor erwähnten hohen Ex-Militär Wesley Clark zu sprechen. Hier muss ich auch noch einmal an Daniele Ganser erinnern, dessen Vorträge immer gut besucht sind. So langsam scheint Bewegung in die Hintergründe der Kriegsgeschichten zu kommen, die man uns durch Politiker und Medienmacher als Wahrheit und für unabdingbar verkauft. Ich jedenfalls möchte nicht, dass deutsche Soldatinnen und Soldaten in illegale Kriege ziehen, um für westliche Wirtschaftsinteressen ihren Kopf hinzuhalten und Millionen von Menschen Opfer perfider geopolitischer Interessen werden. Wenig verwunderlich ist es daher nicht, dass sich der Westen in Syrien nicht an einem Wiederaufbau beteiligen wird, nachdem der Sturz des Machthabers Assads missglückt ist, für dessen Giftgasfabriken deutsche Firmen – völlig unmoralisch, dafür aber im eigenen wirtschaftlichen Interesse – Ventile, Pumpen und tonnenweise Schwefelsäure zur Herstellung von Sarin lieferten.[669] [670] Dabei hat nach sechsjähriger Pause durch den Bürgerkrieg im August 2017 erstmals wieder eine Handelsmesse in Damaskus mit 2,2 Millionen Besuchern stattgefunden – eine internationale Messe für den Wiederaufbau Syriens.[671]

Hier bestehen also ausnahmsweise mal keine wirtschaftlichen Interessen des Westens. Schon klar, Assad konnte ja nicht gestürzt werden. Somit wird der Regimewechsel höher bewertet als das Ende der Gewalt, das Ende von Leid und Elend. Alles ohne Rücksicht auf Verluste.

Bereits im Jahr 2008 sprach der ehemalige französische Präsident Nicolas Sarkozy von der Herausforderung des 21. Jahrhunderts in Form der Vermischung der Nationen – zur Not auch gegen den Willen des Volkes mit staatlichen Zwangsmaßnahmen.[672] Ebenfalls sehr offene Worte zum Thema Multikulturalismus fand übrigens auch der Vizepräsident der EU-Kommission, Frans Timmermanns. In einer Rede sagte er: *Vielfalt wird jetzt in einigen Teilen Europas als Bedrohung angesehen. Vielfalt bringt Probleme mit sich. Aber die Vielfalt ist das Schicksal der Menschheit. Es wird keinen Staat, selbst in den entferntesten Orten dieses Planeten geben, der künftig nicht mit Vielfalt konfrontiert sein wird. Dort liegt das Ziel der Menschheit.*[673] Die komplette Rede ist unter dem angegebenen Link zu finden. Liegt das Ziel der Menschheit tatsächlich in der Vielfalt, oder ist das nicht vielmehr das Ziel der Globalisierungsbefürworter? Ich dachte ja immer, dass es das Ziel der Menschheit sei, in Frieden miteinander zu leben, doch da habe ich mich wohl gründlich getäuscht.

Der heilige Schein der Scheinheiligkeit

Deutsche Doppelmoral

Saudi-Arabien – das Königreich mit einer absoluten Monarchie auf der Arabischen Halbinsel zwischen Rotem Meer und Persischem Golf – ist ein Land, in dem Ölquellen sprudeln und wo neben der Monarchie der pure Luxus herrscht. Es ist ein großes Land, in dem es mit den Menschenrechten aber nicht so genau genommen wird, denn allein 2016 wurden dort nach einer Zählung der Nachrichtenagentur *AFP* 153 Menschen exekutiert.[674] Selbst 15jährige werden nach dem Erwachsenenstrafrecht inklusive Folter und Todesstrafe bestraft.[675] Dabei ist die übliche Hinrichtungsart die Enthauptung durch das Schwert, die zumeist auf einem öffentlichen Platz vorgenommen wird.[676] Gründe für die Todesstrafe sind u. a. Mord, Vergewaltigung, Ehebruch und Gotteslästerung. Da dieses Land weder ein Strafgesetzbuch noch eine Strafprozessordnung hat, steht es immer wieder in der Kritik von Menschrechtsorganisationen. Allerdings verfahren westliche Regierungen mit diesem Land anders als im Falle des Iraks und Syriens, und so werden schon mal vom Moralapostel Deutschland beide Augen aufgrund eigener wirtschaftlicher Interessen zugedrückt.

In Sachen Waffen gehört das Land zu den wichtigsten Kunden deutscher Rüstungskonzerne, weswegen zwar wegen der Verstöße gegen die Menschenrechte und einer Massentötung von 47 Menschen diesem mit Einschränkungen von Rüstungslieferungen durch Ex-Wirtschaftsminister Gabriel gedroht und von den Linken und Grünen sogar ein Stopp dieser Lieferungen gefordert wurde, wie der *SPIEGEL* am 06.01.2016 berichtete.[677] Gerade mal ein halbes Jahr später konnte man ebenfalls in der Onlineausgabe des *SPIEGELS* lesen, *dass der geheim tagende Bundessicherheitsrat Waffendeals mit Saudi-Arabien, Pakistan,*

Ägypten, den Vereinigten Arabischen Emiraten, Kuwait, Brunei und nach Mexiko abgesegnet habe.[678] Dabei dürfte jedem klar sein, dass aus einigen dieser Länder auch deutsche Waffen in die Hände derer geraten, die diese keinesfalls in ihre Hände bekommen sollten, wie beispielsweise der IS, den man ja gerade in einem vermeintlichen Anti-Terror-Einsatz zu bekämpfen gedenkt. Wenig verwunderlich mutet daher ein Artikel der *ZEIT* vom Dezember 2015 an, wonach beispielsweise Sturmgewehre aus Ländern wie Belgien, China, Deutschland und den USA zu dem großen und tödlichen Arsenal des IS gehören würden – Umstände, die von der Menschenrechtsorganisation Amnesty International schwer gerügt werden.[679] In Deutschland selbst und anderen europäischen Ländern werden immer wieder Waffenlager von Islamisten ausgehoben.[680] Wer weiß, woher diese Waffen stammen?

Der Milan ist nicht nur ein Greifvogel in der mecklenburgisch-vorpommerschen Heimat von Angela Merkel. Milan ist auch die wichtigste Waffe im Kampf der Kurden gegen den IS. Diese stammt aus deutscher Rüstungsproduktion und wird sowohl gegen feindliche Panzer als auch im Häuserkampf eingesetzt. Von diesen Panzerabwehrsystemen wurden 30 mit 500 Raketen Munition von Deutschland aus in den Nordirak an die Peschmerga geschickt (Stand: 19.03.2015), und in der *BILD* konnte man Folgendes lesen: *Es gibt kaum etwas Schöneres als ein Babylachen. Es gibt kaum etwas Schlimmeres als den Krieg. Wie nennt man Kinder, die im Krieg geboren werden? Die Antwort kurdischer Eltern im Nordirak: „Milan" – so wie die Panzerabwehrrakete aus Deutschland.*[681] Na, das ist doch wunderbar. Angela Merkel selbst war laut eigener Aussage sehr berührt, nachdem ihr ein Vertreter der Kurden im Nordirak davon berichtet habe, dass Milan nun ein Vorname männlicher Babys sei, da man von der Wirkung dieser Waffen so entzückt wäre.[682] Nachdem ich mir diese Aussage der Bundeskanzlerin auf *YouTube* angesehen hatte, konnte ich zunächst gar nicht glauben, was aus dem Mund der Bundeskanzlerin in diesem Zusammenhang zu hören war. Ich war einfach nur fassungslos. Als ich auf einer Klassenreise Anfang März 2016 im Allgäu einem Ausbilder der Bundeswehr, der mit uns Flachlandtirolern Schneeschuhwandern war, von diesem Video erzählte, guckte mich dieser mindestens ebenso fassungslos an. Wahrscheinlich hat der gedacht, dass mir die Bergluft nicht so sehr bekommt.

Aber damit nicht genug: In einem *FOCUS*-Artikel vom 14.04.2001 ist zu lesen, dass der belgische NATO-Partner auf den Einsatz dieser Panzerabwehrraketen verzichtet.[683] Grund für diesen Verzicht der belgischen Truppen ist die Tatsache, dass diese Waffen radioaktives Thorium 232 enthalten, welches über die Atmung, die Nahrung oder das Trinkwasser im menschlichen und tierischen Körper Krebs verursachen kann. Die Radioaktivität von Thorium wurde übrigens bereits 1898 von u. a. Marie Curie entdeckt[684] – wie gesagt: „Man braucht nichts im Leben zu fürchten, man muss nur alles verstehen."[685]

Dabei besitzt dieses chemische Element eine Halbwertzeit von 14,05 Milliarden Jahren und erreicht seine höchste Gefährlichkeit erst nach gut 25 Jahren aufgrund der Bildung von Radionukliden, deren Wirkung noch gefährlicher ist als die von Thorium 232 selbst.[686] Und so ist auf der Internetseite von „Internationale Ärzte für die Verhütung des Atomkrieges – Ärzte in sozialer Verantwortung e.V." (IPPNW) in einer Pressemitteilung vom 07.10.2014 zu lesen, dass Thorium 232 als Alpha- und Gammastrahler früher als Röntgenkontrastmittel Thorotrast eingesetzt, jedoch aufgrund seiner Radiotoxizität verboten wurde. Weiter heißt es in der Mitteilung des IPPNW: *Die Folgen sind schwere Gesundheitsschäden wie z. B. Lungenkrebs oder Schädigung des Erbguts.* Aus diesem Grund wurde Verteidigungsministerin Ursula von der Leyen u. a. von dieser Organisation dazu aufgefordert, die geplante Ausfuhr der Milan-Raketen rückgängig zu machen, da die Zivilisten im Irak und in Syrien bereits schon jetzt durch die Folgen der Kriege sehr schwer geschädigt seien. Auf der Internetseite von ICBUW (Internationale Koalition zur Ächtung von Uranwaffen) ist Folgendes zu lesen: *Ab Herbst 2014 wurden zur Bekämpfung des IS 60 Milan-Panzerabwehrraketen mit 1000 Lenkflugkörpern an die kurdischen Peschmerga geliefert. Am 18. Dezember 2015 war im SPIEGEL zu lesen, dass die Milan-Panzerabwehrraketen nochmals um 200 Stück aufgestockt werden.*[687] Alles Mahnen, alles Warnen scheint leider auch hier nichts zu nützen, und immer wieder drängt sich einem der Verdacht auf, dass es tatsächlich nicht um humanitäre Hilfe geht, sondern lediglich um wirtschaftliche Interessen. Billigend nimmt man für kurzfristige militärische Erfolge im Kampf gegen den Islamistischen Terror gefährliche Langzeitfolgen bei den Kurden im Irak in Kauf, denen man vermeintlich helfen will. Eine verseuchte Umwelt, missgebildete Neugeborene, unvorhersehbare gesundheitliche Folgen erst nach vielen Jahren für die Menschen dort – hat man da noch Worte?

So mag es denn nach dem, was über die Bundeskanzlerin und ihre Art zu regieren bekannt ist, wenig verwunderlich erscheinen, was mit den Atombomben der USA des Typs B61-3 und B61-4 auf deutschem Boden aus Zeiten des Kalten Krieges in jüngster Vergangenheit passiert ist. Diese wurden für den Abwurf per Flugzeug konstruiert und besitzen die 13fache Sprengkraft der Bombe von Hiroshima. Im Fliegerhorst Büchel in Rheinland-Pfalz dienten sie der Abschreckungstaktik der NATO.[688] Nur mal so: Rund 280.000 Menschen wurden Opfer der Hiroshimabombe. Deutschland sitzt noch immer auf diesen Relikten des offiziellen Kalten Krieges – wir leben ja gerade erneut im Kalten Krieg mit Russland. Allerdings gelten diese offenbar als offenes Geheimnis. Von offizieller Seite wurden 2015 keine Angaben darüber gemacht, wie viele US-Atomwaffen tatsächlich noch auf deutschem Boden stationiert sind. Hinter vorgehaltener Hand sprach man in Regierungskreisen von bis zu 20 alten Atombomben. Hinzu kommen nochmal 160 NATO-Nuklearwaffen in anderen europäischen Ländern. Im Wahlkampf 2009 versprach der damalige und bereits verstorbene FDP-Vorsitzende Guido Westerwelle, sich für Deutschland als atomwaffenfreies Land einzusetzen, und diese Forderung ließ er auch im Koalitionsvertrag mit der Union verankern.[689] Für Merkel hingegen soll Deutschland in diesem Zusammenhang nicht so wichtig gewesen sein, obwohl sich auch der Deutsche Bundestag im Jahr 2010 mit großer Mehrheit für einen Abzug US-amerikanischer Atomwaffen aus Deutschland ausgesprochen hatte. Doch was ist geschehen, sind die letzten amerikanischen Atombomben aus Deutschland endlich abgezogen? Mitnichten.

Im September 2015 wurde laut *ZDF Presseportal* vom 21.09.2015 mit den Vorbereitungen für die Stationierung neuer taktischer US-Atombomben des Typs B61-12 in Deutschland begonnen.[690] Diese sollen wesentlich zielgenauer als die alten Nuklearwaffen in Büchel sein und Deutschland per Tornado-Jagdbomber im Rahmen der NATO-Strategie die *nukleare Teilhabe* ermöglichen. Gegenüber der Sendung *Frontal 21* des ZDF sagte die Sprecherin des russischen Außenministeriums, Maria Sacharowa, Folgendes: *Uns beunruhigt, dass Staaten, die eigentlich keine Atomwaffen besitzen, den Einsatz die-*

ser Waffen üben.[691] Und Sacharowa weiter: *Dies ist eine Verletzung der Artikel 1 und 2 des Vertrages über die Nichtverbreitung von Atomwaffen.* Verletzungen von Verträgen und der Rechtsordnung – mal wieder kein Problem für die Bundesregierung unter Angela Merkel. Mit der Stationierung dieser modernsten Atombomben haben wir nun wesentlich zielgenauere Nuklearwaffen bei uns lagern, die eine Sprengkraft von 80 Hiroshimabomben besitzen. Darüber hinaus hat der SPD-Verteidigungspolitiker Thomas Hitschler bestätigt, dass die Bundesregierung in den kommenden Jahren rund 120 Millionen Euro allein in den Bundeswehrstandort Büchel investieren will.[692] Nach Abzug von Atomwaffen sieht das jedenfalls nicht aus. Diese spärliche mediale Berichterstattung zu diesem Thema lief während der akuten Flüchtlingskrise 2015, wo die Medien im Minutentakt stündlich Berichte zum Thema „Refugees welcome" platzierten, und so mag die Stationierung neuer Atomwaffen durch die USA in Deutschland nun mal medial einfach so durchgerutscht sein.

Was sind das eigentlich für zwei Frauen, Merkel und von der Leyen, die uns regieren? Die eine eine kinderlose Physikerin, unsere vermeintliche Umwelt- und Klimakanzlerin, die sich darüber gerührt zeigt, dass nach dem Einsatz deutscher Waffensysteme in Krisengebieten dort geborene männliche Babys nach dem Namen einer deutschen Waffe benannt werden. Eine Frau, die sich als Naturwissenschaftlerin über die schlimmen Folgen von Radioaktivität in der Umwelt durchaus bewusst sein dürfte und sowohl deutsches als auch europäisches Recht in Sachen Flüchtlingspolitik ihrer eigenen Moral unterworfen und damit ausgehebelt hat. Die gar nicht schnell genug aus der Atomenergie aussteigen konnte, während nun neue Atombomben in Deutschland stationiert werden, statt die alten abzuziehen. Die andere eine ehemalige Assistenzärztin an der Frauenklinik der Medizinischen Hochschule in Hannover und siebenfache Mutter, die im Internet von Kommentatoren auch gerne schon mal als „Flinten-Uschi" bezeichnet wird, selbst jedoch nie den Dienst an der Waffe verrichtet hat. Diese Frau ist Oberbefehlshaberin über alle deutschen Soldatinnen und Soldaten und somit verantwortlich für deren Sicherheit. Weiterhin setzt diese entgegen aller Expertenwarnungen auf den Einsatz und die Schulung am Waffensystem Milan. Daneben sucht diese jetzt per *YouTube* mit der Serie „Mali" neue Einsatzkräfte für Westafrika.[693] Diese

UN-Mission gilt als die gefährlichste und riskanteste der Welt. Mit einer Erhöhung der Auslandszulage will man rund 1.000 Rekruten für diesen Auslandseinsatz ködern.[694] Was macht die Bundeswehr denn nun auch noch in Mali? Geht es hier um die angebliche Friedenssicherung oder aber darum, in einem der ärmsten Länder der Welt, das aber äußerst reich an Bodenschätzen wie zum Beispiel Gold, Bauxit, Marmor und vor allem Uran ist, die Rohstoffversorgung und den damit verbundenen Profit für amerikanische und europäische Konzerne zu sichern?[695]

Und Sigmar Gabriel? Hatte dieser nicht schon im Jahr 2014 vollmundig angekündigt, die deutschen Waffenexporte reduzieren und eben auch die Krisenregion der Golfstaaten gar nicht mehr beliefern zu wollen?[696] Er war – angeblich – wie Altkanzler Helmut Schmidt der Meinung, dass es eine Schande sei, dass Deutschland zu den größten Waffenexporteuren gehöre. Fakt aber ist, dass sich die Rüstungsexporte Deutschlands unter der Großen Koalition noch erhöht und eine Rekordsumme von 7,5 Milliarden erreicht haben, wie *DER SPIEGEL* am 19.02.2016 berichtete[697], weswegen sich die Einnahmen durch Rüstungsexporte in der Zeit von 2002 bis 2015 fast verdoppelten.

Und jetzt bitte einmal hinsetzen und am besten anschnallen – mich persönlich haben die nachfolgenden Informationen regelrecht vom Hocker gehauen: Während die deutschen Außengrenzen angeblich nicht zu schützen sind und im Inland zum Schutz von Weihnachtsmärkten, Stadtfesten, Karnevalveranstaltungen, der Kölner Domplatte und des Münchener Oktoberfestes immer mehr Zäune, Überwachungskameras und schwer bewaffnete Polizisten eingesetzt werden, schützt sich Saudi-Arabien, das eine gemeinsame Grenze mit dem Irak hat, gegen den Terror des IS durch ein hochmodernes System zur Sicherung seiner 9.000 Kilometer langen Außengrenze, die durch Wüste, Gebirge und Küstengebiet führt. Den Zuschlag für den Bau dieser Anlage auf einer Länge von 900 Kilometern, die eine der modernsten Grenzschutzanlagen der Welt ist, hatte der europäische Rüstungskonzern Airbus (ehemals EADS) bekommen, der deutsche Technik für dieses Zwei-Milliarden-Euro-Projekt lieferte.[698] Schäuble und Steinmeier waren maßgeblich in diesem Deal mit den Saudis involviert. Interessanterweise waren 138 Bundespolizisten in der Zeit von 2009 bis 2015 in Saudi-Arabien zwecks Schulungs- und Ausbildungszwecken zum Teil mehrfach im Einsatz.[699] Dabei soll Deutschland rund 2,5 Millionen Euro für die Schulungsmaßnahmen der saudischen Grenzschützer bezahlt haben. Mal wieder wurde also der deutsche Steuerzahler zur Kasse gebeten – Zahlemann & Söhne lassen auch hier wieder recht herzlich grüßen. Das Projekt galt immerhin als hochumstritten. Darüber hinaus sind Bundespolizisten, die früher ja Bundesgrenzschützer hießen, jedoch nicht nur im Reich von König Salman ibn Abd al-Aziz im Einsatz, sondern auch im Kosovo, Libyen und in weiteren Auslandseinsätzen. Und in Deutschland ist die Grenze offen wie ein Scheunentor.

Interessanterweise erschien bereits am 29.06.2015, als die Migrationskrise dabei war, so richtig Fahrt aufzunehmen, in der *Welt* ein Artikel mit der martialischen Überschrift „Das nächste große Schlachtfeld ist Europa". Dieser Bericht hat eine Lesedauer von ca. zehn Minuten und enthält Unterüberschriften wie „Der Islamismus setzt sich in Europa fest", „Arabische Kämpfer werden eingeschleust", „Terroristen unter den Flüchtlingen" usw.[700] Darin heißt es: (…) *Doch nun scheint es, als bereite der IS zusätzlich eine neue Strategie vor: Zahlreiche Indizien deuten darauf hin, dass er systematisch arabische Kämpfer nach Europa schleust. Offenkundig gründen sie Netzwerke. Und es ist sicher, dass sie Krieg wollen. Der IS weitet den Krieg auf Europa aus* (…). Also war man doch schon über eingeschleuste Terroristen informiert? Frau Merkel, Herr de Maizière, Herr Maas, Sie haben uns gesagt, dass unter den Flüchtlingen keine Terroristen wären und nun das. Wie verantwortungslos kann man als Politiker nur sein? Hätten nicht schon damals die Notbremse gezogen und die Grenzen geschlossen werden müssen? Ein hoher Preis, den alle friedliebenden Menschen in Europa, aber auch die vielen anderen, aus ihrer Heimat vertriebenen Menschen auf dem Weg zur Weltregierung zu bezahlen haben. Apropos Preis: Für eine Million Migranten gibt Deutschland 2017 laut Entwicklungshilfeminister Gerd Müller (CDU) 30 Milliarden Euro aus, während er nur eine Milliarde Euro für Entwicklungshilfe bekommt.[701] Wie vielen Menschen könnte damit vor Ort geholfen werden, aber das scheint ja gar nicht gewünscht zu sein.

Deutsche Politiker scheinen wieder überall mitmischen, deutsches Personal lieber im Ausland einsetzen und nach Höherem streben zu wollen. Das kann nichts Gutes bedeuten.

Ein Ende der Fahnenstange ist nicht in Sicht

Bereits in einem Entwurf für das neue Weißbuch 2016 zur Verteidigungs-
politik hatte die Bundesregierung eine größere deutsche Führungsrolle in der
Welt angekündigt.[702] So werde Deutschland in Europa als „zentraler Akteur"
wahrgenommen und stehe in der Verantwortung, „die globale Ordnung aktiv mitzugestalten". Und weiter heißt es bei *MDR*: *Bei Auslandseinsätzen der
Bundeswehr sei Deutschland bereit, innerhalb eines Bündnisses Führungsverant-
wortung zu übernehmen.* Besonders interessant sind die Leserkommentare zu
diesem Artikel. So schrieb beispielsweise eine Leserin, dass durch das Weg-
sterben der Generation, die den Zweiten Weltkrieg noch miterlebt habe oder
kurz nach Kriegsende geboren wurde, ebenfalls das kollektive Gedächtnis an
diese Zeit sterben würde. *Und deutsche Soldaten, die heute für fremde Interessen ihr Leben lassen, sind leider ganz schnell vergessen*, heißt es bei der Kom-
mentatorin mit dem Nicknamen „Nachdenkliche" weiter. Frau von der Leyen
möchte, *dass sich Deutschland nicht länger raus hält – auch beim weltweiten
Kampf gegen Terroristen, aus den Krisen in afrikanischen Staaten, die Millionen
Menschen in die Flucht treiben.*[703] Und so wird es immer weitergehen, egal, was
der deutsche Michel davon hält und wie viele Regionen noch destabilisiert
werden. Komischerweise scheint Diplomatie völlig aus der Mode gekommen
zu sein. An dieser Stelle sei noch einmal darauf hingewiesen, dass zurzeit beispielsweise noch 1.053 Bundeswehrsoldaten in Afghanistan, 466 im Kosovo
und 967 im Senegal und Mali eingesetzt sind. Darüber hinaus befinden sich
301 Soldatinnen und Soldaten im Nahen Osten und 141 in der Ausbildungs-
unterstützung im Irak (Stand: 27.11.2017; Internetseite der Bundeswehr).[704]

Meine Mutter – wie schon erwähnt selbst Flüchtlingskind aus Ostpreußen – hat an ihrem 80. Geburtstag im Oktober 2015 an einem Gymnasium
in Norddeutschland den Schülerinnen und Schülern von ihren Kriegserfah-
rungen und -erinnerungen mit Hunger, Verlust des Vaters, Flucht und über

die schwere Nachkriegszeit mit vielen Entbehrungen berichtet. Alle hingen gebannt an ihren Lippen und haben viele Fragen zu diesem Thema gestellt. Was aber geschieht, wenn die letzten Zeitzeugen des Zweiten Weltkrieges auch nicht mehr am Leben sein werden, wir Deutschen allenfalls noch die Erzählungen der Kriegskinder im Ohr haben oder irgendwann nur noch auf Geschichtsbücher zurückgreifen können? So lange brauchen wir aber aus meiner Sicht gar nicht mehr zu warten, denn mir drängt sich schon heute die Frage auf: Haben deutsche Konzerne, vorrangig aber unsere Politiker aus der deutschen Geschichte nichts, aber auch gar nichts gelernt? Mit den mahnenden Worten *Von deutschem Boden darf nie wieder Krieg ausgehen* wird der frühere Bundeskanzler Willy Brandt zitiert[705], und so ist gemäß Artikel 26, Absatz 1 des Grundgesetzes der Bundesrepublik Deutschland die Vorbereitung eines Angriffskrieges verboten und unter Strafe zu stellen.[706]

Die Worte Willy Brandts würden wohl die meisten in Deutschland lebenden Menschen auch heute noch unterschreiben, doch was machen unsere Politiker? Die Regierung will von der zentralen Rolle der US-Airbase in Ramstein beim Drohneneinsatz nichts gewusst haben und gibt laut Deutscher Welle an, *keine eigenen Erkenntnisse zur konkreten Beteiligung der Luftwaffenbasis an Drohnenoperationen zu haben. Die USA hätten lediglich wiederholt versichert, aus Ramstein keine Drohneneinsätze zu starten oder zu steuern.*[707] So wird der amerikanische Stützpunkt in Deutschland als Satellitenrelaisstation genutzt, um Funksignale an die Drohnen weiterzuleiten, die dann im Nahen Osten oder in Afrika zum Einsatz kommen und durch die auch immer wieder Zivilisten getötet werden. Unter der Führung des Ex-US-Präsidenten Barack Obama sollen pro Drohnenangriff fünf Terroristen und bei jedem fünften Angriff dieser Art ein Zivilist getötet worden sein.[708]

Ist jeder getötete Zivilist dann ein Kollateralschaden? In diesem Zusammenhang muss leider auch erwähnt werden, dass die Bundesregierung nichts von illegalen Waffentransporten über Ramstein nach Syrien gewusst haben will.[709] Demnach gibt es aber glaubhafte Medienberichte, aus denen hervorgeht, dass die US-Regierung Munition und Waffen über Ramstein an syrische Rebellen geliefert habe, um diese im Kampf gegen die Terrormiliz IS zu stärken.[710] Nach Aussage der Bundesregierung habe diese keine gesicherten

Erkenntnisse hinsichtlich solcher Waffenlieferungen über Deutschland nach Syrien. Außerdem soll über die US-Base ein Terrorverdächtiger verschleppt worden sein.[711] Von wegen alles im Griff auf dem sinkenden Schiff.

Bei *t-online* konnte man übrigens am 31.01.2017 im Zusammenhang mit dem US-Luftwaffenstützpunkt in Rheinland-Pfalz lesen, dass ein 17jähriger Terrorverdächtiger in Wien am 20. Januar 2017 festgenommen wurde.[712] Dieser hatte einen Anschlag auf die US-Airbase geplant, als Motiv gab er Hass auf die USA an. Einen Tag später wurde sein Komplize in Neuss in Nordrhein-Westfalen festgenommen. Die Anleitung zum Bombenbau soll der 17jährige im Internet gefunden haben, wobei es sich auch um die Anleitung des Attentäters aus Ansbach gehandelt haben soll. Darüber hinaus habe er sich auch mit dem Zwölfjährigen ausgetauscht, der im pfälzischen Ludwigshafen 2016 einen solchen Sprengsatz in der Nähe eines Weihnachtsmarktes deponiert hatte. An dieser Stelle sei noch einmal auf Generalbundesanwalt Peter Frank hingewiesen, der in der modernen Technik und der damit verbundenen Vernetzung der Terroristen der Gegenwart eine enorme Gefahr für die Zivilgesellschaft sieht.

Was aber können wir friedliebenden Bürger tun? Für den Frieden demonstrieren – eine sehr gute Idee! Dies haben 5.000 Menschen auf einer mehrtägigen Veranstaltung im September 2017 vor dem US-Stützpunkt in Ramstein getan, bei der auch Daniele Ganser, der vermeintliche Verschwörungstheoretiker aus der Schweiz, aufgetreten ist.[713] Wo aber waren die beiden obersten Kirchenfürsten der evangelischen und katholischen Kirche in Deutschland, Heinrich Bedford-Strohm und Reinhard Marx, an diesen Tagen? In Ramstein jedenfalls nicht. Was war darüber bei *ARD* und *ZDF* zu sehen und zu hören? Nichts, rein gar nichts. Stattdessen wurde lieber über eine Anti-Brexit-Demo in London und die Angleichungen von Asylleistungen in der EU berichtet.[714]

Ich frage mich mittlerweile, was für ein Saustall Deutschland geworden ist, wenn angeblich nicht einmal die Bundesregierung über die Vorgänge in Ramstein informiert ist bzw. sich nicht zu den Atomwaffen auf deutschem Boden äußern will. Schließlich muss diese uns doch gegenüber Rechenschaft ablegen. Wieso findet eine Demonstration für den Frieden bei den zwangsfinanzierten Staatsmedien keinerlei Erwähnung? Müssen wir uns nicht alle

fragen, ob wir nicht langsam, aber sicher sehenden Auges in unseren Unter-
gang laufen oder genauer gesagt, durch eine völlig verfehlte und blinde In-
nen- wie auch Außenpolitik in diesen geführt werden? Schließlich haben wir
doch genug Probleme und im wahrsten Sinne reichlich Baustellen im eigenen Land, während deutscher Größenwahnsinn und Großmannssucht unter
dem Deckmantel der Verschwiegenheit um sich greifen. Schließlich steht für
uns alle viel auf dem Spiel, denn hier wird ein gefährliches Spiel betrieben.

Gefährliches Spiel

Zum Ende dieses Kapitels noch ein letztes Zitat von Astrid Lindgrens Kultfigur: „Am besten, ihr geht jetzt nach Hause", sagte Pippi, „damit ihr morgen wiederkommen könnt. Denn wenn ihr nicht nach Hause geht, könnt ihr ja nicht wiederkommen. Und das wäre schade."[715] Nach diesem Drehtürprinzip funktioniert die bisherige Abschiebepraxis in Deutschland schon seit vielen Jahren – wenn denn tatsächlich mal abgeschoben wird.

Die schlechte Nachricht mal gleich vorweg: Nach dem Wegfall der Grenzkontrollen zu Polen und Tschechien im Jahr 2008 konnte bereits nur noch ungefähr jeder zehnte illegal nach Deutschland eingereiste Migrant von der Bundespolizei aufgegriffen werden.[716] Bereits am 26.10.2016 konnte man bei *FOCUS* in einem Artikel Folgendes lesen: *Seit Beginn der Flüchtlingskrise sind etwa 1,5 Millionen Menschen nach Deutschland gekommen, die meisten aus dem Nahen Osten und Nordafrika. Kaum bekannt ist hingegen, dass sich seit geraumer Zeit auch vermehrt Personen aus dem russischen Nordkaukasus darunter befinden. Die Anti-Terror-Einsätze vom Wochenbeginn zeigen, dass es sich um eine Entwicklung handelt, die genau verfolgt werden sollte.*[717] Nur vier Monate zuvor war die Rede von der Sorge der Behörden im Zusammenhang mit tschetschenischen Islamisten, denn seit Herbst 2015 ist deren Zahl der Asylanträge deutlich gestiegen.[718] Während die Ostgrenze Deutschlands sperrangelweit offen steht, ist es an der westlichen Grenze zum Beispiel zur Schweiz auch nicht viel besser.[719] Allein hier wurden innerhalb von neun Monaten im Jahr 2016 rund 3.810 Personen an der deutsch-schweizerischen Grenze von der Bundespolizei aufgegriffen.[720] Die Migranten sollen dabei zum Beispiel mit dem Reisebus, per Zug oder zu Fuß eingereist sein und hauptsächlich aus dem Kosovo, Eritrea, Gambia, Äthiopien und Somalia stammen. Das soll reichen, um die Lage zu schildern, wie sie sich wohl deutschlandweit an den Grenzen zu den Nachbarländern darstellt. Nicht ganz unwichtig in diesem

Zusammenhang: 556.000 abgelehnte Asylbewerber sollen sich im Frühjahr 2017 in Deutschland aufgehalten haben.[721] Viele von ihnen leben hier schon seit mehreren Jahren, und jeder zweite hat eine unbefristete Aufenthaltsgenehmigung. 62.000 Personen sollen ausreisepflichtig sein.[722] Daneben gehen die Behörden von bis zu 520.000 untergetauchten Menschen in Deutschland aus, zu denen kein Kontakt mehr besteht.[723]

Nachdem man jetzt erkannt haben will, dass Deutschland es so nicht schaffen kann, ist die einstige Willkommenskanzlerin mit ihrem freundlichen Gesicht mittlerweile zu einer vermeintlichen Abschiebekanzlerin geworden, die aktionistisch nach Maßnahmen zur Abschiebung von Asylbewerbern sucht. Die wenigsten Menschen werden wohl versuchen, Senf, der einmal aus der Tube gedrückt wurde, wieder in diese hineinzubekommen, da dies ein schier unmögliches Unterfangen darstellt.

Während man über viele Monate hinweg Menschen ohne Identitätsnachweise sowie ohne jegliche erkennungsdienstliche Ermittlung in Form von Fingerabdrücken, Lichtbildern und Handychecks hat einreisen lassen und weiterhin einreisen lässt, setzt man nun verstärkt auf das Prinzip der freiwilligen Rückkehr, das den Ausreisenden monetäre Unterstützung bietet.[724] [725] Allein dafür wurde eine Summe in Höhe von 40 Millionen Euro bereitgestellt. Dass die Abschiebung abgelehnter Asylbewerber sich nicht ohne Schwierigkeiten durchführen lässt, ist hinlänglich bekannt und nicht erst ein Problem der jüngsten Vergangenheit, wie ich von einem sehr guten Freund bei der Bundespolizei weiß. Sollte ein Abgelehnter tatsächlich abgeschoben werden, kommt es nicht selten vor, dass er innerhalb kürzester Zeit wieder in Deutschland auftaucht.[726] Viele der Heimatländer, aus denen die Migranten kommen, verweigern deren Rücknahme, da diese keine gültigen Papiere besitzen und somit bestritten wird, dass die Person Staatsbürger des jeweiligen Landes sei. Nehmen wir das Beispiel des Berliner Weihnachtsmarktattentäters Anis Amri. Dieser war bereits als islamistischer Gefährder eingestuft worden, konnte aber aufgrund fehlender Papiere zunächst nicht in seine Heimat Tunesien – dem Land, wo andere Menschen Urlaub machen – abgeschoben werden. Nachdem er den Anschlag in Berlin verübt hatte, sollen angeblich seine Ausweispapiere aus Tunesien gekommen sein.[727] Leider zu spät, denn zwölf Menschen mussten sterben, rund 50 wurden zum Teil schwer verletzt. Ähnlich verhielt es sich mit dem usbekischen Terror-Lkw-Fahrer in Schweden, der längst abgeschoben werden sollte.[728] Laut *Welt* vom 08.01.2017 befinden sich von rund 3.000 extremistischen Tunesiern noch etwa 2.200 in Syrien, Libyen und dem Irak und haben sich dort militanten islamistischen Gruppen angeschlossen, weswegen auf einer Demonstration der Bevölkerung in Tunis gegen die Rücknahme von Extremisten auf einem Plakat die Aufschrift „Angela Merkel – Tunesien ist nicht die abfall von Deutschland" zu lesen war.[729] Allein 1.500 ausreisepflichtige Tunesier leben in Deutschland, deren Abschiebungen nun schneller vonstattengehen sollen.[730] Darüber hinaus werde Deutschland Tunesien auch beim Schutz der Küste und – Achtung, jetzt kommt´s – bei der Grenzsicherung unterstützen.[731] Für Massenabschiebungen nach Tunesien, aber auch nach Ägypten, hat Angela Merkel den Ländern 250 Millionen bzw. einen Kredit über eine halbe Milliarde aus dem deutschen Steuertopf zugesagt.[732][733] Von Ägypten werde nunmehr erwartet, dass die Militärjunta die Flüchtlinge von Europa fernhält. Spricht deswegen so mancher Steuerzahler von Veruntreuung von Steuergeldern? Mit diesen Geldern könnte man mittlerweile schon Grenzanlagen mit Blattgoldauflage um ganz Deutschland herum bauen. Dies ist natürlich als Scherz gemeint. Von einer Abschiebungsoffensive kann jedoch nicht die Rede sein: Von Januar 2017 bis Ende April 2017 wurden 8.620 Migranten abgeschoben, im Vorjahr waren es insgesamt 25.357, was eine Stagnation der Abschiebungen bedeutet und nichts als Augenwischerei für die Bürger ist.[734] Und selbst die Zahlen für die freiwillige Ausreise sind rückläufig. 2016 machten sich mit Geld des deutschen Steuerzahlers im Portemonnaie 54.006 Menschen auf den Heimweg in ihr Heimatland, bis Ende April 2017 waren es laut Bundespolizei lediglich 11.195, die über das REAG/GARP-Programm bewilligt wurden.

Wo aber bleibt das von der Bundeskanzlerin beschworene freundliche Gesicht, wo die christliche Nächstenliebe, und wo ist überhaupt das Christliche bei den Christdemokraten zu finden? Ist dieses nicht vielmehr einem niederträchtigen, zugleich äußerst unmoralischen, heuchlerischen und verlogenen Verhalten aus doppeltem Spiel, politischem Machterhalt und wirtschaftlichen Interessen gewichen? Auf der einen Seite kommen auch heute noch Menschen, denen Frau Merkel mit freundlichen Worten und einem ebenso freundlichen Gesicht per Selfie Hoffnung auf ein besseres Leben im Traumland vieler Migranten gemacht hat, auf illegalem Weg ohne Papiere oder beispielsweise mit gefälschten italienischen Papieren über Schleuser mit dem Lkw oder per Bahn nach Deutschland, wie der *BAYERNKURIER* im Januar 2017 berichtete.[735] Andererseits verpuffen die Träume vieler Menschen, die sich auf den weiten, oft sehr gefährlichen und kostenintensiven Weg wie im Falle der Mittelmeerschleusung nach Europa mit dem Ziel Deutschland aufgemacht haben. Oft haben dafür teilweise arme Familien und Dorfgemeinschaften ihr ganzes Geld zusammengelegt. Werden diese Menschen freundlich winkend in ihre Heimat zurückkehren? Daran mag bei manch kritisch denkendem Menschen so mancher Zweifel aufkommen. Wird diese heuchlerische Vorgehensweise von „Mama Merkel" und ihrer Gefolgschaft bei tatsächlich abgeschobenen Asylbewerbern nicht eher die Wut und den Hass auf den Westen und die Ungläubigen schüren? Für viele der nach Deutschland kommenden Menschen bleiben daher nur das Abtauchen vor einer Abschiebung und ein Leben in der Illegalität und Kriminalität auf deutschem Boden, was nicht gerade zur Beruhigung der deutschen Bevölkerung dienen dürfte.

Tja, was also können wir alle gemeinsam gegen diesen ganzen Wahnsinn, der mittlerweile in Deutschland, Europa und der Welt geschieht, tun? Wie beim Christopher Street Day oder dem Schlagermove friedlich auf die Straße gehen? Nein, das wird nichts, denn dafür sind wir viel zu kaputt von der Arbeit, erschöpft vom Power-Late-Night-Shopping, oder wir haben Rücken vom Dasein einer Couchkartoffel vor der Glotze. In diesem Sinne: Wir schaffen das.

Schlusswort

Mit dem Spruch „Ein Gramm Wissen wiegt mehr als tausend Tonnen Meinungen", der übrigens nicht von mir stammt[736], möchte ich das letzte Kapitel dieses Buches beginnen. Wer verstehen möchte, warum die Welt derzeit in Aufruhr ist, es immer mehr Krisenregionen und damit Menschen auf der Flucht gibt, muss seine zugegebenermaßen oft herrlich bequeme Komfortzone verlassen und sich umfassend informieren. Die Mainstreammedien berichten dem mündigen Bürger auf den ersten Blick vieles nicht, jedoch findet man nach genauerer Recherche auf deren Internetportalen und bei den mittlerweile von diesen gefürchteten alternativen Medien das gesuchte Puzzleteil, das einem noch für das Gesamtbild fehlte. Der erwachsene und mündige Bürger kann es sich aus meiner Sicht gar nicht leisten, desinformiert oder gar uninformiert zu sein. Und dabei ist es wichtig, sich immer wieder Fragen zu stellen. Fragen, die eigentlich von der Journaille aufgegriffen und unseren Politikern gestellt werden sollten. Und noch etwas: Es bedarf viel Zeit, sich die entsprechenden Informationen zu ergoogeln, und: Ja, es tut weh, sehr weh sogar, wenn man erkennt, was hier politisch, medial und wirtschaftlich für ein Spiel getrieben wird. Dennoch sollte sich niemand ein X für ein U vormachen lassen.

Warum haben unsere Politiker im Rahmen der EU nicht einen Blick auf das Multikulti-PISA-Gewinner-Musterland Schweden geworfen und wie Schweden Konsequenzen hinsichtlich ihrer Migrationspolitik gezogen? Wieso gibt es nur stichprobenartige Grenzkontrollen? Wie kann es sein, dass westliche Konzerne den Menschen in Afrika durch EU-subventionierte Lebensmittel wie Tomaten und Hähnchenfleisch ihre Lebensgrundlage entziehen? Warum wird in Afrika nicht gezielt in Bildung investiert und auf eine

Geburtenkontrolle gedrungen? Weswegen werden wir über die wahren Gründe für die Situation im Nahen und Mittleren Osten nicht vollumfänglich informiert, wobei am Ende eines solchen Konfliktes der Westen immer einen Regimewechsel sehen möchte? Ging es nicht darum, Fluchtursachen zu bekämpfen, statt diese zu befeuern? Sind die westlichen Interessen nicht vielmehr ein Teil des Problems als ein Teil der Lösung? Geht es nicht vielleicht sogar darum, Flüchtlingsströme auszulösen, wo wir doch nach einem UN-Bericht der Abteilung für Bevölkerungsfragen allein in Deutschland jährlich 6.000 Migranten auf eine Million Einwohner brauchten, *um den Anteil von Personen im arbeitsfähigen Alter in der Bevölkerung zu halten?*[737] Das macht summa summarum fast 500.000 Einwanderer pro Jahr, während Merkel und Gabriel sich ja bereits auf 400.000 pro anno verständigt hatten. Dieser Bericht spricht von der sogenannten Bestandserhaltungsmigration – ein Wort wie aus dem Kaninchenzuchtverein –, die ein Land benötigt, um aufgrund geringer Geburten- und Sterblichkeitsrate ein Schrumpfen bzw. ein Überaltern seiner Bevölkerung zu verhindern. Wird daher unser Asylrecht für illegale Einwanderung missbraucht? Allerdings weniger für die Einwanderung qualifizierter Fachkräfte in den Arbeitsmarkt, sondern vielmehr in Form von überwiegend unqualifizierten Menschen in die Sozialhilfe. Warum haben wir noch immer kein Einwanderungsgesetz, oder soll hier lediglich die Strategie der Globalisierung umgesetzt werden?

Was aber sind die Gründe, die in den letzten Jahrzehnten zu dieser Situation in Deutschland geführt haben? Mit drei Kindern liege ich weit über dem Durchschnitt einer deutschen Gebärenden, doch gibt es viele Menschen, die sich mehrere Kinder in diesem Land dank einer familienunfreundlichen Familien- und Arbeitsmarktpolitik finanziell einfach nicht leisten können oder aber aufgrund der beruflichen Selbstverwirklichung der Frau auch gar nicht leisten wollen. Dabei sind Kinder aus meiner Sicht das Beste, was einem im Leben passieren kann – allerdings nicht im Sinne Erdogans, der von den in Europa lebenden Türken fünf Kinder fordert, um diese gegen Europa zu instrumentalisieren, da diese die Zukunft Europas seien.[738]

In einem Interview gegenüber dem *Hamburger Abendblatt* am 24.11.2004 sagte Altkanzler Helmut Schmidt: *Mit einer demokratischen Gesellschaft ist das*

196

Konzept von Multikulti schwer vereinbar. Vielleicht auf ganz lange Sicht. Aber wenn man fragt, wo denn multikulturelle Gesellschaften bislang funktioniert haben, kommt man ganz schnell zum Ergebnis, dass sie nur dort friedlich funktionieren, wo es einen starken Obrigkeitsstaat gibt. Insofern war es ein Fehler, dass wir zu Beginn der 60er Jahre Gastarbeiter aus fremden Kulturen ins Land holten.[739] Wir haben jedoch keinen starken Obrigkeitsstaat, sondern vielmehr einen Rechtsstaat, der immer mehr aufgrund von Personalmangel bei Polizei und Justiz an seine Grenzen gerät.

Noch einmal zurück zu George Friedman. Dieser hatte in einem Interview mit „Business Insider" Anfang 2016 bereits verlauten lassen, dass Deutschland in den nächsten Jahren in der Bedeutungslosigkeit verschwinden werde.[740] Zum einen verlasse sich Deutschland viel zu sehr auf seine Exportgeschäfte, zum anderen würde sich aus seiner Sicht Merkels Flüchtlingspolitik als ein zusätzlich beschleunigender Faktor für den Weg in die Bedeutungslosigkeit erweisen, denn *Deutschland sei ein „verletzliches und schwaches Land".* Man denke nur einmal an das deutsche Watergate, nämlich die VW-Dieselgate-Affäre. Diese schwappte fast zeitgleich mit der Flüchtlingskrise 2015 über den großen Teich von Amerika nach Deutschland, und seither wird hierzulande das Thema Verbrennungsmotor heiß diskutiert. Befinden wir uns nicht bereits in einem Wirtschaftskrieg? Interessant in diesem Kontext ist, dass Friedman in den letzten Jahren mit vielen seiner Prognosen erstaunlicherweise richtig gelegen hat. Überhaupt scheinen u. a. viele amerikanische Pentagon- und CIA-Mitarbeiter regelrechte Propheten zu sein.

Bereits im Jahr 2008 hatte der damalige CIA-Direktor Michael V. Hayden, aller Voraussicht nach kein Verschwörungstheoretiker, in einem öffentlichen Vortrag an der Kansas State University gesellschaftspolitische Unruhen für mehrere europäische Länder prognostiziert. Dazu konnte man in der Washington Post vom 1. Mai 2008 u. a. sinngemäß dieses lesen: (…) *Europäische Länder, von denen viele bereits große Einwanderungsgemeinschaften haben, werden ein besonderes Wachstum in ihren muslimischen Bevölkerungsgruppen sehen, während die Zahl der Nichtmuslime aufgrund der fallenden Geburtenraten schrumpfen wird. „Die soziale Integration von Einwanderern wird für viele Gastgeberländer eine große Herausforderung darstellen - wieder das Potenzial* für Unruhe und Extremismus", sagte Hayden.[741] Dabei genügt ein Blick nach Frankreich und Belgien, wo es 2017 immer wieder zu Unruhen und Krawallen gekommen ist.[742] [743] Hört sich das nicht wie eine „self-fulfilling prophecy" an, oder sind das die Folgen des massiven Bevölkerungswachstums in Afrika und der Globalisierung im Sinne von Thomas P.M. Barnett? Gerade muss ich an die Worte meines Schülers hinsichtlich Bürgerkrieg in Deutschland denken, aber auch an die von Helmut Schmidt, der einmal sagte: *Wenn wir uns überall einmischen wollen, wo himmelschreiendes Unrecht geschieht, dann riskieren wir den Dritten Weltkrieg!*[744] Wie hieß doch noch gleich eines von Barnetts Büchern mit deutschem Titel? Drehbuch für den 3. Weltkrieg – Die zukünftige neue Weltordnung.[745]

Zu guter Letzt muss ergänzend noch Folgendes gesagt werden: Keinerlei Visionen haben unsere Politiker hinsichtlich der Zukunft einer zunehmend digitalisierten und automatisierten Welt. *Digitalisierung und Robotertechnik werden sowohl die Arbeitswelt als auch die Gesellschaft innerhalb der nächsten zwei Jahrzehnte fundamental verändern*, schrieb Andreas Kirschhofer-Bozenhardt in einem Artikel der österreichischen Onlineausgabe von *Die Presse* im November 2017.[746] Zukünftig werden immer mehr Menschen in der Arbeitswelt überflüssig sein, und zwar nicht nur Facharbeiter, sondern auch Bürokräfte und selbst Akademiker. Doch was machen wir mit den vielen Überflüssigen, die schließlich auch mit Kost und Logis versorgt werden müssen? Wie werden diese ihren Tag ohne Teilnahme am Arbeitsleben verbringen?

Werden wir nicht alle, gleich welcher Herkunft, Ethnie und Religion, Opfer einer Politik des Westens, der seine vielbeschworenen westlichen Werte moralisch überlegen immer vor sich herträgt? Geht es dabei aber nicht vielmehr darum, den westlichen Lebensstil in Form von vermeintlicher Demokratie und Kapitalismus in andere Herren Länder zu tragen, um sich so den Zugriff auf deren Ressourcen in Form vom Erdöl, Erdgas und Bodenschätzen zu sichern, während in Deutschland selbst die Freiheit, sei es bezüglich der freien Meinungsäußerung, des Bargeldverkehrs und vielem mehr, sowie die Innere Sicherheit zunehmend eingeschränkt und das friedliche Miteinander unterschiedlicher Kulturen zunehmend schwieriger werden?

Zum einen werden durch fortwährende westliche militärische und wirtschaftliche Interventionen viele Menschen heimatlos und begeben sich aufgrund von Bürgerkriegen und wirtschaftlicher Armut bevorzugt auf den Weg nach Deutschland, einem der am dichtesten besiedelten Länder der Erde. Ein Land, das ihnen kulturell durch seine offene Lebensweise völlig fremd ist und dessen freizügiger Lebensstil von Menschen anderer Kulturkreise oftmals verachtet wird. Zum anderen sind die Grenzen ohne die Zustimmung des Bundestages geöffnet, bestehendes Recht außer Kraft gesetzt und der Bürger hinsichtlich der Militäreinsätze im Ausland und der Grenzöffnung nicht befragt worden. Kann man das aber zukünftig nicht durch beispielsweise Volksbegehren abändern? Schließlich ist es doch Otto Normalverbraucher, der zunehmend unter den Konsequenzen einer solchen Politik zu leiden hat. Und noch eine weitere Frage sei mir gestattet: Sind es nicht die Staatsgrenzen, die als eine Art Leitplanken den Rechtsstaat in seiner Funktion schützen, seine demokratischen Grundprinzipien erhalten und diesen vor dem Ausbluten der Sozialkassen bewahren?

Deutschland ist mittlerweile ein Land, in dem die Politiker nach Pippi-Langstrumpf-Manie handeln. Bestes Beispiel: Das Ergebnis der Bundestagswahl im September 2017, wofür nur wenige Politiker klare und ehrliche Worte fanden und zu einer echten Analyse bereit waren. Hier wird lieber übereinander gesprochen, statt miteinander zu sprechen. In einem Land, wo man mit Fingern auf Gegner der derzeitigen Einwanderungspolitik zeigt, setzen die zentrifugalen Fliehkräfte allerorts ein. Wo islamistischer Extremismus, arabischer Antisemitismus und die Konflikte anderer Völker importiert werden, die zudem ein ganz anderes Rechts- und Gesellschaftsverständnis haben, wird sich die bürgerliche Mitte zunehmend radikalisieren und sich extremistischen Strömungen zu- und vom Verfassungsstaat abwenden. Dass dies der Nährboden für Aufstände und bürgerkriegsähnliche Zustände sein kann, liegt da nur auf der Hand. Schon frühere Herrscher und Imperien regierten nach dem Prinzip „Divide et impera", indem sie ihr Volk in verschiedenen Gruppen mit gegensätzlichen Interessen aufspalteten und so ihre eigene Macht sicherstellten. Deshalb möchte ich mit diesem Buch an alle appellieren:

Lasst Euch nicht noch mehr auseinanderdividieren! Geht aufeinander zu, sprecht miteinander und setzt Euch gemeinsam für die Lösung von Problemen ein! Gemeinsam sind wir stark. Nur zusammen können wir die friedliche Zukunft dieses Landes gestalten und uns für den Frieden in der Welt einsetzen!

Bei aller Unsicherheit und Ungewissheit für Deutschlands Zukunft ist eines aber ganz sicher: Keiner kann sagen, er hätte von alledem, was in diesem Land passiert, nichts gewusst, denn alles hängt irgendwie mit allem zusammen. Über das Internet hat man nahezu unendlich viele Möglichkeiten, sich in alle Richtungen zu informieren und beispielsweise schon längst in Vergessenheit geratene Reden von Politikern anzuhören. Von Nachteil kann es dabei auch nicht sein, wenn man mal Internetseiten von Medien im europäischen Ausland besucht, die teilweise sehr viel offener über bestimmte Themen berichten als dies die deutschen Mainstreammedien tun. Dank dem Google-Übersetzer lassen sich sogar Texte auf beispielsweise Schwedisch in Windeseile ins Deutsche übersetzen. Man muss es halt nur wollen, wenn man es eben nicht mit der Drei-Affen-Methode „Nichts hören, nichts sehen, nichts sagen" halten möchte. Und wenn gar nichts mehr hilft, dann hilft sowieso nur noch beten und die Flucht aus Deutschland – vielleicht ja in das sonnige Jamaika der Karibik.

Astrid Lindgren soll einmal gesagt haben: „Ich habe immer gedacht, ich will nie ein Buch schreiben. Aber plötzlich konnte ich nicht mehr, da musste ich schreiben."[747] Mir ging es ähnlich, hatte ich doch nie vor, dies zu tun, doch irgendwann konnte ich nicht anders. So wollte ich mir niemals vorwerfen lassen, so viel gewusst, doch einfach geschwiegen zu haben. Daher ist dieses Buch auch kein Pippi-Langstrumpf-Friede-Freude-Eierkuchen-Roman geworden. Und es soll auch kein großes Dichter- und Denkerwerk sein. Vielmehr soll es aufklären, Augen öffnen und zum Nachdenken anregen. Nur wenn einer einen Stein ins Wasser wirft, kann daraus eine Welle werden.

P.S.: Und noch etwas: Wer noch immer nicht bemerkt hat, was in diesem Land los ist, der sei an den G20-Gipfel 2017 in Hamburg erinnert. Dies ist meines Erachtens das beste Beispiel dafür, wie weit sich Politik und Volk mittlerweile voneinander entfernt haben, denn dieser war keinesfalls der alljährliche Hamburger Hafengeburtstag.

+++ Drei Viertel der Teilnehmer einer Umfrage des Hamburger Abendblattes lehnten dieses Spitzentreffen in der Hansestadt mit 1,86 Millionen Einwohnern ab, jeder Dritte wollte die Stadt verlassen.[748] +++ Allein 20.000 Polizisten im Einsatz, 10.000 gewaltbereite linke Demonstranten erwartet, plötzlich verstärkte Grenzkontrollen möglich inklusive jeder Menge Beifang.[749] [750] +++ Einsatz eines Kriegsschiffes in der Elbe erwogen.[751] +++ Spezialeinheit zum Wasserschutz aus den Niederlanden, die Eliteeinheit „Cobra" aus Österreich für Terrorbedrohungslagen und sechs Spezialfahrzeuge aus Frankreich für Absperrungen angefordert.[752] +++ Besondere Bevorratung von Notfallmedikamenten und Blutkonserven sowie doppelte Dienstbesetzungen in Krankenhäusern.[753] +++ Die Kosten: 130 Millionen Euro – mindestens.[754] +++ Allein 4.600 Euro pro Nacht in der Präsidentensuite im Hotel Atlantic Kempinski für Angela Merkel. +++

Wie gesagt: Deutschland außer Rand und Band …

Anhang

Ländervergleich

Schweden, welches bis heute kein Mitglied des Nordatlantik-Paktes (NATO), jedoch seit 1995 Mitglied in der Europäischen Union ist, lag mit Stand vom 23.07.2017 bei einer Einwohnerzahl von 9,88 Millionen (vgl. Deutschland: 80,72 Millionen)[755]. Dabei waren 2015 1.676.264 der Einwohner im Ausland geboren, was einem Anteil von 17 Prozent an der Gesamtbevölkerung entspricht.[756] Deutschland hatte bereits im Jahr 2017 einen Ausländeranteil von 22,5 Prozent. Dieser ist von 2015 auf 2016 um ganze 8,5 Prozent gestiegen.[757] Zu den Hauptherkunftsländern der Migranten in Schweden zählen neben Finnland der Irak, das ehemalige Jugoslawien, Bosnien-Herzegowina, Polen, die Türkei, Syrien, der Iran, Afghanistan und der Libanon. In Deutschland sind die wichtigsten Herkunftsländer die Türkei, Polen und die Russische Föderation, doch der Anteil aus dem Nahen Osten und Afrika wächst.[758] Die schwedische Landesfläche liegt bei 450.295 km^2 (vgl. Deutschland: 357.022 km^2). Die Besiedlungsdichte ist mit 24 Einwohnern/km^2 im Jahr 2015 im EU-Vergleich gering. Schweden lag damit auf Platz 27, dem vorletzten Platz vor Finnland mit 18 Einwohnern/km^2 (zum Vergleich: Deutschland mit 229 Einwohnern/km^2 auf Platz 5) der am dichtesten besiedelten Länder in der EU.[759]

Mein offener Brief an Angela Merkel vom 23.05.2017 [760]

An das
Bundeskanzleramt
Frau Bundeskanzlerin
Dr. Angela Merkel
Willy-Brandt-Straße 1
10557 Berlin

23. Mai 2017

Sehr geehrte Frau Bundeskanzlerin Dr. Merkel,

wieder ein weiterer terroristischer Anschlag in Europa, diesmal in Manchester auf ein Popkonzert. Wieder viele Tote und Verletzte, darunter Kinder und Jugendliche. Mit diesem Brief wende ich mich an Sie als Parteivorsitzende der CDU und Bundeskanzlerin der Bundesrepublik Deutschland, da ich viele Fragen habe, die mich umtreiben und auf die ich gerne von Ihnen eine Antwort bekommen würde. Zu meiner Person: Ich lebe schon seit meiner Geburt vor etwas mehr als 50 Jahren in diesem Land, arbeite als verbeamtete Lehrerin an einer Schule in Hamburg, bin verheiratet und Mutter von drei Kindern. Dabei schreibe ich Ihnen diesen Brief als politisch interessierte und parteilose Bürgerin und Mutter.

Ich habe mich im Jahr 2005 sehr über Ihre Wahl zur ersten Bundeskanzlerin der Bundesrepublik Deutschland gefreut, hatte doch auch ich Ihnen meine Stimme gegeben. Mittlerweile füllt Ihr Leben als Tochter eines sozialistischen

Pfarrers über 35 Jahre lang im totalitären System der DDR unter Führung der Sozialistischen Einheitspartei Deutschland (SED) viele Bücher und etliche Biografien. Die Teilnahme bei den Jungen Pionieren, die Tätigkeit als stellvertretende FDJ-Sekretärin in Ihrer früheren Schule, das Studium an der Uni Leipzig mit überwiegend linientreuen Genossinnen und Genossen und Ihre späteren Führungsaufgaben bei der FDJ haben Sie sicherlich politisch sehr geprägt.[1] Heute, nach fast zwölf Jahren Ihrer Regierungszeit, bleibt jedenfalls festzuhalten, dass Sie die politische Parteienlandschaft völlig umgekrempelt haben. So ist unter Ihnen die neue CDU/CSU/SPD/FDP/Grünen-Einheitspartei in der Bundesrepublik Deutschland entstanden, da Sie mit der CDU politisch weit nach links gerückt sind und darüber hinaus Themen anderer Parteien phagozytiert haben. Erst dadurch war es möglich, eine Partei rechts neben Ihrer Stammpartei CDU in Form der AfD entstehen zu lassen, die heute viele Forderungen der alten CDU vertritt. Ich empfehle Ihnen in diesem Zusammenhang, noch einmal einen Blick in das Parteiprogramm der CDU aus dem Jahre 2002 zu werfen. Dieses ist unter Ihnen als Parteivorsitzende entstanden und aus heutiger Sicht müsste dieses von Ihnen selbst konsequenterweise als rechtsradikal bezeichnet werden. Nicht unerwähnt lassen kann ich in diesem Zusammenhang, dass viele Ex-DDR-Bürgerinnen und -Bürger bei einer weiteren Amtszeit mit Ihnen an der Regierungsspitze die Errichtung einer DDR 2.0 auf ökologisch-sozialistischem Fundament befürchten. Die Art der medialen Berichterstattung, die zunehmende Überwachung im öffentlichen Raum und Dinge wie das geforderte Netzdurchsetzungsgesetz lassen jedenfalls nichts Gutes erahnen.

Die Wirtschaft boomt, was u.a. auf den schwachen Euro, niedrige Zinsen, einen tiefen Ölpreis, eine gute Beschäftigungslage sowie auf die Kauflust der Deutschen zurückzuführen ist. Vor allem aber treibt der Export deutscher Waren die Zahlen in die Höhe und die Kritik aus der EU, insbesondere von Frankreichs neuem Präsidenten Macron und den USA an den deutschen Handelsüberschüssen wird immer lauter, während die Staatsverschuldung während Ihrer Regierungszeit so hoch wie noch nie ist. Neben den ausgewiesenen fast 2,3 Billionen Euro Staatsschulden kommen noch einmal indirekte Schulden in

Höhe von mehr als 4 Billionen Euro dazu.[2] **Wie sollen diese Schulden jemals beglichen werden? Was gedenken Sie bezüglich der hohen deutschen Exportüberschüsse zu tun?** Außerdem haben wir unter Ihrer Regierung einen Investitionsstau und immensen Personalabbau in allen wichtigen Bereichen wie Bildung, Verkehr, Gesundheit, Innere Sicherheit, Wohnungsbau, Justiz und Digitalisierung zu beklagen, um nur einige Punkte zu nennen. Aufgrund der bevorstehenden Pensionierungswellen bei der Polizei, der Justiz und in den Schulen gestalten sich die Neueinstellungen aufgrund fehlenden geeigneten Personals als schwierig bzw. können diese erst um einige Jahre zeitlich verzögert erfolgen. Des Weiteren ist unter Ihnen als Bundeskanzlerin die Kinderarmut gewachsen[3] und das Risiko für Altersarmut deutlich gestiegen.[4] Daneben hat in dem von Ihnen seit vielen Jahren regierten Land die Zahl der Obdachlosen einen weiteren Zuwachs erfahren. Rund 335.000 Menschen - davon allein rund 29.000 Kinder - sind derzeit wohnungslos, Tendenz weiterhin steigend.[5] Und all dieses in einem reichen Land wie Deutschland, was aus meiner Sicht ein einziger Skandal ist. Sie aber scheinen lieber den Rest der Welt retten zu wollen.

Ihre völlig aus dem Ruder gelaufene und bis zum heutigen Tag anhaltende Migrationspolitik macht dem Land schwer zu schaffen. Diese hatten Sie den Bürgerinnen und Bürgern als einen humanitären Akt verkauft, obwohl bereits mehr als 20 Hundertschaften der Bundespolizei per Bus und per Helikopter zwecks kompletter Grenzschließung nach Bayern abgeordnet worden waren und die Zurückweisung von Flüchtlingen (ohne Papiere, dafür aber mit Smartphones) in der Großen Koalition vereinbart worden war. Es fehlte somit nicht der politische Wille für den Einsatzbeginn am 13. September 2015 um 18 Uhr, sondern vielmehr waren Sie als Bundeskanzlerin nicht bereit, für diesen Schritt auch die Verantwortung zu übernehmen aufgrund der unschönen Bilder, die dann möglicherweise entstanden wären.[6] **Ist aber nicht die Übernahme von Verantwortung genau Ihr Zuständigkeitsbereich an der Spitze der Bundesregierung?** Ihre Migrationspolitik hat sich dabei mittlerweile aus mehrfacher Sicht als Trojanisches Pferd erwiesen. Ich darf Sie hierbei z.B. an die Silvesternacht 2015/2016, den Fall Anis Amri, den Mordfall der Freiburger

Studentin und das Blutbad im Regionalzug nahe Würzburg vom letzten Jahr erinnern. Auf die Kriminalitätsstatistik 2016, wonach Mord und Totschlag, Vergewaltigung und sexuelle Nötigung stark gestiegen sind, möchte ich gar nicht erst weiter eingehen, da Ihnen diese sicherlich hinlänglich bekannt sein dürfte.[7] Die Folgen und Kosten werden auch hier wie schon bei Ihrer Griechenlandrettungspolitik, die einzig und allein der Rettung von Banken und reichen Kapitalanlegern dient, und der 180°-Wende in der Energiepolitik nicht Sie, sondern einzig und allein die Bürgerinnen und Bürger dieses Landes zu tragen haben. Nur nebenbei sei hier erwähnt, dass Griechenland über riesige Erdgas- und Erdölvorkommen im Ionischen Meer verfügt, die laut der Nachrichtenagentur Reuters über einen Zeitraum von 25 Jahren rund 465 Milliarden Euro einbringen könnten.[8] Aus meiner Sicht eine einzige Ohrfeige für den deutschen Steuerzahler. Dabei ist es einzig und allein Ihre Aufgabe, gemäß des von Ihnen geleisteten Amtseides in erster Linie und in jeglicher Hinsicht zum Wohle des deutschen Volkes zu handeln. Dies schließt für mich Hilfe für andere Länder keinesfalls aus, aber doch bitte mit Sinn und Verstand.

Doch nicht nur das: Bis zum heutigen Tage sterben noch immer viele Hunderte Menschen im Mittelmeer in der Hoffnung auf ein besseres Leben in Europa, und täglich kommen ungefähr 100 Migranten, davon im Schnitt bis zu 80 von ihnen ohne Papiere, über vornehmlich Österreich, verstärkt aber auch über andere Nachbarländer wie z.B. die Schweiz[9] oder Polen[10] illegal nach Deutschland, von denen keiner weiß, mit welcher Absicht. Die Balkanroute zum Nahen und Mittleren Osten ist nicht komplett geschlossen und die Zahl der nach Europa kommenden afrikanischen Migranten ist im ersten Quartal 2017 gegenüber dem Vorjahr im Vergleich um 51 Prozent gestiegen. Ihr Bundesentwicklungsminister, Herr Gerd Müller (CSU), rechnet allein für dieses Jahr mit 300.000 bis 400.000 Migranten nur aus Afrika.[11] 14,6 Prozent der Migranten des ersten Quartals 2017 kamen dabei laut UNHCR aber nicht einmal aus Afrika, sondern aus Bangladesch.[12] **Wann endlich gedenken Sie diesem Wettlauf mit dem Elend ein Ende zu setzen und den Asyltourismus zu beenden?** Anstatt in den jeweiligen Heimatländern in den deutschen Botschaften und Konsulaten die Möglichkeit einzurichten, vor Ort einen Asylantrag stellen zu können und diesen dort zu bearbeiten, werden weiterhin unzählige Menschen auf ihrem Weg nach Europa ihr Leben verlieren bzw. kein Recht auf Asyl erhalten und dann einfach untertauchen.

Schnell lassen sich die von Ihnen getätigten Worte *Deutschland wird Deutschland bleiben, mit allem, was uns lieb und teuer ist* widerlegen, denn es ist festzustellen, dass sich dieses Land Tag für Tag ein Stückchen mehr verändert und zwar in eine Richtung, die die meisten Bürgerinnen und Bürger nicht wollen. Beispielsweise arbeiten Polizeibeamte und Lehrer, um nur zwei der besonders betroffenen Berufsgruppen zu nennen, schon jetzt aufgrund der hohen beruflichen Belastungen bezüglich Ihrer Einwanderungspolitik und fehlenden Personals am Limit. **Ich frage Sie, Frau Bundeskanzlerin, wie das ab März 2018 sein wird, wenn bei knapp 268.000 syrischen Flüchtlingen der Familiennachzug einsetzt und keiner weiß, wie viele Menschen tatsächlich kommen werden?**[13] **Auch hätte ich gerne gewusst, warum das BAMF im Jahr 2014 einen regelrechten Asylwerbefilm durch die Hamburger Firma Miramedia in mehreren Sprachen wie z.B. Farsi, Paschtu und sogar Serbisch produzieren ließ und diesen ins Netz stellte?**[14] Dieser Film ergibt insoweit keinen Sinn, als dass Deutschland von sicheren Drittstaaten umgeben ist und Asylbewerber, die per Flugzeug nach Deutschland kommen, ohnehin direkt einem Asylverfahren zugeführt werden. **Warum also dieses Video, das soweit von der Realität entfernt ist wie die Sonne von der Erde? Warum wurde der Tweet** *#Dublin-Verfahren syrischer Staatsangehöriger werden zum gegenwärtigen Zeitpunkt von uns weitestgehend faktisch nicht weiter verfolgt* **vom BAMF am 25.08.2015 um 4 Uhr 30 abgesetzt?**[15] **Warum bedient man sich solcher Pullfaktoren inklusive der mit Ihnen gemachten Selfies, die im Handyzeitalter nahezu in Echtzeit um die Welt gehen?** Des Weiteren wüsste ich gerne: **Warum wurden die finanziellen Mittel, die die EU dem UNHCR für die Flüchtlinge in der Türkei, in Jordanien und im Libanon zugesagt hatte, nicht gezahlt?**[16] Allein Deutschland fuhr seine Flüchtlingshilfe von 301 Millionen Euro um über die Hälfte auf 143 Millionen Euro runter und das, obwohl allein schon im Jahr 2014 über sechs Millionen Syrer auf der Flucht waren. Dass dies der Bundesregierung alles nicht bekannt gewesen sein soll, kann ich mir beim besten Willen nicht vorstellen. Aber damit nicht genug: Gerade wurde ein neues EU-Flüchtlingsvideo in Form eines Zeichentrickfilms mit dem Titel „Eurodame, help!" in mehreren Sprachen produziert[17], das auf YouTube hochgeladen werden kann.[18] **Warum macht die EU in Form der Europäischen Kommission so etwas?** In den deutschen Mainstreammedien habe ich darüber nicht einen einzigen Artikel finden können.

Und warum haben Sie, wie erst kürzlich bekannt wurde, bereits im März 2016 im Rahmen Ihres unsäglichen Deals mit der Türkei konkrete Zusagen über ein legales Flüchtlingskontingent in Höhe von jährlich bis zu 250.000 syrischen Flüchtlingen gemacht, die von der Türkei direkt nach Europa geholt werden sollen?[19] Warum diese Heimlichtuerei? Sie wissen ganz genau, dass der Großteil dieses Flüchtlingskontingents in Deutschland landen wird, da die Umverteilung innerhalb der EU nicht klappt. Hinzu kommen neben den legalen und den illegalen Migranten noch das seit 2012 bestehende Resettlementprogramm[20] und die beschlossenen Umsiedlung von monatlich 500 Flüchtlingen aus Italien nach Deutschland.[21] **Hierzu wüsste ich gerne von Ihnen, wieso die Türkei, zu der wir ja momentan und wohl auch in nächster Zukunft nicht das allerbeste Verhältnis haben werden, die Auswahl der syrischen Flüchtlinge übernimmt, die in die EU übersiedeln dürfen, und nicht wie gewöhnlich das UNHCR?** So sollen unter den von der Türkei ausgewählten Personen auffällig viele Kranke und schlecht Qualifizierte sein.[22] Es bedarf darüber hinaus auch nicht sonderlich viel blühender Fantasie, um sich vorstellen zu können, wer auf diesem Wege auch noch nach Europa geschickt werden könnte. **Wird es auch weiterhin unter Ihnen als Bundeskanzlerin – von einer vierten Amtszeit unter Ihrer Führung ist wohl derzeit auszugehen – keine jährliche Obergrenze für Zuwanderer geben? Und wird in einer vierten Legislaturperiode die Türkei doch noch die Visafreiheit erhalten?** Ich weiß nicht, ob Sie eine Vorstellung davon haben, wie sich die Situation bezüglich der ohnehin schon stattfindenden europäischen Binnenmigration in Richtung Deutschland verschärfen wird, wenn der Aufforderung aus Brüssel, ab November 2017, also nach der Bundestagswahl, nachgekommen und die Grenzkontrollen schrittweise aufgehoben werden. Beispielsweise hat Schweden, das vermeintliche Einwanderungsmusterland, seine Grenzen doch nicht unbegründet geschlossen, und fährt jetzt einen sehr restriktiven Kurs in der Asylpolitik. **Inwieweit lassen sich offene Grenze aus Ihrer Sicht mit der zunehmenden islamistischen Einflussnahme im Kosovo durch ein Land wie Saudi-Arabien und andere Länder aus der Golfregion, aber auch durch die Türkei vereinbaren, vor der Ihre Bundesregierung selbst warnt?**[23] Apropos offene Grenzen: Zum G20-Gipfel im Juli 2017 in Hamburg werden aufgrund erwarteter Störungen des Treffens der Staats- und Regierungschefs durch Gewalttäter aus anderen EU-Staaten zusätzliche Grenzkontrollen eingeführt.[24] Das verstehe ich nicht, Frau Merkel! Und ich verstehe es ebenso wenig, wie der Rüstungskonzern EADS, heute Airbus Defence & Space, bereits im Jahr 2010 von Saudi-Arabien den Auftrag zur Sicherung seiner 9.000 km langen Grenze vor IS-Kämpfer mit neuester Sicherheitstechnik bekommen hat, während unsere Grenzen nur sporadisch kontrolliert werden,[25] obwohl die Sicherung der EU-Außengrenzen bis heute nicht funktioniert.

Bitte erklären Sie mir offen und ehrlich, was wir in Deutschland zukünftig von Ihnen als Bundeskanzlerin zu erwarten haben. Sie sehen, mich als Bürgerin und Mutter treiben Fragen über Fragen um, die mich schon so manche Nacht nicht schlafen lassen haben und auf die ich, aber auch viele andere Menschen in diesem Land endlich eine Antwort haben wollen. Dabei ist mir bekannt, dass es keine einfachen Lösungen gibt. Diese werden ja nur von den sogenannten Rechtspopulisten feilgeboten. Aber wieviel Zeit bleibt uns denn, um zu Lösungen zu gelangen. Fünf, zehn Jahre, zwanzig Jahre oder länger? Der Migrationsforscher Gunnar Heinsohn geht davon aus, dass bis zum Jahre 2050 bei unverändertem Wunsch auszuwandern rund 800 Millionen Menschen aus Afrika theoretisch bereit für die Flucht nach Europa wären, für die dann rund 450 Millionen Einheimische aufkommen müssten, während Afrikas Bevölkerung auch weiterhin um 400 Millionen wächst.[26] **Erklären Sie mir bitte, sehr geehrte Frau Bundeskanzlerin, wie das funktionieren soll?** Auch Paul Collier, Migrations- und Entwicklungsökonom, geht von einer wanderungsbereiten Masse von mehreren hundert Millionen Menschen in Afrika in Richtung Europa aus. Würde sich diese erst einmal in Bewegung setzen, sei diese seiner Ansicht nach kaum noch steuerbar. **Was werden wir dann für unschöne Bilder in ganz Europa bekommen? Warum werden von der EU subventionierte Produkte wie z.b. Tiefkühlhähnchen, Tomaten, Kartoffeln, Trockenmilchpulver und Altkleider nach Afrika exportiert?** Durch unsere Exporte nach Afrika nehmen wird den Menschen dort die Möglichkeit, z.b. selbst Landwirtschaft zu betreiben und eine eigene Textilindustrie aufzubauen.

Einer Ihrer Amtsvorgänger, der frühere Bundeskanzler Helmut Schmidt, glänzte durch Charisma, Augenmaß und Weitblick wie auch Mut zur Führung durch Moral und Vernunft. Daneben war er ein scharfer Denker und vielen oft einen Schritt voraus. Bereits 1981 sagte er auf einer DGB-Veranstaltung folgenden Satz: „Wir können nicht mehr Ausländer verdauen, das gibt Mord und Totschlag." Sie selbst haben vor nicht einmal sieben Jahren folgenden Satz gesagt: „Der Ansatz für Multikulti ist gescheitert, absolut gescheitert!"[27] Darüber hinaus wird Helmut Schmidt in einem Interview mit dem Hamburger Abendblatt am 24.11.2004 mit folgender Aussage zitiert: „Mit einer demokratischen Gesellschaft ist das Konzept von Multikulti schwer vereinbar. Vielleicht auf ganz lange Sicht. Aber wenn man fragt, wo denn multikulturelle Gesellschaften bislang funktioniert haben, kommt man ganz schnell zum Ergebnis, dass sie nur dort friedlich funktionieren, wo es einen starken Obrigkeitsstaat gibt(…)." Ihre Staatsministerin, Frau Aydan Özoguz (SPD) - eine aufgrund familiärer Hintergründe und getätigter Aussagen nicht unumstrittene Person - trommelt als Beauftragte der Bundesregierung für Migration, Flüchtlinge und Integration vehement für das Ausländerwahlrecht für Nicht-EU-Bürger auch ohne deutschen Pass und für die Teilhabe am Haben und Sagen aller Migranten in Form einer interkulturellen Öffnung der Gesellschaft bis hin zur Änderung des Grundgesetzes. Dabei spricht sie uns Deutschen gleichzeitig eine spezifisch deutsche Kultur jenseits der Sprache ab.[28] **Liebe Frau Merkel, sehen Sie dieses Land in seinem derzeitigen Zustand bezüglich der inneren Sicherheit für solche**

Schritte gewappnet, die letztendlich zu einer Abschaffung der alten Bundesrepublik führen würden? Und müsste man für solche grundlegenden Änderungen nicht auch die Bürgerinnen und Bürger fragen? Dies kann man doch nicht mal so eben durch die Hintertür beschließen.

Ich komme noch ein weiteres und damit ein letztes Mal auf Helmut Schmidt zurück, den ich hier mit folgendem Satz zitieren möchte: „Wenn wir uns überall einmischen wollen, wo himmelschreiendes Unrecht geschieht, dann riskieren wir den Dritten Weltkrieg."[29] War es nicht der Westen, der im Zuge der NATO-Osterweiterung unter Führung der USA unter dem damaligen US-Präsidenten Bill Clinton immer weiter an Russland herangerückt ist? Und dies, obwohl bereits bei den Verhandlungen zur deutschen Wiedervereinigung im Jahr 1990 Zusagen gemacht worden waren, wonach die NATO sich nicht weiter nach Osten ausdehnen werde. Die Ukraine wurde zum Spielball zwischen Ost und West und seit 2014 tobt in der Ostukraine ein militärischer Konflikt. **Die Sanktionen der EU gegenüber Russland sollen verlängert werden, über Bremerhaven rollen US-Panzer nach Osteuropa zwecks Abschreckung der NATO gegen Russland – wohin wird das führen?** Wir befinden uns wieder inmitten eines Kalten Krieges. Aber damit nicht genug. **Warum fliegt die Bundeswehr Aufklärungsflüge in Syrien?[30] Warum werden von der US-Base Ramstein in Deutschland die amerikanischen Drohneneinsätze gesteuert?[31] Warum werden die rund 20 Atomwaffen des Typs B61 der USA in dem Fliegerhorst Büchel in der Eifel nicht wie beschlossen abgezogen, sondern bis zum Jahr 2020 modernisiert?[32]** Wir sitzen mittlerweile innen- wie außenpolitisch auf einem Pulverfass, was Ihnen, verehrte Frau Bundeskanzlerin, hoffentlich nicht entgangen ist. Dabei ist die NATO nicht mehr das ursprüngliche Verteidigungsbündnis, sondern im Laufe ihres Bestehens zu einem Angriffspakt geworden. So gab bzw. gibt es weder für den Einsatz im Kosovo[33], im Irak[34] noch in Syrien ein UN-Mandat.[35] Die Folge sind unendliches Leid und Elend, Tod, Vertreibung und Flüchtlingsströme gen Westen nach Europa, jedoch nicht nach Amerika. **Meinen Sie allen Ernstes, dass man so den IS-Terror, der wiederum eine Folge des Irakkrieges ist, bekämpfen wird? Wird man so nicht vielmehr den Hass auf den Westen schüren, der im Na-**

hen und Mittleren Osten seit vielen Jahrzehnten nichts als verbrannte Erde hinterlassen hat? Warum wird immer wieder ein regime change unliebsamer Machthaber, z.T. unter falschem Vorwand wie im Falle des Irakkrieges aufgrund angeblicher Massenvernichtungswaffen, durch den Eingriff westlicher Truppen in dieser Region, aber auch im Falle von Libyen vorgenommen? An dieser Stelle muss ich eindringlich doch nochmal an die Worte von Helmut Schmidt erinnern. **Geht es dabei nicht immer nur um Rohstoffe wie Erdöl und Erdgas, die für westliche Industrienationen unverzichtbar sind?** Der Westen trägt eine nicht ganz unerhebliche Mitschuld durch Waffenlieferungen - die deutschen Rüstungsexporte waren 2015 mit 7,86 Milliarden Euro so hoch wie nie[36] - und illegale Kriege an der Situation in diesen Regionen. Dabei scheint es hier eine Art amerikanischen Masterplan im Sinne von „Sieben Länder in fünf Jahren" zu geben.[37] Googeln Sie doch einfach einmal den Vier-Sterne-General und NATO-Oberbefehlshaber a.D. Wesley Clark, von dem es zu dieser Thematik Originalvideos bei YouTube zu sehen gibt. **Gehört das alles auch zu unserer westlichen Wertegemeinschaft?** Anders als Sie berührt es mich keinesfalls, dass männliche Babys der kurdischen Peschmerga nach dem deutschen Panzerabwehrraketensystem Milan im Kampf gegen den IS benannt werden.[38] Diese Raketen enthalten das radioaktive Thorium^{232} mit einer Halbwertszeit von 14 Milliarden Jahren.[39] Was das für Folgen für die Gesundheit, das Trinkwasser, die Nahrung und das Erbgut der Menschen in dieser Region hat, muss ich Ihnen als promovierte Physikerin nicht erklären. Können Sie dies wirklich guten Gewissens mit Ihrem Glauben als Christin vereinbaren? Ich kann es jedenfalls nicht.

Lange hat man es Ihnen sowohl durch die Medien als auch durch die Bürgerinnen und Bürger durchgehen lassen, dass Sie mit Ihren Äußerungen sehr oft im Vagen, im Ungefähren geblieben sind bzw. mehrere Wenden in Ihrer Politik vorgenommen haben, ohne sich wirklich erklären zu müssen. Während Ihr politischer Ziehvater, Helmut Kohl, als Wiedervereinigungskanzler in die Geschichte eingehen wird, gibt es durch Ihre Politik der letzten beiden Jahre eine tiefe Spaltung in der deutschen Gesellschaft, die sogar Familien und langjährige Freundschaften betrifft, aber auch in ganz Europa. Viele

Menschen haben mittlerweile Angst, sich in diesem Land kritisch gegenüber Ihrer Migrationspolitik zu äußern, da man ja schnell als rechtsradikal, Nazi oder Verschwörungstheoretiker bezeichnet wird. Bislang war mir die Angst vor der freien und kritischen Meinungsäußerung nur aus totalitären Systemen bekannt. Sie selbst haben im Rahmen einer Veranstaltung zur Verleihung Ihrer Ehrendoktorwürde der Universität Bern in der Schweiz im September 2015 einer Dame, die sich besorgt über die zunehmende Islamisierung Europas geäußert hatte, u.a. folgende Worte gesagt: „Angst war immer ein schlechter Ratgeber." Und so würden aus Ihrer Sicht Kulturen und Gesellschaften, die von Angst geprägt seien, mit Sicherheit die Zukunft nicht meistern. Deshalb habe ich all meinen Mut zusammengenommen und dieses Schreiben an Sie verfasst.

Meinen Sie, sehr geehrte Frau Bundeskanzlerin, dass Ihre Flüchtlingspolitik tatsächlich *christlich* ist? Ich jedenfalls bin da ganz anderer Ansicht, denn sowohl die Menschen, die ihr Leben aufs Spiel setzen, um nach Europa zu kommen wie auch die in Europa bzw. in Deutschland lebenden Menschen werden allesamt durch Ihre Asylpolitik zu Opfern und so steht für mich das C der CDU mittlerweile einzig und allein für *chaotisch*. Mein Vertrauen in Sie und Ihre Art des Politikmachens in Form von 180°-Wenden, Ausschaltung guter CDU-Politiker, Rechts- und Gesetzesbrüchen sowie heimlichen Absprachen ist nicht erst seit der akuten Flüchtlingskrise 2015 verlorengegangen. Deshalb gibt es leider auch bei dieser Bundestagswahl wieder kein Kreuz von mir für Sie. Dennoch wüsste ich gerne, wie es unter Ihnen als Kanzlerin zukünftig mit Deutschland und Europa weitergehen wird, zumal meine genetische Zukunft in meinen Kindern liegt. Diese möchten mit noch nicht einmal 20 Jahren gerne erfahren, wie lange ein friedliches Miteinander der verschiedenen Kulturen, Religionen und Ethnien durch Ihre Politik auf diesem Kontinent noch möglich sein wird. Daher sehe nicht nur ich, sondern auch meine Familie Ihrer Antwort mit großer Erwartung entgegen! Da auch viele Freunde und Bekannte von mir, aber auch mir nicht bekannte Bürgerinnen und Bürger, Mütter und Väter, Großmütter und Großväter ähnliche Fragen umtreiben, werde ich diesen Brief im Internet veröffentlichen. Sollte ich auf diesen tatsächlich eine Antwort von Ihnen erhalten, wird diese ebenfalls im Netz veröffentlicht.

Als Mutter habe ich meinen Kindern immer wieder Grenzen setzen müssen. So habe ich ihnen verboten, einfach vom Grundstück auf die Spielstraße zu laufen oder es wurden die Treppen mit Kindersicherungsgittern versperrt. Grenzen können zum einen Leben retten, zum anderen das friedliche Miteinander einer Gesellschaft innerhalb eines Landes unter Wahrung seiner Rechtsordnung und unter Einhaltung seiner demokratischen Grundprinzipien regeln. Von daher sei mir noch eine letzte Frage gestattet: **Wem, sehr geehrte Frau Bundeskanzlerin, nützt es, wenn dieses Land sowohl von innen als auch von außen weiterhin destabilisiert wird?**

Mit freundlichen Grüßen
Petra Paulsen

Quellen:
[1]Welt online 12.05.2013, [2]Welt online 19.07.2016, [3]Handelsblatt online 06.07.2016, [4]Tagesspiegel online 26.10.2016, [5]Deutschlandfunk online 05.12.2016, [6]Welt online 05.03.2017, [7]n-tv online 24.04.2017, [8]FOCUS online 17.11.2012, [9]heute online 16.05.2017, [10]Welt online 12.06.2016, [11]Tagesspiegel online 03.04.2017, [12]Welt online 10.05.2017, [13]Spiegel online 05.04.2017, [14]Welt online 30.08.2015, [15]BAMF Twitter-Account 25.08.2018, 4 Uhr 30, [16]Welt online 14.10.2015, [17]Daily Mail online 16.05.2017, [18]https://www.youtube.com/watch?v=ffZdZUQAT1w, [19]Welt online 18.03.2017, [20]Bundesministerium des Innern online 03.12.2014, [21]Zeit online 25.03.2017, [22]Tagesschau online 21.05.2016, [23]FOCUS online 17.05.2017, [24]SPIEGEL online 17.05.2017, [25]Welt online 05.10.2010, [26]Welt online 04.11.2016, [27]SPIEGEL online 16.10.2010, [28]BAYERKURIER online 17.05.2017, [29]ZEIT online 14.01.2009, [30]BILD online 05.12.2015, [31]SWR online 01.12.2016, [32]Augsburger Allgemeine 22.07.2014, [33]Welt online 15.06.1998, [34]FAZ online 04.10.2002, [35]Deutsche Welle online 30.08.2013, [36]Welt online 03.07.2016, [37]Handelsblatt online 13.06.2014, [38]www.youtube.com/watch?v=D1VRxR6sQig, [39]IPPNW online Pressemitteilung 07.10.2014

Dank

Ein dickes Dankeschön von ganzem Herzen geht an alle, die mich bei diesem Buchprojekt mit Rat und Tat unterstützt haben.

Als Erstes danke ich meinem lieben Mann Ingo und meinen drei wunderbaren Kindern Jana, Jannis und Jandrik. Oft musstet Ihr auf meine Gesellschaft verzichten, da ich wieder mal stundenlang im Internet auf Recherchereise unterwegs war. Das, worauf ich dabei gestoßen bin, hat nicht gerade die beste Laune bei mir hervorgerufen, wofür ich mich auf diesem Wege bei Euch entschuldigen möchte und Besserung gelobe. Ohne Euch wäre ich nicht der Mensch, der ich heute bin. Ihr seid die beste Familie der Welt!

Ebenfalls bedanke ich mich bei meiner Mutter, die als Kind des Zweiten Weltkrieges völlig entsetzt darüber ist, was hier gerade geschieht. Du hast mir viel für das Leben mitgegeben und dafür gesorgt, dass ich heute als Lehrerin arbeiten kann.

Ein dickes Dankeschön geht an Heiko Schrang. Sie haben sich als Verleger bereit erklärt, mein Buch zu veröffentlichen und mich in Ihre Sendung SchrangTV-TALK eingeladen, um von meinen Eindrücken der ZDF-Sendung „Wie geht´s Deutschland?" zu berichten.

Auch Thorsten Schulte möchte ich herzlich danken, dass er trotz viel Arbeit und Stress die Zeit gefunden hat, das Vorwort zu meinem Buch zu schreiben. Ihre Leser werden schon wissen, warum sie Ihr Buch kaufen und es damit zum Bestseller gemacht haben.

Auch bei meinen „Aufklärern" möchte ich mich herzlich bedanken. Ohne Euch, Eure offenen Ohren und die vielen mir zugeleiteten Informationen hätte ich noch mehr recherchieren müssen. Dabei geht ein besonderer Dank an meine liebe Freundin Babsi als Deutschlehrerin. Du bist meiner Bitte, das Manuskript mit dem Rotstift zu bearbeiten, sofort nachgekommen. Und auch meinem guten Freund Tom möchte ich danken. Mit Dir bin ich in Sachen „Aufklärung" quer durch Deutschland gereist.

Lieben Dank an meine Freundin Renate, die ich erst seit einigen Monaten kenne und innerhalb dieser kurzen Zeit sehr schätzen gelernt habe. Du hast mich nach Durchsicht der ursprünglichen Fassung ermutigt, dieses Buch unbedingt zu veröffentlichen.

Ein Dank geht auch nach Österreich an Andreas Kirschhofer-Bozenhardt. Sie haben mir als Publizist und empirischer Sozialforscher viel interessantes Material zukommen lassen und mich bei Ihnen zu Hause zusammen mit Ihrer Frau mit offenen Armen empfangen.

Und nicht zuletzt danke ich meinen ehemaligen Schülerinnen und Schülern des Abiturjahrganges 2017 und dabei insbesondere dem Schüler, der sich mir mit seinen Sorgen anvertraut hat, sehr. Bezüglich dieses Buches habt Ihr mir immer wieder Druck gemacht und mich damit „genervt", wann dieses denn endlich erscheinen würde. Jetzt ist es da! Und ja, wir gehen ein Eis essen.

Die Autorin

Petra Paulsen wurde 1966 in Hamburg geboren, ist verheiratet, dreifache Mutter und lebt in Schleswig-Holstein. Sie ist Lehrerin für Biologie und Chemie und arbeitet an einer weiterführenden Schule in Hamburg. Einer breiten Öffentlichkeit wurde sie durch die Teilnahme an der ZDF Sendung "Wie geht´s, Deutschland?" bekannt.

Für mediale Aufmerksamkeit sorgte ihr emotionaler Brief an Bundeskanzlerin Merkel, in dem sie die Flüchtlingspolitik der Kanzlerin kritisierte. Im Format SchrangTV trug sie in einem Interview bei YouTube ihre Kritikpunkte vor und erreichte damit inzwischen fast eine Million Zuschauer.

Im Zeichen der Wahrheit

Vier Jahre nach dem Kultbuch „Die Jahrhundertlüge, die nur Insider kennen" erscheint endlich Heiko Schrangs lang ersehntes Werk „Im Zeichen der Wahrheit".

Dieses Buch ist ein Lichtblick in einer Welt, die viele als immer dunkler empfinden. Es beleuchtet zum ersten Mal geheimes Wissen, das jahrhundertelang unter Verschluss gehalten wurde.

„Im Zeichen der Wahrheit" deckt nicht nur die geheimen Aktivitäten der „Mächtigen" auf, sondern ist der bewusstseins- öffnende Schlüssel zu den essenziellen Fragen des Lebens.

Hardcover   **24,90 €**
ISBN: 978-3-945780-41-1

Ebook   **19,99 €**
epub ISBN: 978-3-945780-39-8
PDF ISBN: 978-3-945780-40-4

Die Jahrhundertlüge, die nur Insider kennen

Der Bestseller, der mittlerweile zum Kultbuch einer neuen Generation wurde, ist aktueller denn je.

Hardcover   **24,90 €**

ISBN: 978-3-9815839-0-8

Ebook   **18,99 €**

epub ISBN: 978-3-9815839-1-5

PDF ISBN: 978-3-9815839-7-7

Das Hörbuch

Gesprochen vom bekannten deutschen Schauspieler Horst Janson. Er gibt dem Hörbuch mit seiner markanten Stimme eine besondere Tiefe.

6-CD-Set   **29,99 €**

ISBN: 978-3-9815839-6-0

MP3 Download   **19,99 €**

ISBN: 978-3-9815839-5-3

Die Jahrhundertlüge, die nur Insider kennen - 2

Nach dem Erfolg des ersten Buches „Die Jahrhundertlüge, die nur Insider kennen" setzt dieses Buch ganz neue Akzente. Wie bereits beim ersten Buch verbindet der Autor auch wieder gekonnt komplexe politische mit spirituellen Themen und bietet praktische Tipps und Lösungen an, die Ihr Leben verändern können.

Hardcover   **24,90 €**

ISBN: 978-3-9815839-9-1

Ebook   **12,99 €**

epub ISBN: 978-3-945780-03-9

PDF ISBN: 978-3-945780-04-6

Das Hörbuch

Gesprochen vom Schauspieler Reiner Schöne. Er gilt als einer der bekanntesten Synchronsprecher Deutschlands.

6-CD-Set   **29,99 €**

ISBN: 978-3-945780-90-9

MP3 Download   **19,99 €**

ISBN: 978-3-945780-06-0

Die Souveränitätslüge

Dieses Buch ist in seiner Brisanz kaum zu überbieten:
- Existiert ein geheimer Staatsvertrag – Kanzlerakte?
- Ist Deutschland eine Firma?
- Ist Deutschland überhaupt souverän? u.v.m.

Broschüre (64 Seiten)   **7,99 €**

ISBN: 978-3-9815839-8-4

Auch als Hörbuch erhältlich mit dem bekannten Schauspieler Reiner Schöne als Sprecher.

Hörbuch – 1 CD   **9,99 €**

ISBN: 978-3-945780-91-6

MP3 Download   **6,99 €**

ISBN: 978-3-945780-07-7

DIE GEZ-LÜGE

Stellt euch vor, es gibt einen Rundfunkbeitrag
und keiner zahlt ihn.

Dem Erfolgsautor Heiko Schrang wurde mit Gefängnis gedroht, da er sich aus Gewissensgründen weigerte, den Rundfunkbeitrag zu entrichten. Die Geschichte sorgte für große mediale Aufmerksamkeit. Dieses Buch ist ein Befreiungsschlag aus Gewissensgründen, die uns auferlegten Ketten aus Lügen, Manipulation und Kriegshetze abzureißen.

Hardcover (176 Seiten) **12,90 €**

ISBN: 978-3-945780-84-8

Diese DVD kann deine Weltsicht verändern – Das GEZ-Skandalbuch jetzt als DVD!

DVD (170 Min.) **18,90 €**

EAN: 4280000242648

Anmerkungen

1 Thorsten Schulte: Kontrollverlust: Wer uns bedroht und wie wir uns schützen. Kopp Verlag, 2017

2 http://www.daserste.de/information/wissen-kultur/druckfrisch/top-ten/sachbuch-100.html

3 http://www.tagesspiegel.de/kultur/rechtes-erfolgsbuch-kontrollverlust-versilberter-populis-mus/20402330.html

4 http://www.daserste.de/information/wissen-kultur/druckfrisch/top-ten/bestsellerliste-sach-buch-104.html

5 http://www.faz.net/aktuell/wirtschaft/afd-sympathisant-und-bestseller-autor-thorsten-schul-te-15284479.html

6 https://de.wikiquote.org/wiki/Lenin

7 https://www.abendblatt.de/hamburg/article210639119/Umfrage-zu-G20-Jeder-Dritte-will-Hamburg-beim-Gipfel-verlassen.html

8 https://www.youtube.com/watch?v=89IlHlDMA60

9 http://www.epochtimes.de/politik/deutschland/rundmail-betreff-migration-tuerkei-integrati-on-islamismus-merkel-terror-grenzsicherung-wirtschaft-innere-sicherheit-bildung-a1922011.html

10 http://www.spiegel.de/politik/deutschland/buendnis-90-die-gruenen-boris-palmer-will-mehr-fluechtlinge-abweisen-a-1077108.html

11 s. dazu http://www.spiegel.de/politik/deutschland/andrea-nahles-singt-im-bundestag-das-pippi-langstrumpf-lied-a-920203.html

12 Henryk M. Broder: Das ist ja irre! Mein deutsches Tagebuch. Albrecht Knaus Verlag, 2015, https://books.google.de/books?isbn=3641174074

13 Hans-Olaf Henkel und Joachim Starbatty: Deutschland gehört auf die Couch! Warum Angela Merkel die Welt rettet und unser Land ruiniert. Europa Verlag, 2016

14 Angela Merkel am 31.08.2015 auf der Bundespressekonferenz, s. https://de.wikipedia.org/wiki/Wir_schaffen_das

15 https://deutsche-wirtschafts-nachrichten.de/2016/09/16/rekord-anteil-der-auslaender-in-deutschland-steigt-auf-21-prozent/

16 Statistisches Bundesamt: Bevölkerung mit Migrationshintergrund – Ergebnisse des Mikro-zensus, S. 37

17 https://www.destatis.de/DE/PresseService/Presse/Pressemitteilungen/2017/06/PD17_227_12521.html

18 http://www.zeit.de/gesellschaft/2016-10/geburtenrate-deutschland-auslaendische-muet-ter-alter-bundeslaender

19 https://www.nachhaltigkeitsrat.de/fileadmin/_migrated/media/RNE_Visionen_2050_Band_2_texte_Nr_38_Juni_2011.pdf

20 https://www.welt.de/debatte/kolumnen/Maxeiner-und-Miersch/article13578319/Bis-2050-wird-der-Normalbuerger-abgeschafft.html

21 s. http://www.freiewelt.net/nachricht/die-vision-die-merkel-bewegt-10072711/?tx_com-ments_pi1Prozent5BpageProzent5D=1&cHash=4b81d98e1865edb026f702a66008ca57

22 https://www.youtube.com/watch?v=A7fq_DZ6wUo

23 https://www.welt.de/politik/deutschland/article157781100/Bevoelkerung-soll-Lebensmit-tel-Vorraete-fuer-zehn-Tage-anlegen.html

24 https://www.welt.de/politik/deutschland/article164488462/Regierung-will-eigene-Gebaeu-de-besser-gegen-Angriffe-schuetzen.html

25 http://www.sueddeutsche.de/politik/sozialleistungen-fuer-zuwanderer-eu-kommissi-on-legt-leitfaden-vor-1.1862254-2

26 http://magazin.sofatutor.com/lehrer/2016/04/18/lernen-in-anderen-laendern-digitales-bil-dungsparadies-schweden/

27 https://www.bayernkurier.de/ausland/9879-schweden-will-zehntausende-fluechtlinge-aus-weisen/

28 http://www.epochtimes.de/politik/europa/schweden-jetzt-mehr-arbeitslose-auslaen-der-als-einheimische-a2044808.html

29 http://sverigesradio.se/sida/artikel.aspx?programid=2108&artikel=6116356

30 https://www.nzz.ch/wirtschaft/immigration-ohne-integration-1.18519058

31 https://nyheteridag.se/sentio-sd-mer-an-dubbelt-sa-stora-som-m-och-storsta-parti-med-mar-ginal/

32 https://www.heise.de/tp/features/In-Schweden-ist-ein-Regierungswechsel-wahrschein-lich-3367298.html

33 http://www.zeit.de/2007/50/Pisa-Ausland

34 http://diepresse.com/home/bildung/schule/4945933/Schweden-erklaert-sinkendes-Schulni-veau-mit-Zuwanderung-

35 http://www.bpb.de/internationales/weltweit/innerstaatliche-konflikte/54603/irak

36 http://sverigesradio.se/sida/artikel.aspx?programid=2108&artikel=6005093

37 http://www.theeuropean.de/the-european/11794-neue-app-informiert-ueber-no-go-areas-in-schweden

38 http://www.deutschlandfunk.de/kuendigungen-bei-schwedischer-polizei-unterbezahlt.795.de.html?dram:article_id=363288

39 https://www.bayernkurier.de/ausland/9476-afrikas-vergewaltiger-im-hohen-norden/

40 http://www.spiegel.de/panorama/gesellschaft/schweden-erneut-dutzende-sexuelle-ueber-griffe-auf-musikfestivals-a-1101299.html

41 http://www.express.co.uk/news/world/776560/Sweden-Riots-European-Migrant-Crisis-Ra-pe-War-Iraq

42 https://www.bayernkurier.de/ausland/11489-das-ende-der-willkommenskultur/

43 http://www.rp-online.de/politik/ausland/lkw-attentat-von-stockholm-festgenommener-usbe-ke-gesteht-anschlag-in-schweden-aid-1.6750249

44 http://www.focus.de/politik/ausland/terroranschlag-in-stockholm-bereits-2010-explodier-te-genau-in-der-strasse-eine-bombe_id_6916748.html

45 https://www.bayernkurier.de/ausland/11489-das-ende-der-willkommenskultur/

46 http://www.taz.de/!5071250/

47 http://www.zeit.de/politik/ausland/2015-11/fluechtlinge-schweden-grenzkontrollen

48 http://www.spiegel.de/politik/ausland/fluechtlinge-schweden-plant-offenbar-abschie-bung-von-80-000-menschen-a-1074322.html

49 https://www.welt.de/politik/ausland/article151331793/Code-291-bringt-Schwedens-Polizei-zum-Schweigen.html

50 http://efraimstochter.de/205-Zitate-von-Pippi-Langstrumpf.htm#content

51 http://www.bpb.de/geschichte/deutsche-geschichte/der-zweite-weltkrieg/

52 Informationen zur politischen Bildung, Heft 324, Bundeszentrale für politische Bildung, 2014, S. 8

53 http://www.bpb.de/politik/grundfragen/deutsche-verhaeltnisse-eine-sozialkunde/138012/geschichte-der-zuwanderung-nach-deutschland-nach-1950?p=all

54 http://www.zeit.de/zeit-geschichte/2015/04/ddr-propaganda-auslaender-einwanderer

55 http://www.planet-wissen.de/geschichte/deutsche_geschichte/geschichte_der_gastarbeiter/index.html

56 http://www.politikundunterricht.de/3_00/B-Migration.htm

57 http://www.focus.de/politik/deutschland/kriminelle-grossfamilien-duisburg-bremen-berlin-in-diesen-deutschen-staedten-treiben-clans-ihr-unwesen_id_5156732.html

58 https://www.welt.de/politik/article3088721/Warum-Tuerken-bei-der-Integration-nicht-mitspielen.html

59 http://www.tagesspiegel.de/meinung/andere-meinung/auslaender-in-deutschland-kohls-tuerken-raus-plaene-trafen-einen-nerv-der-deutschen/8596018.html

60 https://www.welt.de/politik/deutschland/article118643664/CDU-und-Kohl-erst-Heimschicker-dann-Integrierer.html

61 http://www.zeit.de/wissen/geschichte/2017-06/ddr-mauertote-studie-deutschland

62 http://www.helmut-kohl.de/index.php?msg=555

63 http://www.dw.com/de/willy-brandt-es-wProzentC3ProzentA4chst-zusammen-was-zusammen-gehProzentC3ProzentB6rt/a-16431107

64 http://www.epochtimes.de/politik/deutschland/merkels-schicksalsnacht-protokoll-der-grenzoeffnung-vom-4-5-september-2015-a1929027.html

65 http://www.sueddeutsche.de/politik/asylbewerber-so-vielen-fluechtlingen-hat-deutschland-geholfen-1.2632661

66 https://twitter.com/bamf_dialog/status/636138495468285952?lang=de

67 http://www.n-tv.de/politik/Als-Merkel-die-Grenze-oeffnete-article18520011.html

68 http://www.zeit.de/gesellschaft/zeitgeschehen/2017-03/bamf-software-asylverfahren-dialekt-erkennen

69 http://www.zeit.de/politik/deutschland/2017-03/bamf-60-prozent-asylbewerber-haben-keine-ausweisdokumente

70 http://www.epochtimes.de/politik/europa/afrika-kommt-sind-mehr-als-600000-afrikanische-junge-maenner-in-den-startloechern-a1320187.html

71 https://www.welt.de/politik/deutschland/article162582074/Fast-haette-Merkel-die-Grenze-geschlossen.html

72 Kelly M. Greenhill: Massenmigration als Waffe. Kopp-Verlag, 2016

73 http://www.faz.net/aktuell/politik/politische-buecher/migration-erpressung-die-neue-superwaffe-1609116.html

74 http://www.n-tv.de/politik/politik_person_der_woche/Erdogan-zieht-die-Migrationswaffe-article19732501.html

75 https://www.tichyseinblick.de/daili-es-sentials/wissenschaftlicher-dienst-des-bundestags-keine-rechtsgrundlage-fuer-merkels-grenzoeffnung/

76 https://www.welt.de/politik/deutschland/article145792553/Der-Werbefilm-fuer-das-gelobte-Asylland-Germany.html

77 https://www.youtube.com/watch?v=PQjcCZe9r9Y

78 https://www.welt.de/politik/deutschland/article167621608/Nur-905-Asylsuchende-ka-men-2016-ueber-nicht-sichere-Staaten.html

79 https://www.youtube.com/watch?v=xEtdlMs3P-4

80 https://opposition24.com/eu-film-fluechtlinge-europa/311196

81 https://www.welt.de/newsticker/dpa_nt/infoline_nt/brennpunkte_nt/article168029930/Mer-kel-will-illegale-Migration-reduzieren.html

82 https://www.welt.de/politik/ausland/article147565321/EU-verspricht-Geld-fuer-Fluechtlinge-und-zahlt-nicht.html

83 http://www.epochtimes.de/politik/europa/un-bericht-zeigt-nur-drei-von-100-migranten-sind-echte-fluechtlinge-ueber-400-000-illegale-migranten-nur-in-italien-a2108242.html

84 https://www.gesetze-im-internet.de/gg/art_16a.html

85 http://www.bamf.de/DE/Fluechtlingsschutz/AblaufAsyl/Schutzformen/Asylberechtigung/asylberechtigung-node.html

86 http://www.europarl.europa.eu/pdfs/news/expert/background/20171019BK-G86403/20171019BKG86403_en.pdf

87 http://www.epochtimes.de/politik/europa/migration-neue-dublin-regeln-in-vorbereitung-es-koennen-kuenftig-gruppenantraege-mit-bis-zu-30-personen-gestellt-werden-a2252829.html

88 http://info-direkt.eu/2017/02/12/viktor-orban-rede-zur-lage-der-nation/

89 http://www.bild.de/politik/inland/bundesregierung/notfallplan-fuer-die-fluechtlingskri-se-43734108.bild.html

90 http://www.focus.de/politik/videos/im-september-2015-deutschland-stand-2015-kurz-vor-ei-ner-grenzschliessung-dann-aenderte-die-kanzlerin-einen-satz_id_5587586.html

91 https://www.br.de/nachrichten/deutschland-verlaengert-grenzkontrollen-wegen-terrorge-fahr-100.html

92 https://www.welt.de/politik/deutschland/article156149885/Die-Fluechtlinge-kommen-weiter-zu-uns-nur-heimlich.html

93 Rainer Nowak, Thomas Prior, Christian Ultsch: Flucht: Wie der Staat die Kontrolle verlor. Molden Verlag, 2017

94 https://www.merkur.de/politik/bloss-nicht-als-hardliner-gelten-spielte-merkel-in-fluechtlings-krise-doppeltes-spiel-zr-8738029.html

95 Asylgesetz § 18: (4) Von der Einreiseverweigerung oder Zurückschiebung ist im Falle der Einreise aus einem sicheren Drittstaat (§ 26a) abzusehen, soweit ... 2. das Bundesministerium des Innern es aus völkerrechtlichen oder humanitären Gründen oder zur Wahrung politischer Interessen der Bundesrepublik Deutschland angeordnet hat.

96 http://www.faz.net/aktuell/politik/staat-und-recht/fluechtlinge-ein-geheimerlass-zur-oeff-nung-der-grenze-14024916.html

97 http://www.faz.net/aktuell/politik/staat-und-recht/fluechtlinge-ein-geheimerlass-zur-oeff-nung-der-grenze-14024916.html

98 http://www.spiegel.de/politik/deutschland/terror-gefahren-erkennen-wo-wirklich-wel-che-sind-kolumne-a-1105583.html

99 s. z. B. https://www.facebook.com/bbcnews/videos/10153076247357217/

100 https://www.merkur.de/politik/angela-merkel-bei-frauen-talk-was-ihre-groesste-schwaeche-ist-zr-8434894.html

101 http://www.bild.de/politik/inland/angela-merkel/kanzlerin-angela-merkel-liest-bild-im-bun-destag-38733534.bild.html

102 http://www.bild.de/regional/hamburg/facebook-party/facebook-thessa-das-ganze-inter-view-schnauze-voll-18260306.bild.html

103 http://www.stern.de/digital/online/facebook-fans-stuermen-geburtstagsparty-im-vorgar-ten-von-thessa-3028024.html

104 https://www.stern.de/news/merkel-bekraeftigt---ausspaehen-unter-freunden-geht-gar-nicht--7329924.html

105 http://www.spiegel.de/politik/ausland/snowden-asyl-usa-sollen-deutschland-gedroht-ha-ben-a-1024841.html

106 http://www.tagesspiegel.de/politik/linke-will-bundesregierung-zwingen-streit-um-asyl-fuer-snowden-in-deutschland/9023838.html

107 https://www.stern.de/politik/ausland/antrag-abgelehnt-deutschland-verweigert-snow-den-asyl-3786564.html

108 http://www.faz.net/aktuell/politik/ausland/russland-verlaengert-edward-snowdens-vi-sum-14687272.html

109 http://www.focus.de/politik/deutschland/fluechtlinge-asylanten-auf-heimaturlaub_aid_170910.html

110 http://www.handelsblatt.com/politik/international/migration-aus-libyen-deutsch-land-kann-kuenftig-schlauchboot-exporte-stoppen/20072800.html

111 http://www.spiegel.de/panorama/fluechtlinge-im-mittelmeer-zahl-der-ertrunkenen-migran-ten-auf-rekordstand-a-1127373.html

112 http://www.sueddeutsche.de/news/politik/eu-eu-aussenminister-beraten-ueber-lage-in-liby-en-und-nordkorea-dpa.urn-newsml-dpa-com-20090101-170717-99-269668

113 http://www.sueddeutsche.de/politik/fluechtlinge-wahlkampf-mit-zahlen-1.3601209

114 https://www.welt.de/politik/deutschland/article164827505/Bis-zu-6-6-Millionen-Fluechtlinge-warten-auf-Fahrt-nach-Europa.html

115 https://www.welt.de/politik/deutschland/article164827505/Bis-zu-6-6-Millionen-Fluechtlinge-warten-auf-Fahrt-nach-Europa.html

116 https://jungefreiheit.de/sonderthema/2017/die-fluechtlingsluege-2017-und-es-wiederholt-sich-doch/

117 https://www.Tagesschau.de/ausland/mittelmeer-seenotrettung-101.html

118 https://www.domradio.de/themen/fluechtlingshilfe-und-integration/2017-07-18/debat-te-um-rettungseinsaetze-im-mittelmeer-haelt

119 http://www.theeuropean.de/eckhard-kuhla/12543-das-geheime-netzwerk-von-soros

120 https://www.nzz.ch/finanzen/investor-georges-soros-die-luecke-die-der-teufel-laesst-ld.1292566

121 http://vera-lengsfeld.de/2017/10/30/die-fluechtlingsgewinnler-caritas-und-diakonie/

122 http://www.epochtimes.de/politik/welt/journalist-wird-in-sizilien-an-berichterstattung-ue-ber-ankommende-migranten-gehindert-und-aus-dem-hafen-eskortiert-a2176905.html

123 https://philosophia-perennis.com/2017/07/27/sizilien-peter-sweden/

124 https://jungefreiheit.de/sonderthema/2017/die-fluechtlingsluege-2017-und-es-wiederholt-sich-doch/

125 http://www.faz.net/aktuell/wirtschaft/wirtschaftspolitik/italien-will-mehr-hilfe-fuer-fluechtlin-ge-15089444.html

126 http://www.epochtimes.de/politik/europa/fluechtlingskrise-oesterreich-will-brenner-mit-sol-daten-sichern-rom-bestellt-oesterreichischen-botschafter-ein-a2158634.html

127 http://www.rp-online.de/politik/deutschland/cdu-parteitag-in-essen-merkel-2015-darf-sich-nicht-wiederholen-aid-1.6445905

128 http://www.zeit.de/politik/ausland/2017-08/kampf-schlepper-libyen-marine-general-droht-italien-fluechlinge

129 https://www.welt.de/politik/ausland/article169711552/Reiche-Migranten-kommen-per-Yacht-und-Jetski-nach-Europa.html

130 http://www.focus.de/politik/deutschland/familiennachzug-von-fluechtlingen-immer-mehr-syrer-holen-angehoerige-nach-deutschland_id_7086443.html

131 https://www.welt.de/politik/deutschland/article160844524/500-000-Syrern-koennten-genau-so-viele-Angehoerige-folgen.html

132 https://www.tichyseinblick.de/daili-es-sentials/familiennachzug-zahlenmaessig-die-grosse-unbekannte/

133 https://www.welt.de/politik/deutschland/article171008902/Familiennachzug-foerdert-Parallelgesellschaften.html

134 http://www.stuttgarter-zeitung.de/inhalt.buergerkriegsland-in-syrien-beginnt-der-wiederaufbau.28f423a2-6903-4db8-96f8-edf350f093af.html

135 https://jungefreiheit.de/politik/deutschland/2017/merkel-versprach-jaehrliche-aufnahme-von-bis-zu-250-000-einwanderern/

136 https://www.welt.de/politik/deutschland/article160881163/Unions-Experten-wollen-Obergrenze-als-atmenden-Deckel.html

137 http://www.uno-fluechtlingshilfe.de/fluechtlinge/zahlen-fakten.html

138 https://www.welt.de/debatte/kommentare/article159262567/Wie-soll-Europa-800-Millionen-Afrikaner-versorgen.html

139 http://www.faz.net/aktuell/wirtschaft/wirtschaftspolitik/wissenschaftler-warnt-vor-fluechtlingsstrom-aus-afrika-14041807.html

140 http://www.faz.net/aktuell/wirtschaft/wirtschaftspolitik/entwicklungshilfe-helfen-die-miilliarden-ueberhaupt-13551128.html

141 http://www.helpster.de/geburten-pro-tag-weltweit-wissenswertes_189669

142 http://www.focus.de/politik/videos/fluechtlingskrise-oxford-oekonom-glaubt-loesungsformel-fuer-fluechtlingskrise-gefunden-zu-haben_id_6894031.html

143 https://www.welt.de/vermischtes/article166152589/Der-Druck-ist-enorm-und-er-wird-wachsen.html

144 Boris Palmer: Wir können nicht allen helfen. Siedler Verlag, 2017

145 http://www.t-online.de/nachrichten/deutschland/gesellschaft/id_73211874/studie-immer-mehr-akademiker-verlassen-deutschland.html

146 http://www.manager-magazin.de/finanzen/artikel/new-world-wealth-tausende-millionaere-verlassen-deutschland-a-1136470.html

147 http://www.tagesspiegel.de/politik/deutschland-und-die-fluechtlinge-warum-ich-als-jude-ans-auswandern-denke/12868328.html

148 https://www.welt.de/politik/deutschland/article151209776/Immer-mehr-Juden-tragen-Baseballkappe-statt-Kippa.html

149 https://www.welt.de/print/welt_kompakt/article163570429/Antisemitismus-ist-Alltag-in-Deutschland.html

150 https://www.bertelsmann-stiftung.de/de/themen/aktuelle-meldungen/2015/januar/deutsche-blicken-skeptisch-auf-israel/

151 https://deutsche-wirtschafts-nachrichten.de/2017/01/10/tausende-juden-verlassen-frankreich-aus-angst-vor-gewalt/

152 https://report-muenchen.br.de/2016/11721/flucht-vor-fluechtlingen-wenn-deutsche-vor-fluechtlingen-nach-ungarn-fliehen.html

153 https://www.auswandern-handbuch.de/flucht-vor-der-altersarmut/

154 http://www.focus.de/politik/deutschland/tid-31300/titel-das-leben-der-anderen-angela-merkel-das-rote-pfarrhaus_aid_994331.html

155 http://www.rundschau-online.de/politik/-nie-irgendetwas-verheimlich--merkel-nimmt-stellung-zu-ddr-vergangenheit-5008440

156 http://www.n-tv.de/politik/Nichts-verheimlicht-nicht-alles-erzaehlt-article10631536.html

157 https://www.welt.de/debatte/kommentare/article167973558/Was-uns-Merkel-durch-die-Kartoffelsuppe-sagen-will.html

158 https://www.welt.de/debatte/kommentare/article118903576/Der-stille-Sozialismus-der-Angela-Merkel.html

159 https://www.welt.de/politik/deutschland/article116086112/Die-fruehen-Jahre-der-Angela-Merkel.html

160 http://www.zeit.de/2015/25/angela-merkel-cdu-geschichte

161 http://www.spiegel.de/politik/deutschland/merkel-in-der-faz-kohl-hat-der-partei-schaden-zugefuegt-a-57495.html

162 http://www.taz.de/1/archiv/archiv-start/?ressort=a2&dig=1999Prozent2F12Prozent2F23Prozent2Fa0019&cHash=2e4254c0da

163 http://www.spiegel.de/spiegel/print/d-135800944.html

164 https://www.welt.de/politik/deutschland/article154423049/Fuer-Merkels-Fluechtlingspolitik-findet-Kohl-deutliche-Worte.html

165 http://www.zeit.de/2014/01/rueckblick-verrueckte-politische-momente

166 https://www.youtube.com/watch?v=zsZRE25SmXw

167 http://www.spiegel.de/wirtschaft/unternehmen/atomkraft-eu-kommission-will-kernenergie-in-europa-staerken-a-1092584.html

168 https://www.liberale.de/content/juergen-trittins-eiskugel-fuer-355-euro

169 http://www.n-tv.de/politik/Kann-die-Ehe-fuer-alle-gekippt-werden-article19916749.html

170 https://www.berlinjournal.biz/die-harems-masche-von-neukoelln-mehr-frauen-mehr-hartz-iv/

171 http://www.katholisches.info/2013/05/nach-der-homo-ehe-folgt-die-polygamie-in-den-niederlanden/

172 http://www.zeit.de/politik/deutschland/2016-11/aydan-oezoguz-integrationsbeauftragte-kinderehen

173 https://www.berliner-zeitung.de/paedophilie-forscher--gruene-wollten-sex-mit-kindern-legalisieren--3792714

174 http://www.zeit.de/politik/deutschland/2017-09/aydan-oezoguz-alexander-gauland-deutsche-kultur-5vor8

175 https://www.tichyseinblick.de/kolumnen/spahns-spitzwege/das-impulspapier-zur-desintegration-oezoguz-laesst-die-maske-fallen/

176 https://www.welt.de/politik/deutschland/article162107950/Oezoguz-Vorschlag-ist-verfassungswidrig.html

177 https://www.bundesregierung.de/Content/DE/Artikel/IB/Artikel/Allgemein/2015-09-21-eck-punkte.html

178 https://www.welt.de/politik/deutschland/article157973764/Deutschland-wird-Deutschland-bleiben-mit-allem-was-uns-lieb-ist.html

179 http://www.faz.net/aktuell/wirtschaft/netzwirtschaft/die-eu-hat-bedenken-gegen-heiko-maas-gesetz-15066569.html

180 http://www.chip.de/news/Bis-zu-50.000.000-Euro-Bussgeld-Mega-Strafe-gegen-Hass-Kom-mentare_111550298.html

181 https://jura-medial.de/2017/07/netzdg-die-beschlussfaehigkeit-des-bundestags/

182 http://www.zeit.de/digital/datenschutz/2017-06/staatstrojaner-gesetz-bundestag-beschluss

183 https://www.welt.de/newsticker/dpa_nt/afxline/topthemen/hintergruende/article165846160/Staatstrojaner-soll-in-Zeiten-von-WhatsApp-Co-mitlesen.html#Comments

184 https://www.heise.de/newsticker/meldung/Bundesverfassungsgericht-Digitalcoura-ge-klagt-gegen-Staatstrojaner-3785288.html

185 http://www.mdr.de/nachrichten/politik/inland/bankgeheimnis-abgeschafft-steuerzah-ler-geldwaesche-100.html

186 https://www.morgenpost.de/politik/article207027385/Hoechstgrenzen-fuer-Bargeld-Der-Kampf-um-die-Scheine.html

187 https://www.mp-edelmetalle.de/blog/artikel/224/anonym-gold-kaufen-bundesregie-rung-will-tafelgeschaeft-einschraenken

188 https://netzpolitik.org/2015/edward-snowden-ueber-ich-hab-nichts-zu-verbergen/

189 http://www.luzernerzeitung.ch/nachrichten/kultur/Snowden-mit-Preis-ausgezeich-net;art46444,695313

190 https://www.heise.de/newsticker/meldung/Nach-Gerichtsurteil-Keine-Ehrendoktorwuer-de-fuer-Snowden-in-Rostock-3238615.html

191 https://imas-international.de/schatten-ueber-der-meinungsfreiheit/

192 http://noelle-neumann.de/wissenschaftliches-werk/schweigespirale/

193 https://www.youtube.com/watch?v=9Hs6Gjktdo4

194 https://www.welt.de/debatte/henryk-m-broder/article140890094/Warum-die-ARD-Merkels-Antwort-nicht-zeigen-darf.html

195 http://www.tagesspiegel.de/medien/rekordwert-2016-fast-zehn-millionen-zuschauer-fu-er-die-tagesschau/19184208.html

196 http://www.focus.de/politik/deutschland/20-jahre-wende/tid-20035/kommentar-auf-dem-weg-in-die-ddr-2-0_aid_557918.html

197 https://www.willy-brandt.de/fileadmin/brandt/Downloads/Regierungserklaerung_Willy_Brandt_1969.pdf

198 http://cicero.de/berliner-republik/cduparteitag-hetzerin-merkel

199 http://www.spiegel.de/politik/deutschland/integration-merkel-erklaert-multikulti-fuer-ge-scheitert-a-723532.html

200 http://www.documentarchiv.de/brd/2002/wahlprogramm_cdu_2002.html

201 http://www.faz.net/aktuell/politik/inland/streit-um-strauss-satz-cdu-und-csu-waren-sich-nicht-immer-gruen-14257524.html

202 https://www.welt.de/politik/deutschland/article168989573/Welche-Parteien-die-meisten-Stimmen-an-die-AfD-verloren.html

203 http://www.epochtimes.de/politik/deutschland/axel-retz-wieso-gilt-die-afd-eigentlich-als-ras-sistisch-ein-blick-ins-wahlprogramm-der-cdu-von-2002-a2102032.html

204 http://www.euractiv.de/section/bundestagswahl-2017/news/studie-kleiner-mann-ist-nicht-der-typische-afd-waehler/

205 http://www.focus.de/politik/videos/deutschland-umfrage-zeigt-afd-ist-nicht-partei-der-abge-haengten-denn-die-waehlen-ganz-anders_id_6277346.html

206 https://www.welt.de/politik/deutschland/article154899202/Die-AfD-ist-eine-Partei-der-Bes-serverdiener-und-Gebildeten.html

207 http://www.badische-zeitung.de/freiburg/wer-hat-in-freiburg-welche-partei-ge-waehlt--119730853.html

208 http://www.goeppingen.afd-bw.de/2017/07/juedische-afd-mitglieder-im-gespraech-mit-vol-ker-muenz/

209 https://www.tag24.de/nachrichten/berlin-afd-waehler-mitte-der-gesellschaft-insti-tut-der-deutsche-wirtschaft-einkommen-bildung-randgruppe-229353

210 http://www.epochtimes.de/politik/deutschland/rueckblick-so-warnte-cdu-2002-vor-masse-neinwanderung-ins-sozialsystem-a1312213.html

211 https://www.morgenpost.de/kultur/tv/article208989481/Bei-Maischberger-ist-Populis-mus-Viagra-fuer-lahme-Demokratie.html

212 http://www.wiwo.de/politik/deutschland/reaktion-auf-afd-merkel-macht-afd-politik-aber-nur-in-der-fluechtlingsfrage/13554666-2.html

213 http://www.spiegel.de/politik/deutschland/bundestagswahl-2017-alle-ergebnisse-im-ueber-blick-a-1167247.html

214 http://www.ifd-allensbach.de/uploads/tx_reportsndocs/FAZ_Oktober_2016.pdf

215 https://jungefreiheit.de/politik/deutschland/2017/verfassungsschutz-beobachtet-buend-nis-mit-spitzenpolitikern-von-spd-und-gruenen/

216 Thorsten Schulte: Kontrollverlust: Wer uns bedroht und wie wir uns schützen. Kopp Verlag, 2017

217 https://www.youtube.com/watch?v=rvRTLEmoicM

218 https://www.youtube.com/watch?v=VR2N2_Hg4vk

219 http://www.stern.de/panorama/wissen/oxytocin--ein-nasenspray-gegen-fremdenfeindlich-keit-und-geiz-7580510.html

220 https://www.welt.de/wirtschaft/article160665374/Nur-noch-68-Euro-neue-Schulden-pro-Se-kunde.html

221 http://www.handelsblatt.com/politik/deutschland/gesetzliche-rentenversicherung-rentenkas-se-mit-2-2-milliarden-euro-minus/19979674.html

222 https://www.welt.de/wirtschaft/article157171883/Auf-unsere-Kinder-wartet-die-7-7-Billio-nen-Euro-Luecke.html

223 http://www.focus.de/finanzen/videos/ifo-chef-sinn-warnt-jeder-fluechtling-kostet-deutsch-land-450-000-euro_id_5327945.html

224 http://www.spiegel.de/politik/deutschland/tausende-fluechtlinge-gelten-ab-neujahr-als-voll-jaehrig-a-1127888.html

225 http://www.faz.net/aktuell/finanzen/meine-finanzen/vermoegensfragen/familien-finan-zen-kinder-kosten-ein-vermoegen-13718883.html

226 https://www.welt.de/politik/deutschland/article162274380/Junge-Migranten-kos-ten-Deutschland-vier-Milliarden.html

227 http://www.wiwo.de/politik/deutschland/sozialstaat-die-sozialkosten-explodieren-und-nie-mand-handelt/19617464.html

228 http://www.zeit.de/wirtschaft/2017-08/sozialbericht-sozialausgaben-andrea-nahles

229 https://www.haufe.de/sozialwesen/sgb-recht-kommunal/sozialbericht_238_420950.html

230 http://www.ndr.de/nachrichten/niedersachsen/Wollte-Aufnahmebehoerde-Sozialbetrug-ver-tuschen,sozialbetrug144.html

231 https://www.cducsu.de/themen/innen-recht-sport-und-ehrenamt/viele-minderjaehri-ge-fluechtlinge-sind-bereits-ueber-18

232 http://www.rp-online.de/wirtschaft/finanzen/gesundheitsfonds-krankenversicherte-zah-len-fuer-fluechtlinge-aid-1.6165225

233 http://www.focus.de/politik/deutschland/protest-zur-fluechtlingspolitik-muss-doch-mal-ei-nen-plan-haben-jetzt-spricht-der-merkel-zwischenrufer_id_5244684.html

234 http://www.faz.net/aktuell/wirtschaft/eurokrise/griechenland/schuldenkrise-so-teu-er-ist-die-euro-rettung-in-griechenland-13562474.html

235 http://www.spiegel.de/spiegel/print/d-41722030.html

236 http://www.focus.de/finanzen/news/staatsverschuldung/tid-28152/erdgas-und-rohstoffe-sit-zen-die-griechen-auf-immensen-reichtuemern_aid_862431.html

237 Dirk Müller: Showdown: Der Kampf um Europa und unser Geld Taschenbuch. Knaur TB, 2014

238 https://www.youtube.com/watch?v=g6f0Ry_W_Qc

239 http://www.focus.de/finanzen/news/gemeinsamer-haushalt-und-finanzminister-re-form-der-eurozone-schaeuble-begruesst-macrons-integrationsplaene_id_7120246.html

240 https://de.wikipedia.org/wiki/Liste_der_L%C3%A4nder_nach_Bruttoinlandsprodukt#Schät-zungen_des_IWF_für_2016_(Stand_April_2017)

241 https://www.bertelsmann-stiftung.de/de/themen/aktuelle-meldungen/2017/juli/schue-ler-boom-zehntausende-zusaetzliche-lehrer-und-klassenraeume-notwendig/

242 http://www.spiegel.de/politik/deutschland/kita-deutschland-fehlen-laut-bertelsmann-stu-die-120-000-erzieher-a-982822.html

243 https://www.welt.de/politik/deutschland/article156800436/Land-sucht-Arzt-dramatische-Un-terversorgung-droht.html

244 https://www.merkur.de/leben/gesundheit/lieferengpaesse-bei-zwei-dutzend-impfstof-fen-zr-5670334.html

245 https://www.aerzteblatt.de/blog/77301/Lieferengpaesse-essenzieller-Medikamente

246 http://www.sueddeutsche.de/bayern/gesundheit-grippewelle-bringt-krankenhaeuser-in-be-draengnis-1.3365801

247 http://www.n-tv.de/panorama/Krankenschwester-schreibt-an-Merkel-article19601997.html

248 https://www.welt.de/print/die_welt/politik/article163149746/Notstand-im-Kreisssaal.html

249 https://www.welt.de/wirtschaft/article164440845/Die-wachsende-Bedeutung-der-Arbeits-migranten-fuer-Deutschland.html

250 http://www.focus.de/politik/experten/focus-online-serie-integration-handwerkspraesi-dent-fluechtlinge-werden-nicht-ausreichen-fachkraefteluecke-zu-schliessen_id_7744757.html

251 http://www.tagesspiegel.de/wirtschaft/it-gipfel-wie-deutschland-die-digitalisierung-ver-schlaeft/19929966.html

252 http://www.spiegel.de/wirtschaft/soziales/immobilien-in-deutschland-fehlen-eine-milli-on-wohnungen-a-1156062.html

253 http://www.spiegel.de/panorama/gesellschaft/obdachlose-zahl-der-wohnungslo-sen-steigt-dramatisch-a-1177920.html

254 https://www.shz.de/regionales/schleswig-holstein/politik/land-verschenkt-weitere-900-wohn-container-wir-sind-ueberrannt-worden-id16517646.html

255 http://www.zeit.de/politik/deutschland/2016-04/grundsicherung-alter-rente-sozialleis-tung-unterstuetzung

256 https://www.wunderweib.de/kinderarmut-deutschland-jedes-fuenfte-kind-lebt-ar-mut-101622.html

257 http://www.zeit.de/wirtschaft/2017-11/arbeitsmarkt-arbeitslosenzahlen-herbstbelebung-bun-desagentur-arbeit

258 https://www.zdf.de/nachrichten/heute/arbeitslose-wer-in-der-statistik-nicht-beruecksich-tigt-wird-100.html

259 https://www.verfassungsschutz.de/de/arbeitsfelder/af-rechtsextremismus/zahlen-und-fak-ten-rechtsextremismus

260 https://www.verfassungsschutz.de/de/arbeitsfelder/af-linksextremismus/zahlen-und-fak-ten-linksextremismus

261 https://www.welt.de/politik/deutschland/article168663937/Zahl-der-Salafisten-in-Deutsch-land-steigt-auf-ueber-10-000.html

262 https://www.facebook.com/afd.huetter/posts/772727022899067

263 http://www.kn-online.de/News/Aktuelle-Nachrichten-Schleswig-Holstein/Nachrichten-Schles-wig-Holstein/Pensionierungswelle-Polizisten-und-Richter-werden-knapp

264 http://www.rp-online.de/politik/asylklagen-haben-oft-erfolg-aid-1.7187353

265 http://www.spiegel.de/panorama/justiz/jens-gnisa-vorsitzender-des-deutschen-richter-bunds-kritisiert-rechtssystem-a-1162465.html

266 http://www.rp-online.de/politik/deutschland-fehlen-2000-richter-aid-1.6531091

267 https://www.welt.de/regionales/hamburg/article169970903/Straftaeter-frei-doch-Till-Stef-fens-Behoerde-lobt-sich-selbst.html

268 http://www.tagesspiegel.de/berlin/queerspiegel/gender-debatte-berlin-gruene-pla-nen-unisex-wcs-in-berliner-behoerden/19201512.html

269 http://de.wikimannia.org/60_GeschlechtsidentitProzentC3ProzentA4ten

270 http://www.zeit.de/politik/deutschland/2016-09/angela-merkel-generaldebatte-bundes-tag-haushalt

271 http://www.zeit.de/wirtschaft/2017-03/wohlstand-deutschland-mittelschicht-abstieg-sozial-system-loehne

272 https://www.stern.de/wirtschaft/geld/armut--schere-zwischen-arm-und-reich-oeffnet-sich-6712890.html

273 https://www.welt.de/regionales/hamburg/article106330282/Der-Tag-an-dem-die-RAF-Axel-Springer-angriff.html

274 http://www.tagesspiegel.de/politik/sicherheit-in-deutschland-was-droht-nach-dem-jahr-des-terrors/19178138.html

275 http://www.zeit.de/gesellschaft/zeitgeschehen/2017-07/messerattacke-taeter-aus-ham-burg-war-behoerden-als-islamist-bekannt

276 http://cicero.de/berliner-republik/raf-und-is-die-evolution-des-terrorismus

277 http://www.n-tv.de/politik/Ministerium-Keine-Hinweise-auf-IS-Kaempfer-article15911921.html

278 https://www.pressetext.com/print/20121030019

279 https://www.wiso.uni-hamburg.de/fachbereich-sowi/professuren/lilienthal/ueber-uns/aktuelles/aktuelle-meldung-2016-12-07.html

280 http://www.sueddeutsche.de/politik/welternaehrungsprogramm-un-kuerzen-lebensmittelhilfen-fuer-syrische-fluechtlinge-drastisch-1.2172709

281 https://www.welt.de/politik/ausland/article147565321/EU-verspricht-Geld-fuer-Fluechtlinge-und-zahlt-nicht.html

282 http://www.tagesspiegel.de/politik/un-fluechtlingshilfswerk-schlaegt-alarm-syriens-reiche-nachbarn-zahlen-kaum-fuer-fluechtlinge/12340360.html

283 http://www.die-stiftung.de/nachrichten-service/diskurs-um-die-studie-der-otto-brenner-stiftung-72741/

284 http://www.documentarchiv.de/brd/2002/wahlprogramm_cdu_2002.html#6

285 http://www.Tagesschau.de/inland/fluechtlinge-arbeitsmarkt-105.html

286 http://www.news4teachers.de/2015/10/qualifikationsniveau-der-fluechtlinge-ist-erschreckend-gering-arbeitsmarktforscher-fordern-investitionen-in-bildung/

287 https://www.welt.de/wirtschaft/article162463119/Fluechtlinge-verstaerken-Spaltung-in-Deutschland.html

288 http://www.zeit.de/2015/47/integration-fluechtlinge-schule-bildung-herausforderung

289 https://www.youtube.com/watch?v=z2H3Q0UlfSc

290 http://www.tagesspiegel.de/politik/syrien-usa-gestattete-is-kaempfern-flucht-aus-rakka/20580154.html

291 https://www.youtube.com/watch?v=QR9cDv_HrOM

292 https://www.youtube.com/watch?v=qdDxSdxh16w

293 http://www.handelsblatt.com/politik/deutschland/portraet-lauf-maedchen-lauf-seite-5/2511074-5.html

294 https://www.basel-express.ch/redaktion/medienkritik/216-ach-wie-gut-dass-niemand-weiss-dass-meine-freundin-springer-heisst

295 http://www.spiegel.de/politik/deutschland/angela-merkel-ehemann-joachim-sauer-kassiert-jaehrlich-10-000-euro-von-springer-a-1086226.html

296 https://deutsch.rt.com/inland/37964-bei-ard-sitzt-atlantik-brucke/

297 https://www.securityconference.de/fileadmin/MSC_/PDF/Participants_MSC2013.pdf

298 http://meedia.de/2008/11/14/zdf-verdoppelt-gehalt-von-claus-kleber/

299 http://www.deutsch-russisches-forum.de/portal/wp-content/uploads/2017/09/Mitgliederliste_27092017.pdf

300 https://www.atlantik-bruecke.org/

301 https://de.wikipedia.org/wiki/Liste_von_Mitgliedern_der_Atlantik-BrProzentC3ProzentBCcke

302 https://www.merkur.de/politik/lobbyismus-deutschen-politik-geheime-einfluss-bayerischer-konzerne-bundestag-5918390.html

303 https://www.welt.de/politik/deutschland/article156019278/Die-Gaeste-sitzen-in-alphabetischer-Reihenfolge.html

304 https://deutsche-wirtschafts-nachrichten.de/2014/05/31/bilderberger-die-vollstaendige-offizielle-liste-der-teilnehmer/

305 https://www.heise.de/tp/features/CDU-Politiker-Jens-Spahn-nimmt-an-Bilderberg-Konferenz-teil-3732077.html

306 https://de.wikipedia.org/wiki/Liste_von_Teilnehmern_an_Bilderberg-Konferenzen

307 http://www.bild.de/politik/inland/jamaika-koalition/jamaika-aus-erste-umfragen-53926676.bild.html

308 https://www.youtube.com/watch?v=lw-jP4-9gjM

309 http://derwaechter.net/strohmann-axel-springer-bild-1952-mit-7-millionen-us-dollar-vom-us-geheimdienst-cia-gegruendet

310 https://www.youtube.com/watch?v=lv_3cC2UVa0&feature=youtu.be

311 http://www.zeit.de/hamburg/stadtleben/2015-11/helmut-schmidt-hamburg-rathaus-kondolenz

312 https://www.ovb-online.de/politik/deutschland-trauert-5852923.html

313 http://www.zeit.de/2015/09/christian-wulff-angela-merkel-islam-deutschland

314 http://lkr-bayern.de/event/prof-bassam-tibi-zu-gast-bei-lkr/

315 http://bazonline.ch/ausland/europa/Diese-Maenner-denken-Deutsche-Frauen-sind-Schlampen/story/22916308

316 http://www.n-tv.de/politik/Der-Islam-ist-nicht-reformierbar-article1636341.html

317 http://www.spiegel.de/panorama/gesellschaft/hamed-abdel-samad-der-koran-ist-wie-ein-grosser-supermarkt-a-1116451.html

318 http://www.epochtimes.de/feuilleton/rettet-deutschland-ein-libanesischer-filmregisseur-imad-karim-warnt-vor-islamisierung-a1276761.html

319 Heinz Buschkowsky: Neukölln ist überall. Ullstein Taschenbuch, 2013

320 http://de.wikimannia.org/Peter_Scholl-Latour#Zitate

321 http://www.wissenbloggt.de/?p=36577

322 http://cicero.de/innenpolitik/migrationspolitik-jedes-unrecht-beginnt-mit-einer-luege

323 http://www.epochtimes.de/politik/deutschland/facebook-loescht-vollstaendiges-profil-von-islamkritiker-imad-karim-a2096043.html

324 Ahmad Mansour: Generation Allah. Warum wir im Kampf gegen religiösen Extremismus umdenken müssen. FISCHER Taschenbuch, 2017

325 Zana Ramadani: Die verschleierte Gefahr: Die Macht der muslimischen Mütter und der Toleranzwahn der Deutschen. Europa Verlag, 2017

326 http://www.sueddeutsche.de/kultur/fruehere-femen-aktivistin-zana-ramadani-muslimische-muetter-erziehen-ihre-soehne-zu-versagern-1.3458618-2

327 Sabatina James: Scharia in Deutschland: Wenn die Gesetze des Islam das Recht brechen. Knaur TB, 2015

328 https://www.welt.de/politik/deutschland/article148239246/Diese-Frau-greift-den-deutschen-Islam-frontal-an.html

329 http://vera-lengsfeld.de/2016/02/28/scharia-in-deutschland/#more-97

330 https://www.contra-magazin.com/2017/05/hamed-abdel-samad-islamkritiker-kann-nur-mit-polizeischutz-auftreten/ und https://www.freitag.de/autoren/asansoerpress35/antisemitismus-unter-muslimen und https://www.unzensuriert.de/content/0023702-Zana-Ramadani-im-Rundumschlag-Moslemische-Muetter-Kopftuch-und-Linksextreme und https://www.youtube.com/watch?v=rc2GaWqZ1dk

331 http://www.stern.de/panorama/gesellschaft/constantin-schreiber-in-deutschen-moscheen--vieles--was-er-hoerte--entsetzte-ihn-7391238.html

332 Constantin Schreiber: Inside Islam: Was in Deutschlands Moscheen gepredigt wird. Econ, 2017

333 http://www.tagesspiegel.de/politik/morddrohungen-moschee-gruenderin-seyran-ates-unter-polizeischutz/20009674.html

334 http://www.rp-online.de/panorama/ausland/tuerkei-anteil-der-christen-nur-noch-bei-02-pro-zent-aid-1.4798197

335 http://www.urlaube.info/Budapest/Geschichte.html

336 https://www.budapester.hu/2016/03/01/was-blieb-erhalten

337 http://www.focus.de/panorama/welt/polnischer-geheimdienst-terroristen-planten-anschlae-ge-in-kirchen_id_4351954.html

338 https://www.youtube.com/watch?v=43NRPdov91I

339 https://www.welt.de/fernsehen/article1250311/Die-oeffentliche-Hinrichtung-der-Eva-Her-man.html

340 15. August 2014

341 https://www.stern.de/kultur/musik/xavier-naidoo-im-interview--deutschland-ist-kein-souver-aenes-land-6564592.html

342 https://www.welt.de/politik/article13757549/Die-oeffentliche-und-die-verborgene-Sei-te-der-Krise.html

343 Udo Ulfkotte: Gekaufte Journalisten. Kopp Verlag, 2014

344 https://www.youtube.com/watch?v=6SliTqAzkRk

345 https://www.macht-steuert-wissen.de/tag/petra-paulsen/

346 http://www.epochtimes.de/politik/deutschland/petra-paulsen-brief-bundeskanzlerin-mer-kel-migranten-manchester-familiennachzug-fluechtlinge-schuldenberg-a2126434.html

347 http://www.epochtimes.de/politik/deutschland/rundmail-betreff-migration-tuerkei-integrati-on-islamismus-merkel-terror-grenzsicherung-wirtschaft-innere-sicherheit-bildung-a1922011.html

348 https://www.youtube.com/watch?v=VqBfHwKpkbA

349 http://www.focus.de/finanzen/jahresbericht-zu-rundfunkgebuehren-einer-von-zehn-deut-schen-zahlt-keine-rundfunkgebuehren_id_7269451.html

350 http://www.epochtimes.de/politik/deutschland/gez-46-millionen-mahnverfahren-4-000-kla-gen-ard-angestellte-sind-spitzenverdiener-in-deutschland-a2150685.html

351 https://web.de/magazine/geld-karriere/gez-passiert-rundfunkbeitrag-31429824

352 http://derstandard.at/2000035938335/WDRforyou-mehrsprachige-Information-und-Unterhal-tung-fuer-Fluechtlinge

353 Heiko Schrang: Die GEZ-Lüge: erkennen - erwachen – verändern. Macht-steuert-Wissen, 2017

354 https://www.welt.de/politik/deutschland/article153966392/Die-erzwungenen-Einnah-men-werden-dann-rausgeschmissen.html

355 http://www.focus.de/finanzen/recht/sie-zahlt-seit-2013-keine-rundfunkgebuehr-weil-sie-den-zwangsbeitrag-verweigert-mutter-von-zwei-kindern-soll-ins-gefaengnis_id_6561469.html

356 https://www.welt.de/regionales/bayern/article170051186/Diebstahl-aus-Hunger-Rentne-rin-muss-ins-Gefaengnis.html

357 https://www.stern.de/wirtschaft/geld/flaschensammeln-im-bahnhof--rentnerin-soll-2000-eu-ro-strafe-zahlen-7629940.html

358 http://www.n-tv.de/politik/Fluechtling-erschlich-fast-22-000-Euro-article19690312.html

359 https://www.taz.de/!5114887;m/

360 https://www.youtube.com/watch?v=teeTpRnb8pc

361 https://www.welt.de/regionales/hamburg/article162442610/Deutsche-duerfen-unge-straft-Koeterrasse-genannt-werden.html

362 http://www.epochtimes.de/politik/deutschland/nicht-den-gemeinschaftsstandards-entspro-chen-facebook-loescht-zehntausende-konten-vor-bundestagswahl-a2196684.html

363 Thorsten Schulte: Kontrollverlust: Wer uns bedroht und wie wir uns schützen. Kopp Verlag, 2017

364 https://www.amazon.de/Kontrollverlust-Wer-uns-bedroht-sch%C3%BCtzen-ebook/pro-duct-reviews/B074CQQKM6?pageNumber=9

365 https://www.journalistenwatch.com/2017/09/13/thorsten-schulte-buchhaendler-boykottie-ren-spiegel-bestseller/

366 Rolf Peter Sieferle: Finis Germania. Antaios, 2017

367 https://www.noz.de/deutschland-welt/kultur/artikel/631002/buchhandel-schmeisst-roma-ne-von-akif-pirincci-aus-dem-programm-2

368 http://www.spiegel.de/kultur/gesellschaft/mein-kampf-kritische-ausgabe-von-hitlers-hetz-schrift-verkauft-sich-85-000-mal-a-1128343.html

369 https://gesundheit-soziales-bayern.verdi.de/++co++07dbbc28-946f-11e7-bf7d-525400423e78

370 https://www.derwesten.de/politik/afd-mitglieder-sind-bei-wohlfahrtsverbaenden-unerwu-enscht-id12007926.html

371 https://jungefreiheit.de/kultur/medien/2017/swr-bestaetigt-handlungsempfehlung-zum-um-gang-mit-fremdenfeindlichkeit/

372 https://jungefreiheit.de/kultur/medien/2017/swr-bestaetigt-handlungsempfehlung-zum-um-gang-mit-fremdenfeindlichkeit/

373 https://qpress.de/wp-content/uploads/2016/09/apothekenrundschau-baby-und-familie-aus-gabe-02-2016-wie-erkenne-ich-nazi-kinder-babies-gefahr-von-rechts.pdf

374 https://www.abendblatt.de/nachrichten/article209950111/Mit-Hilferufen-angelockt-Verge-waltigungen-entsetzen-Hamburg.html

375 http://www.kas.de/wf/de/33.43307/

376 http://www.spiegel.de/einestages/verdun-gedenken-unser-europa-ist-aus-krieg-entstan-den-a-1094847.html

377 https://www.cicero.de/innenpolitik/merkels-volksbegriff-Bleiche-Mutter-ohne-Courage

378 https://www.welt.de/vermischtes/article168563516/Mohrenkopftorte-bei-Niedereg-ger-heisst-jetzt-Othellotorte.html

379 http://www.ndr.de/kultur/Astrid-Lindgren-Dokumentation,kriegstagebuch100.html

380 http://www.bundespruefstelle.de/RedaktionBMFSFJ/RedaktionBPjM/PDFs/BPJMAktuell/bp-jm-aktuell-201302-vom-negerkoenig-zum-suedseekoenig,property=pdf,bereich=bpjm,spra-che=de,rwb=true.pdf

381 http://www.zeit.de/2013/04/Kinderbuch-Sprache-Politisch-Korrekt

382 http://www.epochtimes.de/politik/europa/schweden-bibliothek-verbrannte-pippi-langs-trumpf-buecher-aus-ideologischen-gruenden-a2172959.html

383 http://www.news4teachers.de/2016/03/aus-ruecksicht-auf-muslime-verzichten-immer-mehr-schulen-und-kitas-komplett-auf-schweinefleisch-das-sorgt-jetzt-fuer-streit/

384 https://www.welt.de/regionales/muenchen/article110412332/Weiter-kein-Zugspitz-Kreuz-fu-er-arabische-Urlauber.html

385 http://www.express.de/sport/fussball/in-arabischen-laendern-kein-kreuz-mehr-auf-real-ver-einswappen---das-steckt-dahinter-25611886

386 http://www.bz-berlin.de/berlin/mitte/berliner-lehrerin-darf-keine-kette-mit-kreuz-tragen

387 http://www.tagesspiegel.de/politik/kreuz-debatte-am-humboldt-forum-berliner-stadt-schloss-bekommt-kuppelkreuz/19970628.html

388 http://www.n-tv.de/politik/Taeter-Herkunft-soll-weiter-anonym-bleiben-article17184146.html

389 http://www.faz.net/aktuell/politik/tuerkei/was-erdogans-sieg-ueber-die-deutsche-integrationspolitik-aussagt-14977133.html

390 http://www.focus.de/politik/videos/spd-chef-spricht-klartext-gabriel-attackiert-rechtefluechtlingshetzer-pack-und-mob-das-eingesperrt-werden-muss_id_4899288.html und https://www.welt.de/politik/deutschland/article167822367/Freiheitlich-demokratische-Grundordnung-gilt-auch-fuer-Arschloecher.html

391 http://www.n-tv.de/politik/War-Gabriels-Stinkefinger-angebracht-article18437021.html

392 http://www.infranken.de/regional/coburg/heiko-maas-in-neustadt-gewalt-beginnt-im-kopf;art214,2773884

393 https://www.cicero.de/innenpolitik/nach-trumps-wahlsieg-steinmeier-ausser-rand-und-band

394 http://www.bundespraesident.de/SharedDocs/Reden/DE/Joachim-Gauck/Interviews/2016/160619-Bericht-aus-Berlin-Interview.html

395 https://www.bayernkurier.de/inland/8411-claudia-roth-auf-abwegen/

396 https://www.welt.de/vermischtes/article161020252/Polizisten-sind-es-leid-von-Ihnen-beschimpft-zu-werden.html

397 http://www.sueddeutsche.de/politik/umstrittenes-zeichen-gegen-rassismus-maas-lob-fuer-feine-sahne-fischfilet-provoziert-heftige-reaktionen-1.3136285

398 https://www.bundeskanzlerin.de/Content/DE/Artikel/2016/09/2016-09-07-merkel-haushaltsdebatte.html

399 https://de.wikiquote.org/wiki/Katrin_GProzentC3ProzentB6ring-Eckardt

400 http://www.idea.de/gesellschaft/detail/fluechtlinge-machen-deutschland-religioeser-vielfaeltiger-und-juenger-92675.html

401 http://www.hfjs.eu/md/hfjs/aktuell/2016-06-09_heidelberger_hochschulrede_redetext.pdf

402 http://www.epochtimes.de/politik/deutschland/de-maiziere-ein-europaeischer-und-der-demokratie-zugewandter-islam-ist-ein-kitt-der-gesellschaft-a2127778.html

403 https://www.welt.de/politik/deutschland/article164905164/Schaeuble-sieht-muslimische-Zuwanderer-als-Chance-fuer-Deutschland.html

404 http://www.achgut.com/artikel/fluechtlinge_fuer_die_sozialsysteme

405 http://www.zeit.de/politik/deutschland/2016-06/wolfgang-schaeuble-aussenpolitik-wandel-afrika-arabische-welt

406 http://www.sueddeutsche.de/leben/inzest-in-island-im-grunde-sind-wir-alle-eine-grosse-familie-1.1694243

407 http://www.faz.net/aktuell/feuilleton/debatten/henriette-rekers-unverschaermter-vorschlag-mit-der-armlaenge-13999586.html

408 http://www.duden.de/rechtschreibung/Elite

409 https://de.wikipedia.org/wiki/Joschka_Fischer

410 https://www.welt.de/print-welt/article423170/Risiko-Deutschland-Joschka-Fischer-in-Bedraengnis.html

411 http://www.faz.net/aktuell/politik/inland/ein-makel-im-lebenslauf-deutsche-spitzenpolitiker-verschleiern-ihre-studienabbrueche-12194627.html

412 https://www.welt.de/politik/deutschland/article13218624/Helmut-Schmidt-laestert-ueber-Politiker-ohne-Beruf.html

413 http://www.focus.de/politik/videos/diaet-entschaedigung-pension-ultimatum-laeuft-ab-so-viele-vorteile-sicherte-sich-petra-hinz-mit-ihrem-luegen-mandat_id_5788388.html

414 https://de.wikipedia.org/wiki/PlagiatsaffProzentC3ProzentA4re_Guttenberg

415 https://www.welt.de/debatte/kommentare/article124444134/Andreas-Scheuer-ist-ein-Dok-tor-Duennbrettbohrer.html

416 https://www.psychomeda.de/lexikon/german-angst.html

417 https://www.welt.de/debatte/kommentare/article133712722/Islamophobie-Wir-nen-nen-es-Aufklaerung.html

418 http://www.faktum-magazin.de/2017/01/polygamie/

419 https://bpeinfo.wordpress.com/2010/01/11/ehrenmorde-und-islam/

420 http://www.focus.de/politik/videos/repraesentative-umfrage-70-prozent-der-deutschen-fin-den-dass-der-islam-nicht-zu-deutschland-gehoert_id_6027429.html

421 http://www.huffingtonpost.de/2014/12/18/umfrage-islamisierung-deutsche_n_6346416.html

422 https://www.youtube.com/watch?v=a70vJLUDIXE

423 http://www.wiwo.de/politik/deutschland/angela-merkel-und-die-blockfloeten-postfak-tisch-im-endstadium/14730918.html

424 https://www.youtube.com/watch?v=HrQlMJyVJYg

425 https://www.swr.de/swraktuell/konvertiten-und-islamismus-das-sind-die-150-prozentigen/-/id=396/did=15588648/nid=396/90qu45/index.html

426 https://www.welt.de/politik/deutschland/article157407416/Antraege-auf-Waffenscheine-stei-gen-sprunghaft-an.html

427 http://www.huffingtonpost.de/2016/01/13/deutschland-waffen_n_8968900.html

428 http://www.focus.de/finanzen/news/aus-angst-vor-fluechtlingen-oesterreicher-kaufen-im-mer-mehr-waffen_id_5040882.html

429 https://www.shz.de/lokales/holsteinischer-courier/nachfrage-nach-selbstverteidi-gung-steigt-id12423511.html

430 http://www.linkfang.de/wiki/Hamburg-Langenhorn

431 http://www.focus.de/politik/ausland/mordfall-maria-l-freiburg-spuren-fuehren-nach-grie-chenland_id_6356344.html

432 http://www.taz.de/!5268937/

433 https://kurier.at/chronik/oesterreich/vergewaltigung-am-wiener-praterstern-zwei-mal-sechs-und-einmal-fuenf-jahre-fuer-afghanische-burschen/244.045.214

434 http://www.bild.de/news/ausland/vergewaltigung/urteil-iraker-vergewaltigen-deut-sche-in-wien-50669490.bild.html

435 http://www.faz.net/aktuell/feuilleton/opfer-von-vergewaltigung-als-erlebende-bezeich-nen-14892468.html

436 http://www.sueddeutsche.de/news/panorama/kriminalitaet-umfragegrosse-sorge-vor-einbre-chern-in-deutschland-dpa.urn-newsml-dpa-com-20090101-151227-99-576757

437 https://www.welt.de/politik/deutschland/article157655946/Grossteil-der-Deutschen-fuehlt-sich-nicht-sicher.html

438 http://www.zeit.de/gesellschaft/zeitgeschehen/2017-02/sicherheit-deutschland-umfra-ge-frauen-sicherheitsgefuehl

439 http://www.epochtimes.de/politik/deutschland/seyran-ates-die-meisten-liberalen-musli-me-haben-angst-a2150100.html

440 https://www.n-tv.de/politik/Erdogan-meldet-sich-per-Grussbotschaft-article18311536.html

441 https://www.nrz.de/staedte/duesseldorf/oecalan-fahnen-trotz-verbot-bei-kurden-demo-in-duesseldorf-drei-polizisten-schwer-verletzt-id212440271.html

442 http://www.spiegel.de/politik/deutschland/mohammed-karikaturen-protestmaersche-in-berlin-und-duesseldorf-a-400404.html

443 https://www.gew.de/aktuelles/detailseite/neuigkeiten/marode-schulen-34-milliarden-euro-sanierungsbedarf/

444 http://www.tagesspiegel.de/wissen/digitalisierung-an-deutschlands-schulen-milliarden-fuer-das-ende-der-kreidezeit/14673782.html

445 http://www.faz.net/aktuell/wirtschaft/feuerwehrleute-sind-beliebter-als-manager-15166538.html

446 http://www.ardmediathek.de/tv/DokThema/Lehrer-am-Limit/BR-Fernsehen/Video?bcastId=40552236&documentId=47035540

447 https://www.welt.de/regionales/hamburg/article164821440/Bald-hat-jeder-zweite-Hamburger-einen-Migrationshintergrund.html

448 https://www.destatis.de/DE/Publikationen/Thematisch/Bevoelkerung/MigrationIntegration/BevoelkerungMigrationsstatus5125203117004.pdf?__blob=publicationFile

449 http://www.news4teachers.de/2017/02/lehrermangel-immer-dramatischer-auch-nrw-lockt-jetzt-pensionaere-und-seiteneinsteiger-mit-zuschlaegen-in-den-schuldienst/

450 https://www.welt.de/politik/deutschland/article13816489/Deutschland-muss-dramatischen-Lehrermangel-fuerchten.html

451 https://www.bertelsmann-stiftung.de/de/themen/aktuelle-meldungen/2017/juli/schueler-boom-zehntausende-zusaetzliche-lehrer-und-klassenraeume-notwendig/

452 https://www.welt.de/politik/deutschland/article159321507/Schulen-stellen-Studenten-heimlich-als-Klassenlehrer-ein.html

453 http://www.spiegel.de/lebenundlernen/schule/berlin-sucht-in-den-niederlanden-und-oesterreich-lehrer-a-1077785.html

454 https://www.morgenpost.de/printarchiv/berlin/article104478083/Auslaenderanteil-an-38-Berliner-Schulen-hoeher-als-80-Prozent.html

455 http://www.sz-online.de/sachsen/quereinsteiger-im-klassenzimmer-3522298.html

456 http://www.sz-online.de/nachrichten/weil-lehrer-fehlen-unterrichten-jetzt-schon-eltern-3764114.html

457 http://www.sueddeutsche.de/bildung/studie-zu-burn-out-bei-paedagogen-hoellenjob-lehrer-1.1932745

458 https://www.welt.de/regionales/berlin/article136356308/Berlins-Lehrer-fehlen-im-Schnitt-39-Tage-im-Jahr.html

459 http://www.innovations-report.de/html/berichte/gesellschaftswissenschaften/bericht-22500.html

460 https://www.mopo.de/hamburg/hilferuf-einer-hamburger-lehrerin-den-job-ertrag-ich-nur-noch-mit-rotwein-28994232

461 http://www.augsburger-allgemeine.de/politik/Schulstudie-2016-Deutschlands-Grundschueler-fallen-zurueck-id42950376.html

462 http://www.westfalen-blatt.de/Ueberregional/Artikel/2915116-Lehrerverbandschef-macht-sich-Sorgen-ums-Lesen-Meidinger-Schueler-lassen-sich-auf-laengere-Texte-nicht-ein

463 https://www.abendblatt.de/hamburg/kommunales/article208233123/Jeder-zweite-Stadtteilschueler-ist-schwach-in-Rechtschreibung.html

464 http://www.arbeitgeber.de/www/arbeitgeber.nsf/res/MINT-HerbstreportProzent202016. pdf/$file/MINT-HerbstreportProzent202016.pdf

465 http://www.spiegel.de/wirtschaft/soziales/arbeitslosigkeit-aelterer-mit-50-keine-chan-ce-mehr-gilt-das-immer-noch-a-1129828.html

466 http://www.spiegel.de/panorama/bundeskriminalamt-bewerber-scheitern-am-deutsch-test-a-1124217.html

467 http://www.faz.net/aktuell/rhein-main/schreibfehler-haben-terroralarm-bei-rock-am-ring-aus-geloest-15060871.html

468 https://www.aerztezeitung.de/panorama/article/928336/pc-statt-stift-verlernen-kinder-schrei-ben.html

469 http://www.deutschlandfunk.de/20-jahre-rechtschreibreform-die-kritik-reisst-nicht-ab.680. de.html?dram:article_id=362708

470 https://www.welt.de/wirtschaft/karriere/bildung/article147625292/Lehrer-warnen-vor-zu-ho-hem-Migrantenanteil-in-Klassen.html

471 http://www.sueddeutsche.de/bildung/wahl-der-schule-eltern-fluechten-vor-hohem-auslaen-deranteil-1.1536606

472 http://www.sueddeutsche.de/medien/angela-merkel-im-zdf-wie-eine-putzfrau-merkel-sprachlos-macht-1.3666634

473 https://www.welt.de/politik/deutschland/article170324917/Sprachschwierigkeiten-schlimms-te-soziale-Verhaeltnisse.html

474 http://www.focus.de/politik/deutschland/duerfen-nicht-ueber-marode-schulen-spre-chen-maulkorberlass-fuer-schulleiter-ich-finde-das-von-der-senatorin-eine-unverschaemt-heit_id_7815861.html

475 https://www.welt.de/politik/deutschland/article164033456/Brauchen-Schulen-eine-Migran-ten-Obergrenze.html

476 http://www.zeit.de/1981/14/mit-dem-bus-in-die-besseren-schulen

477 https://www.welt.de/regionales/nrw/article156135721/Lehrer-stehen-mittlerweile-am-Ran-de-der-Verzweiflung.html

478 https://www.welt.de/politik/deutschland/article166523803/Lehrer-verzweifeln-an-Fluecht-lings-Willkommensklassen.html

479 http://www.deutschlandfunk.de/fluechtlingskinder-in-der-schule-wir-haben-zu-wenig.680. de.html?dram:article_id=328956

480 https://www.rbb-online.de/kontraste/archiv/kontraste-vom-26-01-2017/gewalt-gegen-lehrer-nimmt-zu.html

481 http://www.ndr.de/nachrichten/niedersachsen/lueneburg_heide_unterelbe/Gewalt-ge-gen-Lehrer-schon-in-der-Grundschule,gewaltgegenlehrer100.html

482 http://www.faz.net/aktuell/gesellschaft/kriminalitaet/kartenspiel-war-ausloeser-fuer-pruege-lattacke-in-euskirchen-14451025.html

483 Tania Kambouri: Deutschland im Blaulicht: Notruf einer Polizistin. Piper Paperback, 2015

484 http://www.anita-heiliger.de/htm/maennliche_jugendliche_mit_migrantionshintergrund. pdf

485 http://www.deutschlandfunkkultur.de/psychologe-ahmad-mansour-unterdrueckte-sexuali-taet-spielt.990.de.html?dram:article_id=363017

486 http://www.bild.de/regional/frankfurt/salafismus/salafisten-ziehen-hass-kin-der-gross-47628066.bild.html

487 http://www.news4teachers.de/2017/07/lehrer-berichten-von-zunehmender-radikalitaet-unter-muslimischen-schuelern-gegen-juden-gegen-homosexuelle-gegen-deutsche-gegen-europa/

488 https://www.mdr.de/kultur/was-ist-das-abitur-noch-wert-interview-klaus-hurrelmann-100.html

489 https://www.welt.de/print/die_welt/politik/article156291438/41-Prozent-der-Jugendli-chen-machen-inzwischen-Abitur.html

490 http://www.abendblatt.de/hamburg/article208720993/Hoechste-Abitur-Quote-in-Ham-burg-aller-Zeiten.html

491 http://www.zeit.de/hamburg/stadtleben/2016-11/hamburg-abitur-anforderungen-gymnasi-en-direktoren-inklusion

492 http://www.kas.de/wf/doc/kas_44796-544-1-30.pdf

493 http://www.mdr.de/kultur/was-ist-das-abitur-noch-wert-spezial-100.html

494 http://www.focus.de/familie/schule/die-erschoepften-dauerlerner-diagnose-bur-nout-kommt-bei-schuelern-immer-haeufiger-vor_id_4538842.html

495 http://www.spiegel.de/lebenundlernen/uni/studienabbrecher-wer-schmeisst-hin-und-war-um-a-1150226.html

496 http://www.tagesspiegel.de/wissen/18000-studiengaenge-in-deutschland-mit-dem-mini-ba-chelor-in-die-sackgasse/12470398.html

497 https://de.statista.com/statistik/daten/studie/156901/umfrage/ausbildungsberufe-in-deutsch-land/

498 https://www.welt.de/politik/deutschland/article146904583/Fachidioten-erobern-die-deut-schen-Universitaeten.html

499 http://www.zeit.de/2015/47/integration-fluechtlinge-schule-bildung-herausforderung

500 https://www.caritas.de/fuerprofis/fachthemen/kinderundjugendliche/bildungschancen/zahl-der-schulabgaenger-ohne-abschluss-s

501 http://www.tagesspiegel.de/berlin/schulabbrecher-in-berlin-fast-jeder-zehnte-schueler-oh-ne-abschluss/11329048.html

502 https://correctiv.org/blog/ruhr/artikel/2016/10/12/schulabbrecher-ohne-abschluss-nrw-aus-laenderanteil/

503 http://www.wiwo.de/politik/deutschland/bildungsmonitor-2016-anteil-der-schulabbrue-che-bei-auslaendern-gestiegen/14425130.html

504 http://www.handelsblatt.com/politik/deutschland/bundesagentur-fuer-arbeit-knapp-je-der-fuenfte-asylbewerber-hat-berufs-oder-studienabschluss/12444994.html

505 http://www.huffingtonpost.de/2015/11/09/fluechtlingskrise-migranten-verlierer_n_8511732.html

506 https://www.welt.de/politik/deutschland/article160422066/406-000-Fluechtlinge-ohne-Ar-beit-nur-ein-Bruchteil-hat-Jobs.html

507 https://www.welt.de/wirtschaft/article162839446/Warum-kaum-ein-Asylbewerber-Arbeit-fin-det.html

508 http://www.zeit.de/gesellschaft/2016-12/wenige-fluechtlinge-arbeitsmarkt-jobs-andrea-nahles

509 Rainer Wendt: Deutschland in Gefahr: Wie ein schwacher Staat unsere Sicherheit aufs Spiel setzt. Riva, 2017

510 https://www.tichyseinblick.de/daili-es-sentials/rainer-wendt-nicht-wegen-seiner-nebeneinku-enfte-im-kreuzfeuer/

511 http://www.br.de/nachrichten/paralleljustiz-integration-friedensrichter-100.html

512 http://www.tagesspiegel.de/berlin/studie-zu-paralleljustiz-in-berlin-herrscht-klima-der-angst/
12701248.html

513 http://www.polizei-dein-partner.de/themen/gewalt/gesellschaft/detailansicht-gesellschaft/
artikel/gewalt-gegen-polizisten.html

514 http://m.mainpost.de/ueberregional/politik/zeitgeschehen/Wenn-Beamte-Opfer-von-Ge-
walt-werden;art16698,9180127

515 https://www.gdp.de/gdp/gdp.nsf/id/p70606?open&ccm=300040890

516 http://www.ln-online.de/Nachrichten/Norddeutschland/Land-streicht-Polizeiwachen-Opposi-
tion-uebt-scharfe-Kritik

517 https://www.derwesten.de/politik/polizisten-haben-22-millionen-ueberstunden-in-2016-ge-
macht-id209452925.html

518 http://www.rp-online.de/nrw/panorama/fluechtlingsheime-in-nrw-78000-polizei-einsaetze-
in-2015-aid-1.5766266

519 https://www.welt.de/politik/deutschland/article160655659/Fast-1000-Anschlaege-auf-
Fluechtlingsheime-im-Jahr-2016.html

520 http://www.faz.net/aktuell/politik/inland/polizei-gewerkschafter-oliver-malchow-im-inter-
view-15223723.html

521 http://koeln-nachrichten.de/neues-aus-nrw/auslaendischer-bevoelkerungsanteil-er-
hoeht-sich-deutlich/

522 https://www.gdp.de/gdp/gdpnrw.nsf/id/31BF675255970DECC1257D5C0042A23E/$file/Pro-
jekt_1800.pdf?open

523 http://www.zeit.de/gesellschaft/2017-08/richterbund-personalmagel-justiz-polizei-rechtsstaat

524 http://www.epochtimes.de/politik/deutschland/vielzahl-von-terrorverfahren-ueberfor-
dert-justiz-generalbundesanwalt-sendet-dringenden-hilferuf-an-laender-wegen-ueberlas-
tung-a2040582.html

525 http://www.taz.de/!5303783/

526 https://www.abendblatt.de/hamburg/article209504611/Gewerkschaft-Hundertprozentige-Si-
cherheit-gibt-es-nicht.html

527 http://www.faz.net/aktuell/politik/inland/hilfspolizisten-in-sachsen-waffeneinsatz-nach-drei-
monatiger-ausbildung-14291563.html

528 http://www.tagesspiegel.de/berlin/chronik-einer-skandal-woche-die-berliner-polizei-und-ih-
re-affaeren/20569724.html

529 https://www.berliner-zeitung.de/berlin/polizei/streit-um-polizeiakademie-war-
um-es-in-der-berliner-polizei-so-brodelt-28826956

530 http://www.focus.de/politik/deutschland/polizei-in-der-kritik-arabische-clans-unterwan-
dern-deutschlandweit-justiz-und-politik_id_7819910.html

531 http://www.focus.de/politik/deutschland/schwache-schutzweste-leichte-waffe-polizist-packt-
aus-ich-habe-angst-mit-meiner-ausruestung-zum-einsatz-zu-fahren_id_5453687.html

532 https://www.welt.de/politik/deutschland/article147300583/Auslaender-dominieren-die-orga-
nisierte-Kriminalitaet.html

533 https://www.noz.de/deutschland-welt/politik/artikel/685121/strafvollzugsbeamte-war-
nen-platze-in-u-haft-werden-knapp-2

534 http://www.focus.de/politik/deutschland/mehr-gefangene-als-haftplaetze-auslaenderan-
teil-nimmt-zu-gefaengnisse-in-baden-wuerttemberg-sind-uebervoll_id_5881871.html

535 http://www.mdr.de/sachsen/missstaende-gefaengnisse-sachsen-100.html

536 https://jura-medial.de/2017/03/anwaelte-wollen-lebenslaenglich-abschaffen/

537 http://www.n-tv.de/politik/Starker-Anstieg-bei-Mord-und-Totschlag-article19807048.html

538 http://www.zeit.de/gesellschaft/zeitgeschehen/2016-06/bundeskriminalamt-statistik-straftaten-asylbewerber

539 http://www.aachener-zeitung.de/news/politik/koeln-freiburg-bochum-sind-zuwanderer-besonders-kriminell-1.1508675

540 https://www.welt.de/politik/deutschland/article163918666/Zahl-der-tatverdaechtigen-Zuwanderer-steigt-um-52-7-Prozent.html

541 https://www.welt.de/politik/ausland/article156077320/Warum-Fluechtlinge-aus-diesen-Laendern-oft-kriminell-werden.html

542 http://www.spiegel.de/reise/aktuell/sichere-reiselaender-deutschland-rutscht-im-ranking-ab-wegen-terror-a-1143691.html

543 http://www.focus.de/politik/videos/berlin-chinesische-botschaft-publiziert-sicherheitshinweise-fuer-ihre-buerger-in-deutschland_id_6620663.html

544 http://www.tagesspiegel.de/politik/warnung-der-botschaft-china-nachts-in-deutschland-nicht-allein-auf-die-strasse/19370186.html

545 https://www.welt.de/politik/deutschland/article11934194/Das-Ende-der-Wehrpflicht-ist-auch-ein-Erfolg-der-FDP.html

546 https://www.bundeswehr.de/portal/a/bwde/start/streitkraefte/grundlagen/staerke/!ut/p/z1/hY7NCslwEISfxUOv2Zji761VEKWCYtE2F0nbmCoxKWlsfHwjngSLc9vZb4YBChlQxbqrYPaqF-ZP-zun4HE-TNCEzQtLdYonX2zCOh3tCVschnP4B1L9xjyIMh4pD7jsmfR3p3kNAgd5Yx56o0cZKbhEr3wshr5mqJN_pMvoYG6BC6uIzPVJFOBVADb9www16GG_X1jbtPMABds4hobWQHFU-8wL8StW4tZF8gNPfM4XAkuyQavABia8kH/dz/d5/L2dBISEvZ0FBIS9nQSEh/#Z7_B8LTL2922TPC-D0IM3BB1Q22TQ0

547 https://de.statista.com/statistik/daten/studie/72703/umfrage/anzahl-der-soldaten-der-bundeswehr-im-ausland/

548 http://www.stern.de/politik/deutschland/wehrpflicht--deutsche-gegen-wiedereinfuehrung-6632294.html

549 http://www.mdr.de/nachrichten/politik/inland/debatte-wiedereinfuehrung-der-wehrpflicht-100.html

550 https://www.bundeswehrentdecken.de/gebaerdensprache

551 http://www.n-tv.de/politik/Regierung-denkt-an-Rueckkehr-zur-Wehrpflicht-article18479171.html

552 http://www.faz.net/aktuell/politik/inland/f-a-s-exklusiv-so-will-die-bundesregierung-im-kriegsfall-reagieren-14398973.html

553 http://www.bundeswehr-journal.de/2016/hohe-abbrecherquote-beim-freiwilligen-wehrdienst/

554 http://www.taz.de/!5287650/

555 https://www.merkur.de/politik/militaerischer-abschirmdienst-enttarnt-20-islamisten-in-bundeswehr-zr-6938271.html

556 https://www.Tagesschau.de/inland/bundeswehr-islamisten-101.html

557 http://www.zeit.de/politik/deutschland/2017-01/bundeswehr-gewalt-erniedrigungen-sexuelle-noetigung-pfullendorf

558 http://www.focus.de/finanzen/news/wirtschaftsticker/mangelhafte-ausruestung-von-der-leyen-will-bundeswehr-mit-130-milliarden-euro-sanieren_id_5240184.html

559 http://www.spiegel.de/politik/deutschland/bundeswehr-soldat-unter-terrorver-dacht-wie-franco-a-zum-fluechtling-wurde-a-1145376.html

560 http://www.sueddeutsche.de/news/politik/bundesregierung-neue-sicherheitspolitik-eu-aus-laender-in-die-bundeswehr-dpa.urn-newsml-dpa-com-20090101-160713-99-664028

561 http://www.rp-online.de/politik/deutschland/bunte-wehr-eu-auslaender-in-der-bundeswehr-aid-1.6131017

562 https://www.welt.de/politik/deutschland/article156337306/So-verzweifelt-sucht-von-der-Ley-en-neue-Soldaten.html

563 https://www.welt.de/politik/deutschland/article157003354/Nur-Deutsche-sollen-Soldat-wer-den-duerfen.html

564 https://www.merkur.de/politik/bundeswehr-will-schulabgaengern-ohne-abschluss-chan-cen-bieten-zr-7034365.html?cmp=defrss

565 http://www.zeit.de/politik/2016-12/bundeswehr-rekruten-schulabbrecher-eu-auslaender-wer-bung-nachwuchs

566 http://www.faz.net/aktuell/politik/inland/bundeswehr-jeder-vierte-einfache-soldat-hat-migra-tionshintergrund-14321511.html

567 http://www.handelsblatt.com/politik/deutschland/pilotprojekt-mit-100-auszubilden-den-fluechtlinge-in-die-bundeswehr/13918642.html

568 https://www.welt.de/politik/deutschland/article158758547/Fast-alle-Fluechtlinge-wol-len-in-Deutschland-bleiben.html

569 http://www.epochtimes.de/politik/deutschland/ex-bnd-chef-schindler-warnt-vor-maennli-chen-jungen-fluechtlingen-a1983295.html

570 http://www.zeit.de/news/2017-03/09/terrorismus-nach-terrorabwehr-uebung-ziehen-poli-zei-und-bundeswehr-bilanz-09061003

571 https://www.gdp.de/gdp/gdp.nsf/id/de_adtaba-de_

572 https://www.zdf.de/nachrichten/heute/schnoeggersburg-100.html

573 http://www.spiegel.de/politik/deutschland/peter-struck-die-praegnantesten-zitate-a-873892.html

574 Peter Scholl-Latour: Der Fluch der bösen Tat: Das Scheitern des Westens im Orient. Ullstein Taschenbuch, 2015

575 https://www.heise.de/tp/features/Scholl-Latour-Wir-leben-in-einer-Zeit-der-Massenverbloe-dung-3364167.html

576 https://propagandaschau.wordpress.com/tag/scholl-latour/

577 http://www.focus.de/politik/ausland/islam-spiel-mit-der-angst_aid_142083.html

578 http://www.faz.net/aktuell/feuilleton/buecher/rezensionen/sachbuch/peter-scholl-la-tours-memoiren-13889657.html

579 https://jungefreiheit.de/debatte/interview/2004/dann-gibt-es-bei-uns-bosnische-verhaeltnisse/

580 Michael Lüders: Wer den Wind sät: Was westliche Politik im Orient anrichtet. C.H.Beck, 2017

581 https://www.youtube.com/watch?v=lq8NNOsU5q8

582 https://www.welt.de/vermischtes/article163570389/Linker-erklaert-von-der-Leyen-das-Voel-kerrecht.html

583 https://www.youtube.com/watch?v=gTgY6CMcPc4

584 http://www.taz.de/!5165840/

585 https://www.unric.org/html/german/pdf/charta.pdf

586 http://www.sueddeutsche.de/politik/kosovo-krieg-als-die-menschenrechte-schiessen-lernten-1.457678

587 http://www.handelsblatt.com/politik/deutschland/nicht-voelkerrechtswidrig-von-der-leyen-verteidigt-kosovo-einsatz/9896108.html

588 http://www.spiegel.de/politik/ausland/irak-krieg-suche-nach-dem-verlorenen-grund-a-285109.html

589 http://www.faz.net/aktuell/politik/regierungserklaerung-schroeder-und-fischer-verteidigen-nein-zum-irak-krieg-192713.html

590 https://www.youtube.com/watch?v=_EaEVlh9t5I

591 http://www.spiegel.de/politik/deutschland/schroeders-regierungserklaerung-hurra-deutschland-a-234950.html

592 http://www.faz.net/aktuell/politik/regierungserklaerung-schroeder-und-fischer-verteidigen-nein-zum-irak-krieg-192713.html

593 https://www.bpb.de/politik/grundfragen/deutsche-verteidigungspolitik/238332/15-jahre-afghanistan-einsatz

594 http://www.spiegel.de/politik/ausland/afghanistan-rund-68-000-todesopfer-laut-studie-seit-2001-a-1036670.html

595 http://www.bundeswehr-journal.de/2017/wieder-mehr-deutsche-soldaten-fuer-afghanistan/

596 http://www.spiegel.de/politik/deutschland/struck-verteidigt-reform-bundeswehr-ist-die-groesste-friedensbewegung-deutschlands-a-289999.html

597 http://www.neopresse.com/politik/leak-der-wahre-grund-fuer-die-libyen-intervention-der-nato-gold-oel-dollar/

598 https://www.nzz.ch/meinung/kommentare/dunkler-fleck-in-der-bilanz-als-aussenministerin-der-wahre-skandal-um-hillary-clinton-ld.106034

599 http://www.tagesspiegel.de/politik/die-nato-ist-an-die-grenzen-des-un-mandats-gegangen/4536672.html

600 http://www.n-tv.de/politik/Die-EU-sucht-einen-neuen-Gaddafi-article14945921.html

601 http://www.faz.net/aktuell/politik/europaeische-union/eu-afrika-gipfel-gaddafi-fuenf-milliarden-oder-europa-wird-schwarz-1589757.html

602 https://deutsche-wirtschafts-nachrichten.de/2017/01/17/libyen-neuer-stellvertreter-krieg-um-oel-und-pipelines/

603 http://www.taz.de/!5400473/

604 https://www.nzz.ch/international/das-sind-die-wichtigsten-rebellengruppen-1.18401236

605 https://de.wikipedia.org/wiki/NATO-Osterweiterung

606 http://www.mdr.de/nachrichten/politik/ausland/montenegro-trit-nato-bei-100.html

607 http://www.neopresse.com/politik/nato-osterweiterung-ein-fehler-historischen-ausmasses/

608 https://www.youtube.com/watch?v=S5HtBba-i28

609 http://www.neopresse.com/politik/neue-dokumente-belegen-nato-osterweiterung-war-ein-wortbruch/

610 https://www.freitag.de/autoren/hans-springstein/obama-bestaetigt-us-gefuehrten-putsch-in-kiew

611 http://www.zeit.de/2015/20/ukraine-usa-maidan-finanzierung

612 https://deutsche-wirtschafts-nachrichten.de/2016/12/13/angela-merkel-kuendigt-verlaengerung-der-sanktionen-gegen-russland-an/

613 https://www.welt.de/newsticker/dpa_nt/infoline_nt/brennpunkte_nt/article165626873/Merkel-kritisiert-US-Sanktionsplaene-fuer-Russland-scharf.html#Comments

614 http://www.spiegel.de/politik/ausland/nato-operation-atlantic-resolve-usa-verlegen-panzer-nach-osteuropa-a-1128920.html

615 https://de.statista.com/statistik/daten/studie/157935/umfrage/laender-mit-den-hoechsten-militaerausgaben/

616 http://www.nachdenkseiten.de/?p=37010

617 http://schaebel.de/allgemein/frieden/usa-gegruendet-vor-239-jahren-davon-222-im-krieg-93/001710/

618 https://www.heise.de/tp/features/Obama-Neue-Atomwaffen-neue-Kriege-mehr-Waffenverkaeufe-als-unter-Bush-3462334.html

619 http://www.epochtimes.de/politik/welt/traurige-bilanz-der-amtszeit-von-us-praesident-und-friedensnobelpreistraeger-barack-obama-mehr-krieg-mehr-terror-mehr-armut-a2019060.html

620 http://www.bento.de/politik/krieg-barack-obama-ist-der-us-praesident-mit-den-meisten-kriegstagen-567071/

621 http://www.bild.de/news/aktuelles/news/obama-beim-kirchentag-umjubelt-51906580.bild.html

622 http://www.businessinsider.de/besondere-beziehung-von-merkel-und-obama-2016-11

623 http://www.spiegel.de/politik/ausland/obama-und-die-fluechtlinge-wo-stehen-sie-mr-president-kommentar-a-1089017.html

624 http://www.nachdenkseiten.de/?p=35408

625 https://www.derwesten.de/politik/bundestag-stimmt-syrien-einsatz-der-bundeswehr-zu-id11349440.html

626 http://www.sueddeutsche.de/politik/umfrage-zu-auslandseinsaetzen-deutsche-gegen-mehr-militaereinsaetze-1.1876426

627 https://deutsche-wirtschafts-nachrichten.de/2013/08/31/schmutzige-deals-worum-es-im-syrien-krieg-wirklich-geht/

628 https://www.youtube.com/watch?v=doWl3kOAozU

629 https://www.danieleganser.ch/

630 https://www.youtube.com/watch?v=8IztA4BfKJs

631 http://www.epochtimes.de/politik/deutschland/migration-als-kriegswaffe-vorboten-einer-westlichen-goetterdaemmerung-a1297614.html

632 Zbigniew Brzezinski: Die einzige Weltmacht. Kopp Verlag, 2015

633 http://www.zeit.de/politik/ausland/2017-05/zbigniew-brzezinski-gestorben-jimmy-carter

634 http://www.epochtimes.de/politik/welt/weltmacht-stratege-der-usa-ist-tot-zbigniew-brzezinski-wurde-89-a2129225.html

635 https://www.kopp-verlag.de/Die-einzige-Weltmacht.htm?websale8=kopp-verlag&pi=947500

636 https://de.wikipedia.org/wiki/Stratfor

637 https://www.youtube.com/watch?v=ablI1v9PXpI

638 http://www.neopresse.com/politik/stratfor-direktor-friedman-us-hauptziel-seit-einem-jahrhundert-ist-ein-deutsch-russisches-buendnis-zu-verhindern/

639 https://de.wikipedia.org/wiki/George_Friedman#cite_note-5

640 http://www.zeit.de/2003/22/Menschenrechte

641 Thomas P.M. Barnett: Drehbuch für den 3.Weltkrieg: Die zukünftige neue Weltordnung. J.K. Fischer Verlag, 2016

642 ebd., S. 29

643 ebd., S. 319

644 Thomas P.M. Barnett: Der Weg in die Weltdiktatur: Krieg und Frieden im 21. Jahrhundert. Die Strategie des Pentagon. J.K. Fischer Verlag, 2016

645 ebd., S. 247

646 https://www.stern.de/noch-fragen/warum-sind-die-ttip-verhandlungen-geheim-3000047982.html

647 https://stop-ttip.org/de/wo-liegt-das-problem/

648 https://www.merkur.de/politik/merkel-wirbt-eindringlich-fuer-ceta-und-ttip-zr-6938471.html

649 http://www.spiegel.de/wirtschaft/unternehmen/ttip-demonstration-in-berlin-stellt-teilnehmerrekord-auf-a-1057187.html

650 http://www.handelsblatt.com/politik/deutschland/60-jahre-cdu-merkel-reform-mit-politik-ohne-angst/2514044.html

651 https://de.wikipedia.org/wiki/Artikel_20_des_Grundgesetzes_f%C3%BCr_die_Bundesrepublik_Deutschland

652 http://www.kas.de/wf/de/71.10197/

653 https://conservo.wordpress.com/2017/11/24/usa-und-is-nwo-thomas-barnett-zerstoerung-aller-kulturellen-und-nationalen-grenzen/

654 Thomas P.M. Barnett: Drehbuch für den 3.Weltkrieg, S. 320

655 https://www.tichyseinblick.de/kolumnen/bettina-roehl-direkt/vielfalt-ist-einfalt/

656 https://www.bundeskanzlerin.de/ContentArchiv/DE/Archiv17/Artikel/2011/01/2011-01-13-merkel-europapreis.html

657 http://www.kas.de/wf/de/37.8066/

658 https://de.wikipedia.org/wiki/Richard_Nikolaus_Coudenhove-Kalergi

659 R. N. Coudenhove Kalergi: Praktischer Idealismus. Pan-Europa-Verlag, 1925

660 https://archive.org/stream/PraktischerIdealismus1925

661 https://www.merkur.de/politik/marionetten-text-und-lyrics-umstrittenen-songs-von-xavier-naidoo-und-soehne-mannheims-zr-8261892.html

662 https://archive.org/stream/PraktischerIdealismus1925/PraktischerIdealismus#page/n21/mode/1up

663 Winston S. Churchill: His Complete Speeches, Chelsea House Publishers, 1974

664 https://faszinationmensch.com/2015/02/03/der-letzte-akt-die-kriegserklarung-der-globalisierer-an-alle-volker-der-welt/

665 http://www.handelsblatt.com/politik/international/us-aussenpolitik-sieben-staaten-in-fuenf-jahren/10036758.html

666 https://www.youtube.com/watch?v=xTTU6pF-iAE

667 http://www.muenchen.de/aktuell/2017-02/einsatzkonzept-der-polizei-zur-sicherheitskonferenz-2017.html

668 https://www.youtube.com/watch?v=M7DPoLw0m7Y

669 http://www.epochtimes.de/politik/welt/westen-lehnt-hilfe-fuer-wiederaufbau-syriens-ab-nicht-das-ende-der-gewalt-sondern-regime-change-am-wichtigsten-a2224376.html

670 http://www.tagesspiegel.de/politik/deal-mit-syrien-deutschland-lieferte-material-fuer-assads-giftgas-fabriken/9636424.html

671 https://deutsche-wirtschafts-nachrichten.de/2017/08/28/syrien-internationale-messe-als-auf-takt-fuer-den-wiederaufbau/

672 https://www.youtube.com/watch?v=3GW7dAya5Y0

673 http://unser-mitteleuropa.com/2016/05/04/vizeprasident-der-eu-kommission-monokulturel-le-staaten-ausradieren/

674 https://www.jungewelt.de/artikel/300158.saudi-arabien-mehr-als-150-hinrichtungen-2016.html

675 https://deutsche-wirtschafts-nachrichten.de/2016/10/10/un-bericht-saudi-arabien-fol-tert-und-exekutiert-kinder/

676 http://www.todesstrafe.de/todesstrafenatlas_SaudiProzent20Arabien.html

677 http://www.spiegel.de/wirtschaft/unternehmen/warum-saudi-arabien-noch-waf-fen-aus-deutschland-bekommt-a-1070603.html

678 http://www.spiegel.de/politik/ausland/waffenexporte-bundesregierung-genehmigt-boot-de-al-mit-saudi-arabien-a-1101507.html

679 http://www.zeit.de/politik/ausland/2015-12/waffen-is-irak-amnesty

680 http://www.focus.de/politik/deutschland/razzia-in-berlin-waffen-und-grosse-mengen-muniti-on-in-islamistenszene-beschlagnahmt_id_7761663.html

681 http://www.bild.de/politik/ausland/isis/kurden-nennen-kinder-wie-deutsche-anti-isis-waf-fe-40226932.bild.html

682 https://www.youtube.com/watch?v=4GogBYE5EEc

683 http://www.focus.de/politik/deutschland/bundeswehr-radioaktiver-panzerknacker_aid_189979.html

684 https://www.berliner-zeitung.de/vor-100-jahren-entdeckte-marie-curie-die-elemente-radi-um-und-polonium--als-einzige-frau-erhielt-sie-zwei-nobelpreise-raetselhaften-strahlen-auf-d-er-spur-16188744

685 http://www.kernenergie.de/kernenergie/presse/pressemitteilungen/2014/2014-07-04_Ma-rie-Curie.php

686 https://www.ippnw.de/presse/artikel/de/milanrakete-birgt-gefaehrliche-langz.html

687 http://www.uranmunition.org/deutsche-waffenexporte-fuehren-zur-weiteren-radioakti-ven-verseuchung-im-irak-milan-panzerabwehrraketen/

688 http://www.tagesspiegel.de/politik/us-atombomben-in-deutschland-nuklearwaffen-wer-den-nicht-abgezogen-sondern-modernisiert/10236788.html

689 http://www.tagesspiegel.de/themen/agenda/atomwaffen-in-deutschland-relikte-aus-dem-kalten-krieg/12563242.html

690 http://www.presseportal.de/pm/7840/3127495

691 https://www.zdf.de/ZDF/zdfportal/blob/40196436/2/data.pdf

692 https://www.volksfreund.de/nachrichten/rheinland-pfalz/flugplatz-buechel-120-millionen-eu-ro-fuer-modernisierung-us-armee-stationiert-neue-atomwaffen_aid-6089598

693 https://www.noz.de/deutschland-welt/medien/artikel/979474/auf-nach-mali-wie-die-bundes-wehr-neue-soldaten-gewinnen-will#gallery&0&0&979474

694 http://www.focus.de/politik/deutschland/bundeswehr-in-afrika-mali-einsatz-wird-immer-ge-faehrlicher-jetzt-sollen-die-soldaten-mehr-geld-bekommen_id_6532993.html

695 http://wissensfieber.de/rohstoffreiches-mali/

696 http://www.spiegel.de/politik/deutschland/sigmar-gabriel-will-waffenexporte-aus-deutsch-land-reduzieren-a-946117.html

697 http://www.spiegel.de/politik/deutschland/waffen-exporte-sigmar-gabriel-verkuendet-glaen-zende-verkaufszahlen-a-1078393.html

698 http://www.spiegel.de/politik/ausland/bundespolizei-im-eads-auftrag-grenzer-de-al-mit-den-saudis-empoert-die-opposition-a-774237.html

699 http://www.tagesspiegel.de/politik/saudi-arabien-und-deutschland-der-preis-der-zusammen-arbeit/12682716.html

700 https://www.welt.de/politik/ausland/article143186475/Das-naechste-grosse-Schlacht-feld-ist-Europa.html

701 https://www.welt.de/vermischtes/article165846593/Fuer-eine-Million-Fluechtlinge-ge-ben-wir-30-Milliarden-Euro-aus.html

702 http://www.mdr.de/nachrichten/politik/inland/weissbuch-bundeswehr-100.html

703 http://www.mdr.de/wahl2017/bundestagswahl-serie-was-bleibt-verteidigungspolitik-100.html

704 https://www.bundeswehr.de/portal/a/bwde/start/einsaetze/ueberblick/zahlen/!ut/p/z1/04_Sj9CPykssy0xPLMnMz0vMAfIjo8zinSx43QnyMLI2MXIKDnQ0cQ13NQI2DHY0NzMz0wwk-piAJKG-AAjgb6wSmp-pFAM8xxmuELVKQfpR-VIViWWKFXkF9UkpNaopeYDHKhfmRGYI5KTm-pAfrIjRKAgN6LcoNxREQC-OoUy/dz/d5/L2dBISEvZ0FBIS9nQSEh/#Z7_B8LTL2922DSSC0AUE6U-ESA30M0

705 https://de.wikiquote.org/wiki/Diskussion:Willy_Brandt#.22Vom_deutschem_Boden_darf_nie_wieder_Krieg_ausgehen..22

706 https://dejure.org/gesetze/GG/26.html

707 http://www.dw.com/de/usa-best%C3%A4tigen-drohnenkrieg-von-ramstein-aus/a-36595089

708 http://www.faz.net/aktuell/politik/thema/drohnenkrieg

709 http://www.watergate.tv/2017/11/08/usa-illegale-waffenlieferungen-und-truppenverlegun-gen-von-ramstein/

710 http://www.sueddeutsche.de/politik/us-waffenlieferungen-heikle-fracht-aus-ram-stein-1.3663289

711 http://www.sueddeutsche.de/politik/us-waffenlieferungen-heikle-fracht-aus-ram-stein-1.3663289-2

712 http://www.t-online.de/nachrichten/deutschland/id_80234786/terrorverdaechtiger-aus-wi-en-hatte-ramstein-im-visier.html

713 https://www.swr.de/swraktuell/rp/hoehepunkt-der-aktionswoche-in-ramstein-tausende-pro-testieren-gegen-drohnenangriffe/-/id=1682/did=20217810/nid=1682/j4bopd/index.html

714 https://deutsch.rt.com/inland/57430-programmbeschwerde-gegen-ard-unterschlagung-pro-teste-ramstein/

715 http://efraimstochter.de/205-Zitate-von-Pippi-Langstrumpf.htm#content

716 https://www.welt.de/politik/article1867347/Nur-jeder-Zehnte-illegal-Einreisende-wird-er-wischt.html

717 http://www.focus.de/politik/experten/osthold/razzien-in-thueringen-tschetscheni-sche-fluechtlinge-in-deutschland-eine-unterschaetzte-gefahr_id_6119142.html

718 https://www.welt.de/politik/ausland/article156456077/Warum-ploetzlich-so-viele-Tschetsche-nen-kommen.html

719 https://www.welt.de/politik/deutschland/article156148719/Heimliche-Einwanderung-ue-ber-die-deutsche-Ostgrenze.html

720 http://www.swp.de/ulm/nachrichten/suedwestumschau/illegale-einreise-an-gren-ze-zur-schweiz-weiter-gestiegen-14318727.html

721 https://www.welt.de/politik/deutschland/article162762852/Warum-556-000-abgelehnte-Asyl-bewerber-in-Deutschland-bleiben.html

722 https://www.tagesschau.de/inland/ausreise-duldung-anfrage-101.html

723 https://www.welt.de/politik/deutschland/article170281634/In-Deutschland-werden-Hundert-tausende-Untergetauchte-vermutet.html

724 http://www.huffingtonpost.de/2017/01/05/bamf-fuhrt-keine-statistik-uber-asylbewerber-oh-ne-papiere_n_13970576.html

725 http://www.deutschlandfunk.de/asylpolitik-geld-gegen-rueckkehr.1818.de.html?dram:artic-le_id=377843

726 http://www.bild.de/regional/stuttgart/fluechtling/kehrt-eine-woche-nach-der-abschiebung-zurueck-44813434.bild.html

727 https://www.welt.de/politik/deutschland/article160499242/Ploetzlich-stellt-Tunesien-die-Pa-piere-fuer-die-Ausweisung-zu.html

728 http://www.focus.de/politik/ausland/terror-in-stockholm-im-news-ticker-39-jaehriger-usbeke-gesteht-lkw-anschlag-in-stockholm_id_6936780.html

729 https://www.welt.de/politik/ausland/article160986896/Tunesier-gegen-Abschiebun-gen-von-Islamisten-aus-Deutschland.html

730 http://www.zeit.de/politik/deutschland/2017-03/besuch-tunesien-angela-merkel-fluechtlin-ge-migration-abschiebungen

731 http://www.deutschlandfunk.de/tunesien-grenzsicherung-mit-deutscher-hilfe.1773.de.htm-l?dram:article_id=393145

732 https://deutsche-wirtschafts-nachrichten.de/2017/03/03/fluechtlings-deal-merkel-sagt-tune-sien-250-millionen-euro-zu/

733 https://deutsche-wirtschafts-nachrichten.de/2017/03/03/merkel-sagt-aegypten-kredi-te-von-500-millionen-euro-zu/

734 https://www.welt.de/politik/deutschland/article165317117/Von-Merkels-Abschiebungsoffen-sive-fehlt-jede-Spur.html

735 https://www.bayernkurier.de/inland/21523-der-fluechtlingsstrom-versiegt-nicht/

736 https://www.zitate.eu/author/bacher-gerd/zitate?page=2

737 http://www.unric.org/de/pressemitteilungen/4637

738 https://www.welt.de/politik/ausland/article162946953/Erdogan-ruft-Tuerken-in-Euro-pa-zum-Kinderkriegen-auf.html

739 https://www.abendblatt.de/politik/deutschland/article106931175/Wieviel-Anatolien-ver-traegt-Europa.html

740 http://www.huffingtonpost.de/2016/01/18/3-probleme-die-deutschland-neben-der-flucht-lingskrise-beschaftigt_n_9006884.html

741 http://www.washingtonpost.com/wp-dyn/content/article/2008/04/30/AR2008043003258.html?nav=rss_world

742 https://www.tagesschau.de/ausland/frankreich-unruhen-101.html

743 https://www.stuttgarter-nachrichten.de/inhalt.belgien-unruhen-in-bruessel-22-polizisten-ver-letzt.5fce1c72-a187-4ac2-9905-5fe16149a2ad.html

744 https://jungefreiheit.de/wissen/geschichte/2015/die-zehn-besten-sprueche-von-helmut-schmidt/

745 Thomas P.M. Barnett: Drehbuch für den 3.Weltkrieg: Die zukünftige neue Weltordnung. J.K. Fischer Verlag, 2016

746 https://diepresse.com/home/meinung/gastkommentar/5320370/Gastkommentar_Die-Auto-matisierung-wird-zum-Megaproblem

747 https://de.wikiquote.org/wiki/Astrid_Lindgren

748 http://www.abendblatt.de/nachrichten/article210638379/Umfrage-zu-G20-Jeder-Dritte-will-Hamburg-beim-Gipfel-verlassen.html

749 http://www.spiegel.de/panorama/justiz/g20-gipfel-in-hamburg-wie-die-polizei-sich-ruestet-und-womit-sie-rechnen-muss-a-1154613.html

750 https://www.shz.de/regionales/hamburg/g20-gipfel/den-pass-bitte-mit-der-bundespolizei-an-der-deutsch-daenischen-grenze-id17150606.html

751 https://www.shz.de/regionales/hamburg/medienbericht-kriegsschiff-soll-g20-gipfel-in-ham-burg-schuetzen-id17131656.html

752 https://www.shz.de/regionales/hamburg/g20-gipfel/am-sonnabend-koennten-erste-g20-kra-walle-in-hamburg-ausbrechen-id17129136.html

753 http://www.spiegel.de/gesundheit/diagnose/g20-gipfel-in-hamburg-wie-sich-die-kliniken-vorbereiten-a-1153559.html

754 http://www.focus.de/immobilien/wohnen/hamburg-von-gaestehaus-bis-luxushotel-hier-resi-dierten-die-maechtigen-waehrend-des-g20-gipfels_id_7333901.html

755 https://www.laenderdaten.info/

756 http://visum-international.de/index.php?id=207

757 https://deutsche-wirtschafts-nachrichten.de/2017/08/05/deutschland-anteil-der-einwoh-ner-mit-auslaendischen-wurzeln-stark-gestiegen/

758 https://deutsche-wirtschafts-nachrichten.de/2016/09/16/rekord-anteil-der-auslaender-in-deutschland-steigt-auf-21-prozent/

759 https://de.statista.com/statistik/daten/studie/74693/umfrage/bevoelkerungsdich-te-in-den-laendern-der-eu/

760 Ohne Änderungen zitiert. http://www.epochtimes.de/politik/deutschland/petra-paul-sen-brief-bundeskanzlerin-merkel-migranten-manchester-familiennachzug-fluechtlin-ge-schuldenberg-a2126434.html

Die im Quellenverzeichnis aufgeführten Online-Fundstellen finden Sie als Hyperlink im Internet unter auf der Homepage **www.macht-steuert-wissen.de**. Einige der Links waren per 05.02.2018 nicht frei zugänglich oder aufrufbar, weil die Inhalte hinter Bezahlschranken liegen oder weil die Webseitenbetreiber die Verlinkung geändert haben. Hierauf habe ich bedauerlicherweise keinen Einfluß. Die per 05.02.2018 nicht aufrufbaren Hyperlinks sind daher auf der genannten Homepage auch nicht hinterlegt.